Ricardo Mansur

Business-Defined IT na Era dos Aplicativos:

inovando diariamente

Ricardo Mansur

Business-Defined IT na Era dos Aplicativos:

inovando diariamente

EDITORA
CIÊNCIA MODERNA

Business-Defined IT na Era dos Aplicativos: inovando diariamente

Editor: Paulo André P. Marques
Produção Editorial: Dilene Sandes Pessanha
Capa: Daniel Jara
Diagramação: Daniel Jara
Copidesque: Equipe Ciência Moderna

FICHA CATALOGRÁFICA

MANSUR, Ricardo.

Business-Defined IT na Era dos Aplicativos: inovando diariamente

Rio de Janeiro: Editora Ciência Moderna Ltda., 2019.

1. Informática
I — Título

ISBN: 978-85-399-1042-7 CDD 001.642

Editora Ciência Moderna Ltda.
R. Alice Figueiredo, 46 – Riachuelo
Rio de Janeiro, RJ – Brasil CEP: 20.950-150
Tel: (21) 2201-6662/ Fax: (21) 2201-6896
E-MAIL: LCM@LCM.COM.BR
WWW.LCM.COM.BR **05/19**

Dedicatória

Uma vez Shakespeare disse que a vida é tão curta que deveria ser feita só de momentos de prazer. Dedico esta obra aos meus pais e amigos que possibilitaram os bons momentos da minha vida.

Agradecimentos

Agradeço aos meus pais e professores pelo empenho na educação formal e preparação para a vida, aos meus amigos que me ajudaram nesta caminhada e a Deus pela força de vontade para superar os desafios da vida.

Nota do Autor

Esta obra foi desenvolvida para ser um livro digital interativo com o leitor. O autor usou o estratagema de combinar a conceituação das ideias com os exemplos práticos de mercado citados nas centenas de artigos pesquisados. O leitor pode navegar nas referências para entender como as ideias apresentadas são corroboradas pelo mercado brasileiro. É importante neste ponto alertar ao leitor que todas as URLs (Uniform Resource Locator) citadas são de propriedade de terceiros e podem ser, portanto, descontinuadas sem aviso prévio algum. O autor reconhece que este risco é real, mas enfatiza que o leitor não perde conceituação alguma das ideias apresentadas na obra com a descontinuação dos exemplos. O objetivo da digitalização interativa é dar ao leitor a oportunidade de variar o conteúdo conforme o seu foco de interesse no momento específico da leitura. Não existe necessidade alguma de navegar em todos os endereços citados. As releituras do trabalho são mais interessantes por conta das variações de foco pelas várias alternativas oferecidas de interação dinâmica.

Sobre o autor

Ricardo Mansur é graduado em Engenharia Eletrônica com Mestrado e MBA em Finanças, Administração, Tecnologia da Informação e Negócios Digitais. Na atuação profissional em várias empresas multinacionais de grande porte desenvolveu e comandou diversos Escritórios de Projetos. Ocupa atualmente a posição de Chief Project Officer de um escritório de projetos privado para megaeventos.

Desde 1986, atua no desenvolvimento e gerenciamento de tecnologia utilizando modelos, frameworks e melhores práticas como o Six Sigma, CMMI, PMBoK®, Prince2™, ITIL®, CobiT®, IT Balanced Scorecard, eSCM-SP, eTOM®, ISO 27001, M_O_R, MSP, etc. para promover a integração negócios e TI. Os mais de duzentos projetos desenvolvidos revelam um retorno de investimento acima de US$ 200 milhões. As iniciativas apresentam retorno médio de 37% e algumas alcançaram a estratosférica taxa de 1.200%.

Durante a carreira, o autor vem exercendo inúmeras atividades de inovação, gestão empresarial, planejamento estratégico, administrativo e financeiro, e gerenciamento de escritório de tecnologia em projetos de: (i) engenharia eletrônica, (ii) engenharia de software, (iii) engenharia de telecomunicações, (iv) inteligência artificial, (v) inteligência competitiva, (vi) gestão do conhecimento, (vii) gestão da colaboração, (viii) desenvolvimento de cenários econômicos, (xix) automação robótica, (x) automação predial e (xi) automação industrial.

O autor é palestrante de diversos congressos nacionais e internacionais. Entre os trabalhos publicados destacam-se os seguintes livros: "A EVOLUÇÃO DA GOVERNANÇA DA NOVA TI: BUSINESS-DEFINED IT", "SIX SIGMA NO MARKETING DO BIG DATA", "Dicas: trabalho, empreendedorismo, apresentações, tecnologia, nuvem, marketing, Big Data, projetos e iTaaS", "Computação em Nuvem, Consumerização, Virtualização, Segurança e outros bichos da fauna da nova TIC", "Central de Serviços Compartilhados na Nuvem", "Escritório Avançado de Projetos", "Apagão da Produtividade no Brasil: ITAAS RESOLVE", "Governança da Nova TI: A Revolução", "Iniciando um Escritório de Projetos", "Governança dos Novos Serviços de TI na Copa", "Governança de TI VERDE - O Ouro Verde da Nova TI", "TI Habilitando Negócios", "Orçamento Empresarial 360°", "Planos de Negócios na Prática", "Governança Avançada de TI na Prática", "Escritório Avançado de Projetos na Prática", "Balanced Scorecard - Revelando SEPV", "Implementando um Escritório de Projetos", "Governança de TI: Frameworks, Metodologias e Melhores Práticas" e "Uma evolução silenciosa no gerenciamento das empresas com o Six Sigma". O ISACA® (Information Systems Audit and Control Association®) e ITGI (IT Governance Institute) dos Estados Unidos desenvolveram várias iniciativas em conjunto com o autor e publicaram o seu artigo "WEG Brazil COBIT Implementation Case Study Analysis" no volume 3, 2007 da COBIT Focus.

A editora europeia, líder em melhores práticas de TI (Van Haren) publicou os livros revisados pelo autor: "Six Sigma for IT Management" e "Frameworks for IT Management".

Sumário

Capítulo 1

Introdução

O Brasil vem apresentando desde a primeira década do século XXI graves problemas no entendimento do real significado dos serviços de Tecnologia de Informações e Comunicações (TIC). Estas dificuldades foram agravadas com a era dos aplicativos. Para alguns, o país ainda vive a era dos advogados. O caso descrito no artigo "Justiça suspende Uber no Brasil e exige bloqueio de App em celulares" (http://idgnow.com.br/mobilidade/2015/04/29/justica-suspende-uber-no-brasil-e-exige-bloqueio-de-app-por-apple-e-google/, acessado em 05/05/2015) revela a intensidade do problema.

O artigo afirmou que o juiz Roberto Luiz Corcioli Filho da 12a Vara Cível do Tribunal de Justiça do Estado de São Paulo determinou na terça-feira dia 28 de abril de 2015 a suspensão do aplicativo de transportes Uber no Brasil e ordenou que as empresas Google, Apple, Microsoft e Samsung retirem o aplicativo das suas lojas em tempo real de Apps e impossibilitem remotamente a utilização do aplicativo pelos usuários que já o instalaram.

A minha primeira pergunta sobre a determinação é: O que seria a suspenção remota pelas empresas Google, Apple, Microsoft e Samsung do aplicativo de transportes Uber no Brasil? Se a "suspenção remota" implicar em alterar as configurações ou os programas do aparelho do usuário sem a sua autorização e conhecimento isto significa que existirá uma invasão. Da mesma forma que, no mundo real, invadir uma propriedade privada é crime, no mundo virtual também é. Invadir e promover alterações no aparelho do usuário como suspender remotamente a execução de um aplicativo é equivalente ao crime de vandalismo do mundo real. Será que existe entendimento disto pelo juiz?

A minha segunda pergunta sobre a liminar é: As empresas Google, Apple, Microsoft e Samsung têm recursos técnicos para suspender remotamente sem conhecimento e autorização do usuário um aplicativo comprado nas suas lojas virtuais? Se a resposta for positiva, então o pilar privacidade do Marco Civil de Internet do Brasil é uma peça de ficção (Atualmente um celular armazena informações sobre a saúde dos usuários, senhas, documentos pessoais e empresariais, fotos etc.) O que impede que as empresas Google, Apple, Microsoft e Samsung capturarem ourtas informações privadas, corporativas e pessoais nos celulares? Qual garantia de privacidade os usuários têm? Se a resposta for negativa, então qual o sentido da determinação? Será que o juiz tem conhecimento destas implicações?

A minha terceira pergunta é bastante singular: "No endereço http://www.amazon.com/Uber-com-Uber/dp/B00NF3UFSG, acessado em 06/05/2015" eu encontrei o aplicativo de transportes Uber na loja em tempo real de Apps da Amazon. No despacho, o juiz não determinou a suspenção remota do aplicativo pela empresa Amazon. Será que o juiz e advogado do Sindicato dos Taxistas de SP sabem que existem outras lojas virtuais de aplicativos além das empresas Google, Apple, Microsoft e Samsung? Se a resposta for positiva, porque endereçaram na liminar apenas quatro empresas? Se for negativa, qual efetividade eles esperam de ações assim? Será que eles imaginam que a empresa Google é capaz de suspender remotamente um aplicativo instalado através da loja virtual da Amazon?

A quarta pergunta consegue ser mais singular que a terceira. A Uber é uma empresa de tecnologia que conecta as pessoas com os motoristas. Em outras palavras, a empresa exerce o papel de um carteiro que entrega cartas. Se o juiz entende que existem ilegalidades, então elas são cometidas pelos motoristas. A pergunta que não quer calar é: Por que o juiz não suspendeu as atividades dos motoristas? Ele poderia exigir da Uber a lista dos motoristas cadastrados e suspender as atividades de motorista de cada um deles.

Por incrível que possa parecer quinta e última pergunta supera em estranheza todas as outras. Os aplicativos instalados nos celulares acessam os servidores da Uber que não estão fisicamente instalados no Brasil. Para suspender os serviços desta empresa no território nacional, basta que a rede brasileira de telecomunicações filtre os pacotes de dados internacionais destinados para os servidores da Uber. A minha última pergunta sobre este caso é: Por que o juiz não relacionou no seu despacho que as empresas provedoras de internet no Brasil bloqueiem o endereço IP dos servidores da Uber? Não seria uma medida menos intrusiva do que exigir a suspenção remota do aplicativo nos celulares dos usuários? Não seria uma medida mais direta e melhor direcionada? Será que o juiz e advogado do sindicato têm conhecimento que existem ações mais efetivas para a suspenção do aplicativo?

Resumo

No Brasil da era dos advogados é comum exigir do carteiro, que apenas entrega as cartas, a responsabilização pelo conteúdo. Existem diversos processos que caminham nesta linha onde o alvo são empresas como Google, Apple, Microsoft, Samsung e etc. O país precisa urgentemente aprender que o autor da mensagem é o real e único responsável pelo seu conteúdo. Se existem falhas no caso da Uber, as mesmas são da responsabilidade de quem as cometeu. Não é razoável punir a empresa de tecnologia ou os usuários.

O caso Uber é muito semelhante ao WhatsApp no Brasil ("Juiz do Piauí determina suspensão do aplicativo WhatsApp no Brasil", http://idgnow.com.br/internet/2015/02/25/juiz-do-piaui-determina-suspensao-do-aplicativo-whatsapp-no-brasil/, acessado em 06/05/20115 e "Desembargador derruba decisão de juiz que queria suspender WhatsApp no país", http://tecnologia.uol.com.br/noticias/redacao/2015/02/26/desembargador-derruba-decisao-de-juiz-que-queria-suspender-whatsapp-no-pais.htm, acessado em 06/05/2015).

A decisão do bloqueio durou nos dois casos alguns poucos dias ("Justiça de São Paulo extingue ação de taxistas contra aplicativo Uber" (http://tecnologia.uol.com.br/noticias/reuters/2015/05/04/justica-de-sao-paulo-extingue-acao-de-taxistas-contra-aplicativo-uber.htm, acessado em 06/05/2015). A liminar foi revogada em menos de uma semana, pois a Justiça de São Paulo extinguiu na segunda-feira dia 04/05/2015 a ação dos taxistas. Considerando o excesso de trabalho e de ações em curso no judiciário seria interessante que a era dos advogados entenda melhor a era dos aplicativos para aumentar a efetividade do poder judiciário nacional.

É claro que foge do escopo desta introdução criticar as decisões do poder judiciário. O objetivo é mostrar que o mundo atravessa por um novo momento econômico que está sendo definido pelo software. No meu ponto de vista, a maior explicitação que estamos vivendo a pleno vapor a era dos aplicativos é o artigo "Novo aplicativo permite que usuários façam panelaço com smartphone" (http://idgnow.com.br/internet/2015/05/06/novo-aplicativo-permite-que-usuarios-facam-panelaco-com-smartphone/, acessado em 06/05/2015). No domingo, dia Internacional da Mulher, 8 de março de 2015, os brasileiros bateram panelas durante o pronunciamento da presidente Dilma Rousseff para explicitar o seu descontentamento com o governo dela.

No programa do PT veiculado em rede nacional de televisão na noite da terça-feira dia 5 de maio de 2015 já existiam pessoas utilizando aplicativos como o iPanelaço (Novo aplicativo permite que usuários façam panelaço com smartphone, http://idgnow.com.br/internet/2015/05/06/novo-aplicativo-permite-que-usuarios-facam-panelaco-com-smartphone/, acessado em 06/05/2015) para expressar o seu descontentamento com o governo do PT.

Em menos de 60 dias foram desenvolvidos e publicados nas lojas virtuais de Apps vários aplicativos como "Kit Panelaço" (10 de março), "Panelaço" (18 de março), "Panelaço App» (6 de abril), «Panelaço & Vuvuzela» (10 de abril) e

«Panelaço Brasil» (5 de maio) para que a população manifeste a sua insatisfação sem estragar as suas panelas.

Todos os que um dia já se aventuraram nos projetos de desenvolvimento de software sabem que o tempo entre identificar uma oportunidade de negócio e entregar uma aplicação funcionando é de alguns meses. Na era dos aplicativos este prazo caiu drasticamente, pois após a identificação de uma oportunidade de negócio em 08/03/2015, o desenvolvedor publicou em 10/03/2015 o aplicativo "Kit Panelaço». O prazo foi de impressionantes dois dias. A era dos aplicativos está neste crescimento espetacular por causa dos seus prazos extremamente reduzidos. O reduzido indicador "time to market" resultante da filosofia do negócio definido pelo software é sem sombra de dúvida a essência da era das aplicações.

Capítulo 2

Transformação Digital

Foi revelado que na estimativa mais otimista, a economia de aplicativos criou 235.644 empregos e contribuiu entre US$ 15,71 e 12,19 bilhões em salários e benefícios para a economia dos Estados Unidos em 2011. Fonte: 'Economia de aplicativos' do Facebook cria 182 mil empregos nos EUA, http://www1.folha.uol.com.br/tec/2011/09/977627-economia-de-aplicativos-do-facebook-cria-182-mil-empregos-nos-eua.shtml, acessado em 15/10/2015.

O Business-Defined IT é o resultado das quatro forças do Nexus of Forces do Gartner. As forças da mobilidade, nuvem, redes sociais e informações estão direcionando o crescimento dos negócios e estão demandando por um nível de colaboração cada vez mais elevado. As empresas trabalham com a força da mobilidade para que os seus profissionais sejam cada vez mais produtivos. Elas usam a agilidade e elasticidade da nuvem para: (i) oferecer produtos e serviços customizados, (ii) analisar as redes sociais para entender as necessidades e anseios dos seus clientes de forma direta e sem intermediários e (iii) avaliar as informações do Big Data para direcionar as suas decisões e validar as suas ações.

A nova TIC é a arquitetura que equilibra sustentavelmente de forma dinâmica o Nexus of Forces do Gartner na diretriz dos serviços de valor agregado dos negócios. Por causa deste novo papel, a organização de tecnologia vem adotando soluções que consolidam, orquestram, gerenciam e automatizam as três plataformas (A primeira é formada pelos servidores e terminais, a segunda é integrada pela rede e arquitetura cliente e servidor e a terceira que também é chamada de mercado emergente é formada pelas forças da mobilidade, nuvem, redes sociais e informações).

Os modelos de negócios integrados com os fornecedores, parceiros e clientes compartilham uma infraestrutura de tecnologia que é muito mais ampla do que hardware, software e gerenciamento. Os serviços de valor agregado de TIC são a alma do Business Defined IT, pois eles são o resultado da convergência e da integração dos sistemas e aplicativos. As três plataformas customizadas, consolidadas, otimizadas e gerenciadas são os novos recursos da competitividade empresarial.

A automação do gerenciamento inclui a movimentação das cargas de trabalho entre nuvens privadas e públicas para a otimização da infraestrutura com base no custo, desempenho, localidade e governança. As APIs (Application Programming Interfaces) disponíveis nos gerenciadores de elementos integram e harmonizam a infraestrutura tecnológica com as aplicações.

A plataforma resultante é consolidada, integrada, gerenciada e otimizada de tal forma que ela permite que tudo seja definido pelo software, ou em outras palavras, é a virtualização global, onde as máquinas virtuais irão abranger múltiplos sistemas. Neste caso, as aplicações continuam sendo executadas mesmo quando alguns elementos individuais falham. Existe uma imagem lógica de dados para as aplicações. É este modelo de arquitetura que habilita a transformação digital.

A transformação digital sempre aparece em todas as conversas sobre Business Defined IT. O seu crescimento em ritmo exponencial está impactando fortemente as empresas, a sociedade e a economia. Várias tecnologias adotadas pelas empresas que estão atualmente disponíveis para o público em geral criaram novos modelos de negócio que romperam com as antigas estruturas estáveis e consolidadas. Na era do conhecimento, os novos empreendimentos estão competindo em condições de igualdade com as empresas dominantes.

O setor de telecomunicações vem sofrendo a competição dos aplicativos Skype e WhatsApp, o segmento hoteleiro tradicional vem enfrentando a competição dos serviços de hospedagem oferecidos pelo portal AirBnB, os táxis estão lutando contra os serviços disponibilizados pela empresa de tecnologia Uber, as editoras e livrarias estão disputando o mercado editorial com a empresa Amazon, a televisão está duelando contra a empresa Netflix, os jornais e revistas estão concorrendo com Huffington Post (muitos jornais contratam jornalistas por causa do público do seu Blog, Twitter e Facebook) etc. Em outras palavras, as empresas dominantes que ignoraram a transformação digital estão agora disputando o seu mercado contra competidores que atuavam na visão delas no setor de tecnologia. Elas foram surpreendidas pelas empresas pequenas que criaram estas inovações e conseguiram competir e vencer as disputas pelo consumidor com solidez. As que eram consideradas pelas organizações dominantes como pequenas empresas de tecnologia foram transformadas em alguns poucos anos de competição em grandes e robustas firmas do setor de telecomunicações, de hotelaria, de transportes etc.

A explicação do fenômeno é que estas empresas dominantes buscavam apenas o resultado de curto prazo e por causa disto não analisavam ou investiram em modelos alternativos de negócios. Quando a infraestrutura de TIC foi consolidada em um patamar de alto nível, não existiu a percepção de que os negócios seriam virtualizados e a concorrência poderia vir de todos os lugares (nota do autor: As empresas brasileiras estão em posição de enorme fragilidade neste novo contexto empresarial). No instante em que a tecnologia passou a avançar em ritmo exponencial pela colaboração coletiva, os negócios tornaram-se disruptivos e as empresas dominantes saíram do cenário de lucro elevado estabilizado para a incerteza futura da sua existência.

As pequenas empresas que cresceram junto com a internet entendem que precisam manter o espirito inovador para manter a sua capacidade de competição. A empresa Google lançou nos Estados Unidos um serviço de telefonia móvel para concorrer com as firmas dominantes do setor (Verizon, AT&T e etc.).

Neste caso, a Verizon reagiu ao avanço da empresa Google comprando a AOL (controla os portais Huffington Post e o TechCrunch) por causa do seu conteúdo (Símbolo da bolha da web, AOL é vendida por US$ 4,4 bi, http://www1.folha.uol.com.br/fsp/mercado/219039-simbolo-da-bolha-da-web-aol-e-vendida-por-us-44-bi.shtml, acessado em 13/05/2015).

O processo de transformação digital exige o debate da estratégia digital da corporação pelos seus executivos. Eles precisam avaliar as empresas de outros setores, olhar as empresas da internet e estudar novos negócios mesmo que não sejam de seu setor. Este trabalho é dinâmico, difícil e árduo, por isso é preciso desenvolver um ecossistema ágil e flexível para as análises. O objetivo final é que a organização alcance o estágio de Business Defined IT para implementar rapidamente novas soluções.

Não basta olhar apenas os concorrentes potenciais, é preciso também analisar os fornecedores. Da mesma forma que o negócio da empresa é impactado por concorrentes desconhecidos, o negócio dos fornecedores também é. É importante ir além dos fornecedores tradicionais. Detalhes pequenos pode ser um fator decisivo para a sobrevivência do negócio.

Em 2005, não existiam produtos como o iPhone, iPad, Galaxy notes, empresas como o Facebook, Twitter, Uber, Instagram e soluções para desenvolver de aplicativos como o MIT Inventor, Fábrica de Aplicativos etc. Isto significa que já não é possível fazer planos de longo alcance para mais de dez anos. As mudanças são muito rápidas e radicais. Os planos de longo prazo devem ser, portanto, revistos a cada trimestre ou quadrimestre para que eles acompanhem o ritmo exponencial das mudanças. Muitos projetos vão morrer neste caminho. Projetos atrasados vão ser substituídos. Os modelos de desenvolvimento precisam dos conceitos da colaboração. As empresas vão demandar por muito capital intelectual. O crescimento desta demanda será exponencial e contínuo.

A organização de tecnologia precisa trabalhar com processos estruturados e ágeis para endereçar as necessidades dos aspectos escondidos do mercado empresarial. É preciso saber questionar a natureza do negócio. O caso da empresa Uber é típico da nova TIC. A empresa é uma firma de tecnologia que não oferece um serviço de táxi, mas que concorre com eles. No mundo do negócio definido pela TIC quem endereça melhor as demandas do mercado são os taxistas ou as empresas de tecnologia como a Uber? Quem conhece melhor os seus clientes? Os taxistas de São Paulo estão dormindo em berço esplêndido por décadas. São raros os que conhecem os seus clientes. A Uber é apenas um dos novos entrantes. Em pouco tempo teremos dezenas.

A empresa AirBnB é basicamente uma firma de software que concorre com as grandes redes de hotéis porque ela é capaz de reunir, no mesmo espaço virtual, os lugares disponíveis para hospedagem e as pessoas interessadas nesses lugares. A principal pergunta que os executivos precisarão fazer nas próximas décadas é qual é o seu negócio? É preciso entender dinamicamente o seu negócio e avaliar o impacto do compartilhamento coletivo. A economia da reputação (reputation economy) é baseada nos conceitos da economia compartilhada, economia colaborativa, consumo colaborativo e shared economy. Basicamente as pessoas compartilham o mesmo bem. Este novo comportamento baseado na confiança, integridade e credibilidade muda a lógica de todos os negócios do globo terrestre. O consumo colaborativo pode tanto aumentar as vendas de um produto como reduzir. As empresas que ofertam, precisam estar atentas ao avanço da economia da reputação.

É muito difícil prever com antecipação de cinco anos as consequências sociais e comportamentais da tecnologia para vestir, da internet das coisas, do Big Data, da computação em nuvem, da mobilidade, dos carros autônomos, da computação cognitiva, das impressoras 3D etc. Os wearable devices já chegaram e vão impactar pelo menos os setores de moda, saúde e segurança. Os sensores poderão tanto monitorar remotamente e gerar alarmes para as condições de saúde das pessoas, como também poderão monitorar quantas vezes um sapato foi utilizado.

Outros sensores podem enviar qual foi combinação de roupa, sapato e bolsa que foi escolhida. Ao entrar numa loja é possível que um atendente possa oferecer roupas, sapatos etc., em função das peças que o cliente tem no armário, pois os sensores estão em processo de comunicação em tempo real. Os sensores podem enviar a localização e deslocamento das pessoas para os sistemas de segurança. Eles podem enviar automaticamente um alerta de perigo para todos os moradores de uma determinada região. Também é possível que os sensores enviem a localização das pessoas no caso da ocorrência de uma catástrofe como um terremoto ou um acidente de carro e avião.

É fácil perceber que a sociedade está voltando para uma forma de comércio anterior à era industrial. Após a revolução industrial, os produtos foram padronizados e era responsabilidade dos clientes a adaptação das suas necessidades em relação às ofertas disponíveis. Na era dos negócios definidos pelos softwares, este paradigma foi quebrado. Agora é possível entregar para os clientes ofertas customizadas mantendo as vantagens econômicas da produção massificada. A impressão 3D é sem sombra de dúvida o grande marco desta mudança. É possível imprimir no tecido, plástico, madeira, massas etc. de tal forma que cada cliente receba um produto totalmente customizado para a sua necessidade.

Claramente existe neste modelo um predomínio do capital intelectual e da criatividade. Afim não é só imprimir é preciso que o produto funcione. As empresas de diversos setores vão sofrer enorme competição com a impressão 3D. Setores de moda, culinária, moveleiro etc. vão receber concorrentes inesperados. Em alguns casos a concorrência vai vir de longe das fronteiras nacionais. O correio dos Estados Unidos (US Postal Service) pretende usar os seus centros de processamento de correspondências como hubs de impressão 3D. Esta iniciativa pode desmontar diversas cadeias produtivas importantes, presentes aqui no Brasil. É preciso acompanhar de perto o impacto da evolução das impressoras 3D, pois as pessoas com conhecimentos em engenharia vão ser capazes de oferecer produtos em todos os lugares do mundo.

O carro autônomo vai trazer à tona diversas questões sobre o mercado automobilístico. As pessoas vão continuar comprando carros ou vão avançar na direção da economia da reputação? Certamente muitas pessoas vão preferir usar um carro autônomo conforme a sua necessidade sem ter preocupações com a sua manutenção, com local de estacionamento, com seguro, com combustível etc. O uso compartilhado não vai mudar somente a dinâmica da indústria automobilística. É muito provável que existam fortes impactos na necessidade de vagas de estacionamentos, na indústria de seguros, no transporte público privado como táxis, nos serviços de manutenção dos carros etc. Até mesmo a indústria da construção civil pode ser impactada.

Se o carro é autônomo e usado conforme a demanda, os prédios comerciais e residenciais têm menor necessidade de vagas de estacionamento. As novas construções serão repensadas, pois os edifícios comerciais e residenciais com muitas vagas de garagem vão carregar um enorme custo de ociosidade.

A sociedade de 2015 tem uma integração profissional muito intensa, por isso existem tantas consequências laterais para um determinado fenômeno empresarial. Esta característica é uma grande oportunidade ao mesmo tempo em que é uma grande ameaça. Este é o principal motivo da valorização das análises do comportamento dos consumidores. Os shoppings, lojas, metrôs, ônibus etc. podem usar as ferramentas disponíveis na internet e mapear por zona postal, por exemplo, os hábitos de deslocamentos, compras e vendas. As unidades expositoras inteligentes de produtos e serviços podem até mesmo analisar as reações dos clientes para as suas ofertas. Existe uma clara tendência de conexão ampliada e integrada.

A transformação digital passa a ser vista pela maioria das pessoas quando é percebido que já existe um App para a maioria das necessidades humanas. O App "Kit Panelaço" é a prova mais marcante desta característica. O celular como base no App escolhido pode funcionar entre outras centenas de aplicações como calculadora, bússola, filmadora e loja. O leque de aplicações para as funções do celular vai além de funções simples. Ele pode ser usado para funcionalidades complexas como cartão de crédito virtual, carteira eletrônica, chave da fechadura da porta ou da garagem ou do elevador. Enfim, o smartphone é uma nova versão das mil e uma utilidades. É possível com ele controlar remotamente os dispositivos de uma residência, desde lâmpadas até automóveis.

Na era do Business-Defined IT, muitos aplicativos funcionam como uma zona comercial virtual de livre acesso que conecta os provedores de serviços com os compradores. Os Apps ajudam na localização de estabelecimentos comerciais, na pesquisa de preços e nas decisões de compra. O segmento econômico chamado de economia dos aplicativos foi iniciado em 2008 e alcançou em menos de uma década um patamar de importância econômica bilionário. Mais de 200 bilhões de aplicativos foram comprados nas várias lojas de Apps desde 2008. Os desenvolvedores receberam dezenas de bilhões de dólares anualmente. Claramente os Apps mudaram o eixo do poder. O consumidor está ganhando cada dia mais poder.

A empresa Uber com o seu aplicativo provocou uma reviravolta na cidade de São Paulo em pouco tempo. Os taxistas vêm perdendo várias corridas diariamente. As tarifas mais caras dos motoristas da Uber não vêm sendo encaradas como uma barreira pelos consumidores. As pessoas querem entrar em um carro limpo conduzido por um motorista educado e bem vestido que não atende o celular durante a corrida. No mundo Uber, não existe o barulho de um rádio ligado sem permissão do cliente e os motoristas estão bem alimentados e descansados. Foi esta captura de qualidade que atraiu tantos clientes. Nem a livre circulação com passageiros nos corredores de ônibus vem sendo uma vantagem competitiva para os taxistas de São Paulo.

Eles estão perdendo mercado para os motoristas da Uber, porque o estilo de competição dos Estados Unidos exige um elevado padrão de qualidade onde cada detalhe da experiência do usuário é importante para o negócio. Não é apenas a limpeza ou a educação ou a pontualidade ou a cordialidade ou outro aspecto. É o conjunto completo de características positivas que faz a diferença. Este é sem sombra de dúvida um dos grandes benefícios da era dos aplicativos. A referência de qualidade da oferta de serviços é elevada neste caso do padrão Brasil para o padrão Estados Unidos e Europa.

Tal qual o ocorrido com o transporte público individual privado, também existiu o mesmo fenômeno para outros segmentos do setor de serviços. Existem Apps com ofertas de mão de obra para serviços domésticos, pinturas, eletricistas, pedreiros, encanadores, festas etc.

Existem também ofertas de assistentes pessoais que resolvem problemas. É muito importante entender que estes aplicativos não representam as agências de intermediação de mão de obra. Os Apps são empresas de tecnologia que estão reduzindo a distância existente entre a oferta e a procura pela facilitação da comunicação. O grande diferencial é o padrão de qualidade elevado das ofertas. Vários detalhes são encarados de frente nas regulamentações dos serviços. Um exemplo simples é a oferta de profissionais vacinados contra a gripe para serviços domésticos. É um diferencial simples e barato que aumenta a confiança do consumidor na qualidade do serviço.

A economia conforme a demanda não é uma novidade. O modelo Build to Order (BTO) já existe na indústria há algumas décadas. Para o segmento de serviços, o modelo conforme a demanda é um grande avanço. Em termos práticos, ele é uma evolução da economia compartilhada. Nos últimos anos, centenas de novas empresas captaram bilhões de dólares no segmento de serviços. Muitos dos atuais competidores no Brasil estão tentando competir contra adversários de elevada musculatura no mercado mundial.

Em alguns casos como dos taxistas de São Paulo contra a empresa Uber, a legislação está sendo usada como arma de resistência. É um estratagema de baixa probabilidade de sucesso porque a firma Uber não é uma empresa de táxi. Ela é uma plataforma de conexão dos motoristas particulares com os seus clientes. Neste caso, a atual regulamentação não resolve.

Até o ano de 2010, o modelo organizacional e de gestão das empresas era baseado nos pilares de estabilidade, previsibilidade e mudanças graduais. As estratégias de longo prazo incorporavam as mudanças planejadas. Em outras palavras, as mudanças eram o recheio do sanduíche. Existiam ciclos operacionais longos e estáveis que sofriam turbulências apenas nos momentos de mudanças e transições. A estabilidade era rompida em algum momento dando origem a um novo modelo organizacional e de gestão. As melhores práticas de TI como o IT Infrastructure Library tinham como objetivo assegurar a utilização de técnicas, métodos e procedimentos padronizados para gerir todas as mudanças e melhorar as operações diárias da firma.

Na transformação digital, este modelo é insustentável, pois a instabilidade do ambiente de negócio é muito elevada. As empresas precisam agora enfrentar competidores digitais que surgem inesperadamente. A adaptabilidade de curto prazo é uma necessidade essencial para sobrevivência da corporação. A organização de tecnologia mudou de patamar neste novo contexto, pois o sucesso de um software está diretamente ligado ao sucesso do negócio.

Na era digital, as inovações dos negócios são apoiadas por softwares. Isto significa que a velocidade de mudança dos negócios digitais é na pratica numericamente igual à velocidade de mudança dos softwares. As empresas mais ágeis no desenvolvimento de software em todos os setores da indústria vão ter grandes vantagens competitivas na era dos aplicativos.

Todas as empresas serão afetadas. Algumas já foram afetadas, outras serão em breve. A competição corporativa virá inesperadamente de uma empresa de software ou de outros setores. Isto significa que o processo de desenvolvimento de software precisa de mais inteligência e menos regras. Na era da instabilidade contínua as especificações têm prazo de validade. A velocidade das mudanças contínuas é intensa, por isto os processos perdem a validade em poucos meses. Para pensar diferente é preciso que os profissionais da organização rompam com os paradigmas e apontem os caminhos para o desenvolvimento de software. Em outras palavras, as disciplinas rígidas não podem prevalecer sobre os novos processos ágeis. A velocidade é uma variável externa dada pelo ambiente de negócios. A estabilidade das competências rígidas precisa endereçar a necessidade de alta velocidade para as entregas contínuas.

A época em que o processo tradicional acumulava as mudanças e fazia as entregas de uma vez acabou. A TI invisível nasceu exatamente por conta desta demora, pois entregar com atraso é o mesmo que não entregar. O negócio demanda por uma solução para o seu problema de hoje, não de ontem. As mudanças no ambiente de negócio são rápidas e frequentes. O modelo do DevOps resolve vários desafios, pois é focado em pequenas entregas contínuas de novas funcionalidades, através de equipes pequenas, dedicadas, qualificadas e multifuncionais que trabalham em uma arquitetura onde todos os componentes são interconectados e automatizados. O ambiente profissional é interativo e colaborativo e envolve os usuários, os operadores e os desenvolvedores.

A transformação digital está acontecendo em uma velocidade tão intensa que só uma hecatombe vai impedir que a mesma não esteja finalizada até o final da segunda década do século XXI. O exemplo mais gritante é o caso Justine Sacco (Empresa demite executiva que publicou post racista no Twitter. Tudo aconteceu no final de semana, http://aquintaonda.blogspot.com.br/2013/12/gafe-redes-sociais-justine-racismo.html, acessado em 15/06/2015).

Na sexta-feira, dia 20/12/2013, a Justine embarcava de Londres para a Cidade do Cabo e ocupava a posição de diretora de comunicação da InterActive Corp. Ao chegar **à** Cidade do Cabo a executiva estava sem emprego e em perigo de vida por conta de uma postagem no seu Twitter de apenas 200 seguidores. Em apenas 24 horas a vida da Justine mudou completamente por causa de uma postagem sua em uma rede social.

Sem entrar no mérito do assunto e focando apenas nas consequências, a Justine ficou mundialmente famosa enquanto estava voando de Londres para Cidade do Cabo. Ela não apenas ficou famosa como a vida dela foi afetada de forma permanente pela perda do emprego e perigo de vida. É uma transformação enorme em muito pouco tempo. Esta é a velocidade de mudança da transformação digital. É intensa. É claramente um caso típico da era do conhecimento. O entendimento da repercussão das postagens e a capacidade de comunicação nitidamente inexistiram e cobraram o seu preço.

A transformação digital está mudando os mais diversos negócios. O artigo "Chefs protestam contra clientes que tiram fotos de comida", http://comidasebebidas.uol.com.br/noticias/redacao/2014/02/14/chefs-protestam-contra-clientes-que-tiram-fotos-de-comida.htm, acessado em 15/06/2015 revelou uma mudança comportamental dos clientes nos restaurantes. As pessoas não querem apenas comer, elas querem mostrar a sua experiência no lugar. M**á**quinas portáteis de fotografar já existem há várias décadas e era absolutamente raro ver alguém fotografando o seu prato em um restaurante antes de 2010. Em 2015, é um fenômeno absolutamente corriqueiro e comum. As pessoas querem compartilhar a sua experiência como consumidor de um restaurante. A repercussão pode ser tão intensa que em poucas horas um lugar desconhecido pode virar um ponto da moda.

É um novo mundo onde os Chefs estão preocupados em como este novo comportamento humano habilitado pela rede social, mobilidade e computação em nuvem vai impactar o seu ambiente de negócio. É inexorável que a nova TIC destes estabelecimentos gerencie a tecnologia como um negócio. É uma mudança profunda na estrutura comercial, pois é uma alteração extraordinária na estrutura de poder da sociedade.

O processo de transformação digital está gerando diversas mudanças comportamentais. No mundo dos clientes conectados, os consumidores entendem que as empresas têm que responder rapidamente às suas demandas e reclamações. Na era da transformação digital não existe tempo para procrastinações.

A organização de TIC precisa entender que a sua missão é transformar a tecnologia em vantagens competitivas. Elas são a essência da economia compartilhada ou da reputação. As tecnologias digitais estão provocando profundas mudanças no nosso dia a dia, na forma de ensinar e aprender e na economia mundial. A economia compartilhada é baseada no compartilhamento de bens e direitos. A tecnologia ajuda tanto na ampliação do uso, como na eliminação da capacidade ociosa. Em outras palavras, ela oferece oportunidades importantes para as pessoas com menor poder aquisitivo.

Até pouco tempo, era possível compartilhar os bens e direitos apenas com os conhecidos fisicamente próximos. Agora é possível compartilhar com desconhecidos distantes. O portal AirBnB permite o compartilhamento da sua casa com outras pessoas no Brasil e no exterior. O App Getaround permite o compartilhamento do seu carro e o Parking Panda da sua de vaga de estacionamento nos Estados Unidos. Este novo modelo permite um enorme ganho de eficiência na economia. Grande parte das perdas por ociosidade é eliminada quando as pessoas decidem entre comprar uma máquina de lavar ou lavar a sua roupa.

Até pouco tempo atrás, a comunicação entre as empresas e os consumidores era apenas unidirecional. A empresa falava e os clientes escutavam. As firmas usavam a comunicação apenas para vender os seus produtos. A participação dos consumidores através do compartilhamento está mudando o modelo empresarial. O Facebook, Twitter, Instagram, lojas virtuais da Google, Apple, Microsoft, Amazon etc. compartilham o conteúdo gerado pelos consumidores com as outras pessoas da comunidade.

Claramente, estamos desenvolvendo uma sociedade que compartilha e consome o conteúdo. O YouTube, AirBnB, Etsy e TaskRabbit são exemplos da produção, compartilhamento e venda de conteúdo dentro das comunidades. O compartilhamento de residências oferecido pela AirBnB representa uma forte ameaça para a indústria hoteleira tradicional. O modelo de negócio da economia compartilhada está gerando uma ruptura na forma tradicional de fazer negócios.

O modelo de crowdfunding é uma forma coletiva e compartilhada de financiar o conhecimento. O portal Kickstarter já levantou mais de 13 milhões de dólares de 62 mil investidores. O Wikipedia e o Linux são exemplos do modelo de copropriedade do conhecimento. Os novos modelos estão impactando os formatos de negócio estabelecidos no Brasil. Existe uma clara tendência de redução da necessidade de financiamento por um banco para os projetos pessoais e profissionais. Os valores de confiança e reputação das pessoas ganham enorme importância na economia da colaboração.

As empresas que trabalham neste novo formato da cadeia produtiva deixam de ser competidoras e passam a ser colaboradoras nos processos de realização dos produtos e serviços. É a reputação de cada membro da cadeia que vai assegurar que o carro compartilhado será devolvido em boas condições e que a sua casa não será destruída. É evidente que os riscos materiais serão cobertos por seguros, mas eles são insuficientes como solução completa.

Um carro destruído será restabelecido pela Getaround, mas como o dono do veículo vai trabalhar sem ele durante o período de reparo? Existe um óbvio desconforto que pode destruir a economia compartilhada. Existe uma clara necessidade de selecionar uma comunidade de pessoas bem-educadas. Este é um valor que está em desuso no Brasil, mas que será de fundamental importância na segunda década do século XXI.

Este é o motivo pelo qual a economia compartilhada também é chamada de economia da reputação. A reputação é a moeda corrente da transformação digital. Ela tem um valor imenso e é mais importante do que o histórico de crédito. No passado, o comércio já usava a reputação como moeda de troca. Os comerciantes tinham uma caderneta com o nome e as compras de cada um dos moradores do bairro. No final do mês as contas eram pagas e zeradas sem maiores complicações. Não existiam contratos, garantias ou fiadores. Tudo era decidido na base da confiança e na credibilidade das partes.

A reputação do Brasil de quebrar unilateralmente os contratos vem afetando negativamente os investimentos internacionais no país há muito tempo. O nível de confiança no governo impacta, por exemplo, a taxa de juros, por isto após o confisco da poupança pelo plano Collor e o não julgamento pelo supremo tribunal federal das perdas dos planos de estabilização fizeram as taxas brasileiras de juros dispararem desde os anos 1990s. É muito comum encontrar o Brasil na lista das maiores taxas de juros do planeta. Em outras palavras, existe um claro e evidente preço para a reputação.

As pessoas usam os comentários e opiniões, publicados nas mídias sociais, para a sua decisão de compra. É muito provável que em 2030, a economia compartilhada ou da reputação seja o principal componente do comércio mundial. Existe uma clara mudança no jogo do poder com este novo modelo e os negócios tradicionais enfrentarão diversos desafios, pois os novos competidores surgem de onde menos se espera. Não é mais possível analisar um segmento de mercado avaliando apenas os competidores atuais.

Em 2015, os taxistas enfrentam a concorrência de Apps como a Uber, as operadoras de telecomunicações competem contra o App de WhatsApp, os hotéis batalham contra o App AirBnB e assim sucessivamente. Não existem mais fronteiras separando as indústrias. Na era tudo é um software, tudo pode concorrer contra todos. Fornecedores e clientes podem virar concorrentes da noite para o dia. A transformação digital está determinando quais são as empresas que vão sobreviver e quais vão desaparecer do mercado.

Os CEOs (Chief Executive Officer), CMOs (Chief Marketing Officer), CIOs (Chief Information Officer), CFOs (Chief Financial Officer) das corporações estão enfrentando grande pressão para crescer a lucratividade pela transformação dos modelos de negócios e processos. O desafio do CIO é enorme, pois a sua importância em relação aos processos de governança, controle de custos e desenvolvimento de sistemas está crescendo com a mobilidade e a necessidade de aprimorar o conhecimento do perfil dos clientes. O volume de dados é cada vez maior e é preciso responder as demandas em menos tempo. As aplicações em tempo real precisam assegurar que as operações diárias da organização de tecnologia sejam realizadas com segurança e com aderência às normas regulatórias.

A governança de TIC (Tecnologia de Informações e Comunicações) está passando por profundas mudanças. Os processos de ferramentas como o ITIL® (IT Infrastructure Library), COBIT® (Control Objectives for Information and Related Technology), CMMI (Capability Maturity Model Integration) não podem ser aplicados para todos os processos. Conceitos como MVP (Minimum Viable Product), computação em nuvem elástica entre outros mudaram o ciclo de desenvolvimento e entrega dos Apps.

O desenvolvimento de Apps e iniciativas de análise dos modelos preditivos exigem uma velocidade e flexibilidade impossível de ser alcançada com as ferramentas tradicionais de governança. A computação virtual em nuvem elimina diversos paradigmas do passado. Acaba a necessidade do gerenciamento da capacidade descrito nas ferramentas tradicionais. O ciclo de mudanças está impactando a velocidade de entrega das soluções. Os prazos que antigamente eram dados em meses e passaram a ser medidos em dias ou minutos. A nova TIC que é orientada aos serviços exige um ciclo de entrega contínuo dos serviços inovadores. A estrutura da organização de TIC passou a ser orientada pela capacitação e colaboração.

As empresas digitais faturam e lucram mais que a média do seu mercado. A lucratividade delas está quase 30% acima da média. É muito dinheiro que pode ser reinvestido. As empresas que estão crescendo exponencialmente estão adaptadas para a velocidade atual das transformações. As empresas digitais que vêm surgindo desde 2005 estão rompendo com os modelos estabelecidos e consolidados. A transição digital representa a sobrevivência no mercado para as empresas tradicionais. Os sólidos modelos de negócio estabelecidos antes da era das aplicações precisam transitar por uma zona cinzenta cheia de novidades. Em outras palavras, a transformação digital não é uma tarefa simples.

Empresas como o Facebook, Google, Uber, AirBnB, Netflix etc. adotaram a digitalização integrada. A forma de pensar e agir dessas estruturas organizacionais está conseguindo resolver simultaneamente os desafios dos talentos, dos indicadores de desempenho, dos modelos de governança, do relacionamento com os clientes e dos ecossistemas interativos e contínuos. O aprendizado permanente e colaborativo é necessariamente parte da estratégia de cada uma destas empresas.

No Brasil, a maioria dos sites das empresas não se adapta dinamicamente ao ambiente do usuário, por isso, vários Apps nacionais são inúteis para os clientes. Este tipo de descuido é fatal em um ambiente onde as mudanças são rápidas e surpreendem os negócios estabelecidos. O portal AirBnB chegou ao Brasil em 2012 e em 2015 tem mais de 45.000 imóveis em 22 estados. Existem mais de 20 mil anúncios na cidade do Rio de Janeiro. A empresa AirBnB declarou que mais de 40 milhões de dólares foram arrecadados na Copa de 2014. O presidente da Embratur, Vinícius Lummertz, afirmou que a plataforma AirBnB deve oferecer o mesmo número de leitos que os hotéis tradicionais para as Olimpíadas de 2016 no Rio de Janeiro (fonte: Governo estuda tributar serviços como AirBnB no Brasil http://idgnow.com.br/internet/2015/07/21/governo-estuda-tributar-servicos-como-airbnb-no-brasil/, acessado em 21/07/2015).

Os clubes de empréstimos (lending clubs) estão incomodando os bancos tradicionais nos Estados Unidos. O artigo "U.S. Treasury Looks Into Online Marketplace Lending Industry" (http://www.wsj.com/articles/u-s-treasury-looks-into-online-marketplace-lending-industry-1437061544, acessado em 21/07/2015) revelou que o departamento do tesouro dos Estados Unidos está avaliando os riscos e benefícios das plataformas de empréstimos em tempo real. Segundo o artigo, a velocidade de crescimento dos clubes de empréstimos de pessoas para pessoas sem intermediários é enorme. Em pouco tempo, os brasileiros estarão utilizando estas plataformas como opção de empréstimos com taxa baixa de juros. Como ficarão os lucros dos bancos brasileiros neste novo cenário? Eles estão atentos e prontos para reagir?

Muitas empresas simplesmente não sabem o que fazer neste novo ambiente de negócio. O primeiro passo que o sistema financeiro nacional precisa dar é a criação de uma estratégia digital. É preciso definir com clareza o significado de ser digital. O artigo "Setor financeiro prepara-se para enfrentar modelos disruptivos de negócios" (http://computerworld.com.br/modelos-disruptivos-desafiam-setor-financeiro-tradicional, acessado em 21/07/2015) revelou que o sistema financeiro brasileiro entendeu que as ações que permitem o seu sucesso atual não são garantia de sucesso futuro.

O Chief Information Officer (CIO) tem que assumir o processo tanto de alinhar e desenhar a estratégia digital, como de executar as ações necessárias para a transformação. O capital intelectual da empresa precisa estar preparado para pensar e agir digitalmente. As práticas e modelos de governança da TIC precisam estar preparadas para a prototipação rápida, agilidade, aceitação de falhas, adaptação e inovação. A nova TIC é multimodal com várias demandas de velocidade. É preciso criar serviços móveis em poucos dias ao mesmo tempo em que os requisitos dos processos regulatórios de longo prazo são atendidos. O atendimento de velocidades diferente exige uma lógica operacional diferente. Os serviços que demandam agilidade precisam da cultura da empresa enxuta. Apenas os requisitos estáveis de longo prazo precisam de um modelo de governança tradicional.

É fácil observar o aspecto multimodal da nova TIC. A impressão 3D tem potencial de ameaçar até 41% da carga aérea e 37% da carga marítima em contêiner. A logística de diversos setores deixa de ser física e passa a ser virtual. Agências dos correios podem imprimir produtos transportados digitalmente ao invés de transportar fisicamente as cargas de um ponto para outros. Claramente um App e uma tecnologia estão ameaçando um setor consolidado como de transporte de cargas.

O artigo “Bancos veem Apple e Google como ameaças crescentes no mercado financeiro” (http://idgnow.com.br/ti-corporativa/2014/10/13/bancos-veem-apple-e-google-como-ameaca-crescente-no-mercado/, acessado em 21/07/2015) revelou que os bancos estão enxergando as empresas Apple, Google e Amazon como concorrentes. O Apple Pay é um aplicativo que exemplifica o tipo e formato de concorrência que os bancos vão ter que enfrentar. O impacto dos pagamentos móveis nos serviços bancários será enorme. A empresa Apple está alavancando a sua base de clientes para explorar este território novo. A empresa estabeleceu parcerias com as principais empresas do setor financeiro para conquistar um novo mercado. Neste caso como ficará o papel do banco central do Brasil, uma vez que um sistema digital de pagamentos pode ser facilmente transformado em um sistema de crédito? Como ficarão as operadoras tradicionais de crédito neste novo cenário?

O fator chave de sucesso é a experiência do cliente digital. O esforço de empresas como a Uber para repensar a forma de realizar negócios está mudando o setor de serviços. O artigo "Uber abre as portas para as bicicletas no Brasil" (http://idgnow.com.br/mobilidade/2015/07/17/uber-abre-as-portas-para-as-bicicletas-em-sp-neste-domingo/, acessado em 21/07/2015) revelou a iniciativa UberBIKE para transportar os ciclistas e as suas bicicletas sem custos adicionais. Os taxistas da cidade de São Paulo não têm recursos para transportar bicicletas sem custo adicional. É mais um caso onde Social, Mobile, Analytics e Cloud computing (SMAC) identificaram uma oportunidade de negócio inexplorada.

A economia digital tornou todas as corporações em empresas de softwares pela disseminação dos sensores. Nos automóveis eles indicam o deslocamento e as ações do motorista de acelerar e frear. A indústria de seguros vai mudar radicalmente quando os seus modelos de riscos com a individualização. Os contratos vão ser alterados conforme o comportamento do motorista. Dentro de alguns anos a indústria automotiva produzirá carros automáticos sem motoristas e deixará de ser um fabricante de automóveis para virar uma indústria de mobilidade pessoal. Um fabricante de veículos elétricos é na realidade uma empresa de software que manufatura carros. Muitos defeitos dos veículos serão resolvidos através de atualizações de software.

Quando a firma vira uma empresa de software, ela depende apenas da qualidade do seu capital intelectual. Um bom exemplo da diferença que a qualidade do capital intelectual faz é a empresa Instagram. Ela tinha apenas 13 pessoas na sua equipe quando foi vendida por um bilhão de dólares. As empresas habilitadas pelo software criaram a chamada API Economy que é a relação de troca capaz de criar valor econômico para informações do ecossistema de negócios. A estratégia movimenta vários novos negócios. O artigo "API do Uber agora remunera desenvolvedores externos" (http://computerworld.com.br/api-do-

-uber-agora-remunera-desenvolvedores-externos-em-dinheiro, acessado em 22/07/2015) revelou a estratégia de reduzir a força dos concorrentes através de APIs pela Uber.

O Gartner estima que em 2017 a maioria das grandes corporações estará oferecendo APIs para os desenvolvedores. A API Economy é uma estratégia para usar a nova TIC como fonte de novas receitas. A revolução digital varejo usa a experiência do usuário via APIs nas suas lojas virtuais para inspirar e emocionar os outros consumidores e para superar os concorrentes.

A loja Burberry no London's Covent Garden desenvolveu o *Digital Runway Nail Bar* que permite testar os tons de esmaltes virtualmente. Os varejistas estão mudando a integração entre o virtual e o físico para oferecer uma experiência de consumo diferenciada. O futuro do varejo está diretamente relacionado com as emoções da experiência do cliente. As vendas por autosserviços esbarram na necessidade humana de comprar na companhia de familiares e amigos. As pessoas querem cada vez mais trocar ideias sobre produtos e serviços no momento da compra, por isso o varejo aposta tanto nas interfaces humanas através de múltiplos canais. Os sistemas automatizados de atendimento são percebidos pelos clientes como um ruído desnecessário e, por isso, geram experiências insatisfatórias aos consumidores.

A tendência para os próximos anos é a intensificação da aproximação dos restaurantes, cafés, bares, escolas, metrôs, academias e clubes com o varejo e bancos. Os negócios de sucesso dos próximos anos serão aqueles que conseguirem estar próximos dos interesses dos clientes em todas as dimensões. A redução do espaço físico das casas e apartamentos vai impulsionar o e-varejo de usar apenas uma vez uma roupa. É um modelo que pode ser chamado de armário como um serviço. A proposta da Rent the Runway dos Estados Unidos é que a pessoa nunca use o mesmo vestido duas vezes. No Brasil, a Dress & Go oferece uma experiência similar.

Na prática, os próximos anos vão intensificar os modelos de negócio baseados em aluguel ou assinatura para o vestuário, roupas de festas, móveis, carros, decoração, quadros etc. A entrega em tempo real de produtos através da impressão 3D pode ameaçar o negócio dos grandes varejistas brasileiros. Caso uma pessoa goste de uma gravata, sapato, joia etc. apresentada em uma feira em Paris, ela pode simplesmente comprar em tempo real o projeto 3D do objeto desejado e imprimir em uma agência do correio, no trabalho ou na sua residência.

O comércio local vai enfrentar a concorrência do mundo inteiro. É evidente que o capital intelectual preparado vai gerar muita concorrência qualificada no setor da moda brasileira. Com as impressoras 3D, os usuários podem customizar o projeto de um objeto para ele ficar do exato jeito que ele quer. A grande vantagem é que é possível trabalhar por tentativa e erro. Muitos produtos vão evoluir ao extremo com a tecnologia 3D.

Os ativos digitais são na era do conhecimento as peças básicas para a criação de novas cadeias de valor. Empresas como a Amazon, Salesforce etc. oferecem diversos tipos de serviços que podem ser conectados em uma cadeia de valor customizada e proprietária. A organização de TIC das empresas usuárias de tecnologia está avançando rapidamente com as nuvens elásticas para a terceirização dos ativos e serviços da infraestrutura de tecnologia. Os processos das metodologias de desenvolvimento de aplicações e sistemas estão sofrendo mudanças drásticas encerrando o ciclo de funções em TIC dependentes de determinadas tecnologias.

Os profissionais de TIC que trabalham nas empresas usuárias de tecnologia, não precisam mais ser especialistas em uma determinada tecnologia. Os profissionais capacitados e talentosos precisam conhecer as novas tecnologias, práticas e modelos organizacionais do mercado. É muito comum encontrar no Brasil, profissionais de TIC impedindo que a empresa vá para a nuvem alegando que ela é insegura ou cara. É uma postura bastante contraditória, pois é raro encontrar um data center interno onde os logs dos firewalls são analisados com frequência. A falta deste tipo de avaliação torna esses data centers muito mais inseguros do que as nuvens que são monitoradas initerruptamente. Os ganhos de escala da nuvem reduzem os custos de manutenção da infraestrutura de TIC para um patamar muito abaixo dos atuais custos dos data centers privados.

A capacitação adequada é o primeiro desafio que os profissionais de TIC precisam enfrentar. É fundamental o conhecimento tanto nas condições operacionais das nuvens elásticas, como no desenvolvimento com entregas contínuas de Apps móveis. A nova TIC é capaz de diferenciação, por isso o recrutamento e seleção dos profissionais precisa parar de buscar especialistas em uma tecnologia ou certificações. É fundamental que as empresas contratem para o seu corpo organizacional profissionais experientes capazes de ir além das capacitações existentes. Na economia das aplicações é preciso trabalhar com projetistas de interfaces de Apps com experiência em processos de entrega contínua e com algoritmos preditivos.

Contratar profissionais certificados em Java, SQL, IT Infrastructure Library (ITIL®), e outras certificações não são mais uma necessidade relevante. O ambiente de negócios está em regime de inovação permanente. Em outras palavras, para as empresas usuárias de tecnologia, o modelo operacional de TIC mudou. Continua valendo a necessidade de fazer mais com menos através da efetividade. Ainda existem pessoas que entendem o fazer mais com menos como reduzir os custos para o valor mínimo possível. Na lógica da nova TIC este pensamento não tem espaço. Fazer mais com menos significa conquistar realizações lucrativas com efetividade e eficiência. Ser eficaz significa que é preciso acertar o alvo nas inovações, propondo projetos que adicionem valor ao negócio da empresa e ser eficiente significa realizar as atividades sem perdas e desperdícios.

O orçamento neste ponto deve ser o suficiente para inovar e aumentar o lucro. O aumento da lucratividade de um negócio não acontece apenas com custos de curto prazo. É preciso também inovar e aumentar as receitas de longo prazo, por isso, a nova TIC tem que exercer o seu papel alavancar novas receitas. Este aspecto torna a velocidade de resposta de TIC um aspecto fundamental.

A geração de receitas em longo prazo exige a exploração das oportunidades que criam novos canais de relacionamento com os clientes. Não existe mais espaço para atrasos de semanas nas entregas. As novas tecnologias estão evoluindo muito rápido e elas trazem novas chances de exploração das oportunidades habilitadas por TIC. As tecnologias móveis, vestíveis, internet das coisas, modelos preditivos, impressoras 3D etc. fazem parte da realidade atual, então, o Chief Information Officer (CIO) e o Chief Marketing Officer (CMO) precisam trabalhar juntos para melhorar a experiência dos usuários. Na prática esta integração é uma nova parceria corporativa, onde o conteúdo em tempo real é interativo e aumenta significativamente como o tempo. Existe um remodelamento do negócio.

O hospital é um clássico exemplo de ambiente conectado onde o monitoramento dos pacientes habilita a prática médica de alto nível em tempo real. Existe uma melhor colaboração entre médicos, gestores, enfermeiros e empresas farmacêuticas neste novo modelo. O faturamento do paciente pode ser feito neste novo contexto em função do uso por minuto ou pela natureza da atuação. É um novo modelo bem diferente do antigo que era baseado em taxas fixas. A inteligência dos anúncios vai permitir que os profissionais de marketing direcionem um conteúdo baseado no tamanho da tela, localização e ambiente para os clientes. Com a TV verdadeiramente digital é possível habilitar a venda dos produtos e serviços anunciados no próprio equipamento.

Estas e outras ondas tecnológicas estão transformando os modelos de negócio analógicos para digitais. A empresa Amazon que no seu nascimento em julho de 1994 era apenas uma loja de comércio eletrônico, mudou completamente de perfil empresarial em apenas vinte anos. A onda da computação em nuvem, mobilidade, Big Data, redes sociais, internet das coisas, computação cognitiva, impressora 3D está impactando dramaticamente os modelos de negócios.

Diversas empresas estão sendo reinventadas neste exato instante. Estas tecnologias não produzem mudanças incrementais. Existe uma clara ruptura dos modelos de negócio atuais em diversos segmentos da indústria. A transformação digital fez surgir diversos novos negócios que estão concorrendo contra corporações sólidas.

Os competidores aparecem de todos os lugares. Acabou a estratégia de analisar a competição observando apenas os competidores atuais. As fronteiras que segmentavam os vários setores da indústria acabaram. Os fornecedores estão virando concorrentes através da tecnologia dos softwares.

A transformação digital inseriu a tecnologia em todos os processos e produtos. O desafio em 2015 é fazer a empresa crescer ao mesmo tempo em que os processos e modelos de negócios são transformados para enfrentar concorrentes que não existiam no ano passado mantendo a lucratividade.

A transformação digital depende do nível de maturidade da plataforma digital e do que está sendo feito em termos de robustez, solidez e capacidade de adaptação. Os pilares digitais são a base de sustentação da adaptabilidade do negócio, do gerenciamento financeiro, da decisão em tempo real, das facilidades de pagamentos em múltiplos dispositivos e ambientes e da segurança digital. É preciso para alavancar a transformação digital para conhecer e proteger os dados pessoais, o perfil financeiro, o histórico de compras, os hábitos e comportamentos e os influenciadores dos clientes. A presença nas redes sociais através de portais corporativos, contas no Facebook, Twitter, LinkedIn, Instagram e outras comunidades é de fundamental importância para a definição do plano de marketing da transformação digital.

É preciso, portanto, trabalhar tanto com os funcionários atuais e antigos, como com os clientes antigos, atuais e futuros. O presente deve tratar das consultas e reclamações recebidas no contact center, nos portais corporativos, nos canais de mídia social e nas comunidades. É importante reconhecer as contribuições (mesmo que sejam críticas desagradáveis) através de recompensas para que a participação seja sempre honesta, sincera e cordial.

As recompensas podem ser entregues via pontuações para os clientes que podem ser trocados por produtos e serviços, ou com demonstrações da utilização dos produtos ou serviços, ou com interações ou apresentações nas mídias sociais ou com outras atividades relacionadas com os produtos ou serviços.

O nível de maturidade da transformação digital é medido pelo nível de previsibilidade, estabilidade, robustez, solidez, disponibilidade e eficiência da infraestrutura, pela estratégia multicanal, pela agilidade das aplicações, pela clareza, pelas funcionalidades e facilidades dos relatórios disponibilizados aos clientes, pelo sistema de alertas e alarmes oferecidos aos consumidores, pelas facilidades que os clientes têm para experimentar as funcionalidades e facilidades, pela possibilidade de estabelecer objetivos futuros, pela capacidade de acompanhar passo a passo a evolução dos objetivos, pela capacidade de evitar a criação de situações indesejadas com os clientes, pela habilidade de recomendar sugestões pelo modelo de previsão do comportamento do cliente, pela capacidade de decidir em tempo real em função do conjunto de dados do cliente, pela estrutura de armazenamento e processamento em segurança das informações dos clientes, pelas repostas às ações de clientes, pela oferta em tempo real de produtos e serviços conforme o dispositivo utilizado pelo cliente, pelas facilidades de pagamento abrangendo todos os tipos de transferências de dinheiro digital, pelas opções de pagamento e pela geração de um boleto seguro de pagamento.

Quanto mais pontos forem atendidos maior é a base para a transformação digital. É preciso entender que este é um caminho que tem um começo bem claro, mas cuja a estrada está em fase de construção, pois tanto as necessidades dos clientes, como as tecnologias vão mudar com o passar do tempo. A transformação digital não nos leva para um ambiente de certeza e previsibilidade. Os indicadores ambientais apenas são capazes de ajudar as organizações na definição do um roteiro do filme.

O conteúdo do filme é de livre formato e deve ser escolhido pelas empresas no seu planejamento estratégico. Os índices mostram apenas os marcos que as organizações devem alcançar para atingir a plenitude de aceleração no caminho escolhido. A estruturação do plano de maturidade da transformação digital envolve a definição de diferentes metas organizacionais que vão evoluir e acompanhar a experiência dos usuários. Não existem atalhos, por isso o caminho deve ser trilhado de forma constante passo a passo.

A transformação digital não é um pacote que vai proteger a sua empresa contra a concorrência. Ela vai simplesmente organizar o roteiro para que a sua empresa abra a porta para ganhar a preferência dos seus clientes pelas expectativas endereçadas. Os clientes vão perceber que estão fazendo parte do processo de evolução e vão ajudar nos ajustes necessários. Eles passam, neste contexto, a ser o centro de toda a atenção da sua corporação.

Integração na Transformação Digital

Em outubro de 2015 foi disponibilizada a integração entre Moovit e Easy Taxi que permite ao usuário a visualização das rotas em um único contexto onde ele pode solicitar um táxi através do App de transporte público Moovit. A integração oferecida é um acordo entre as duas empresas que ocorre na camada da integração dos aplicativos onde os usuários do aplicativo de transporte público Moovit enxergam as rotas e podem pedir um táxi sem sair do App. Para este caso, os usuários do Moovit podem solicitar um táxi ao clicar no ícone do Easy Taxi na tela inicial e confirmar a sua localização atual ao taxista.

O segundo modo é através do recurso de planejamento de viagem do Moovit. O usuário preenche as informações do seu destino e o aplicativo apresenta as várias rotas com transporte público e táxi juntos e com apenas o táxi. As cidades de São Paulo, Rio de Janeiro, Porto Alegre no Brasil e Santiago no Chile inauguraram o serviço.

Terceirização

Com o crescimento vertiginoso da economia dos aplicativos as questões relacionadas com a segurança são cada vez mais importantes nas organizações. Em alguns casos os custos envolvidos com as falhas de segurança são tão elevados que as políticas internas estão sendo alteradas. Um estudo recente realizado pela Kaspersky revelou que o custo médio dos incidentes de segurança causados por terceiros custou para as organizações mais de três milhões de dólares (Empresas desconfiam de seus fornecedores terceirizados, aponta pesquisa, http://computerworld.com.br/empresas-desconfiam-de-seus-fornecedores-terceirizados-aponta-pesquisa, acessado em 26/11/2015).

A pesquisa global da Kaspersky revelou que as empresas estão perdendo a confiança nos seus fornecedores terceirizados por causa do número crescente de incidentes de segurança causados por eles. O principal motivo na minha visão para tal fenômeno é que os terceiros estão tão preocupados em realizar as suas tarefas conforme os requisitos e especificações do Acordo do Nível dos Serviços (ANS) que eles estão ignorando o crescente número de novas vulnerabilidades que surgem a cada minuto e que não estão descritas no ANS.

Com isto, muitas tarefas, atividades e ações não são realizadas com segurança completa e várias portas digitais ficam abertas. É um contexto de exposição aos novos tipos de ataques e crescimento da quantidade de incidentes de segurança. O resultado da pesquisa global da Kaspersky mostrou que quase 40% dos entrevistados das pequenas, médias e grandes empresas e corporações não confiam nos seus fornecedores. O principal motivo apresentado no relatório para a perda de confiança nos fornecedores é que eles formam responsáveis por 18% dos incidentes em 2015. A Kaspersky afirmou que os incidentes envolvendo terceirizados são tão nocivos quanto os ataques virtuais, por causa do elevado custo para solucionar o problema.

Os incidentes envolvendo terceiros custaram para as pequenas e médias empresas uma média de 67 mil dólares e 3,27 milhões de dólares para as grandes corporações. Para evitar riscos desnecessários é preciso estabelecer com rigor quem tem acesso a qual área da rede corporativa para restringir o acesso do terceiro aos recursos da empresa. Infelizmente isto não resolve todos os problemas, pois a engenharia social é uma das principais ameaças contra a segurança e os terceiros mesmo com restrições de acesso podem ter seus computadores usados como pontos de entrada para os ataques contra a rede que visam a indisponibilização dos servidores e dos serviços fundamentais da organização.

Normalmente os terceiros são cobrados por metas e não recebem da empresa contratante os treinamentos sobre segurança. Muitos dos terceiros desconhecem o comportamento dos atacantes. Como a maioria dos ataques mais graves ocorre no sistema operacional humano (onde, por exemplo, um e-mail contaminado é enviado para um terceiro e depois ele recebe uma ligação solicitando uma confirmação do recebimento e o atacante cobra durante a ligação a abertura do anexo) é preciso que o terceiro conheça em detalhes o sistema de segurança da empresa contratante para que as regras de segurança sejam eficientes. O artigo "Sistema operacional humano: o paraíso dos hackers!" (http://computerworld.com.br/seguranca/2014/10/13/sistema-operacional-humano-o-paraiso-dos-hackers, acessado em 26/11/2015) revelou as vulnerabilidades do elo humano da corrente de segurança das empresas.

Capítulo 3

Economia dos Algoritmos

Um grande volume de dados e informações não tem valor algum se não gerar inteligência. Isto significa que a questão do valor está diretamente relacionada em como as empresas estão usando os algoritmos para responder as suas perguntas para evoluir com a sua estratégia. É evidente que é preciso saber o que perguntar e também o que pode ser respondido. É de fundamental importância que exista uma inteligência baseada no conhecimento para que os dados e informações possam oferecer valor para o negócio. Se não existir esta inteligência então o oceano de dados e informações coletados e armazenados dos portais de comércio eletrônicos, das lojas físicas, da internet das coisas, das pesquisas de mercado não terá utilidade alguma e o seu valor será negativo, pois só gerou custos.

As interconexões entre os sistemas humanos e eletrônicos são capazes de criar uma enorme quantidade de novos relacionamentos. O volume de possibilidades é gigantesco. Os algoritmos são a melhor forma para encontrar as respostas necessárias para o negócio, pois eles conseguem trabalhar com um gigantesco volume de dados e extrair apenas as informações relevantes. Quem souber fazer as perguntas certas, no momento correto vai extrair enorme valor da montanha de dados e informações.

A economia das conexões e dos algoritmos são termos criados para expressar que é possível criar valor significativo para o negócio através do crescimento e da melhoria do relacionamento entre as empresas, pessoas e coisas. Um valor superior é alcançado quando as pessoas físicas e jurídicas entram um maior nível de consistência nos relacionamentos. Estamos diante de um grande salto no universo digital que protagonizado pela evolução dos equipamentos na internet das coisas. Os produtos, serviços e processos deixaram de ter neste contexto o seu valor determinado pelos componentes físicos. O nível de sofisticação e valor agregado é definido pelos algoritmos e funções disponíveis.

Para avançar na economia das conexões, a organização de tecnologia precisa influenciar mais do que controlar. A base de qualquer relacionamento é a confiança. A economia dos algorítmicos exige uma intensa troca de informações entre especialistas de várias disciplinas, por isso, o foco deve se desenvolver as habilidades, capacidades e ideias dos profissionais envolvidos nestes projetos. O aspecto multidisciplinar exige diversificação do espectro do conhecimento.

A manutenção dos sistemas legados é de vital importância para as firmas e a prática não pode ser abandonada. No entanto, estes sistemas estão no final do seu ciclo de vida e eles não podem limitar ou determinar como será o desenvolvimento futuro das aplicações e da sua respectiva infraestrutura. É conveniente começar a fazer com que os próximos projetos sejam capazes de corrigir as deficiências históricas dos sistemas legados até que seja possível a sua eliminação. O estabelecimento de parcerias deve estar focado na melhoria dos aspectos técnicos, da segurança digital e do conhecimento. Esteja pronta para criar um universo de relacionamento de longo prazo com base na estabilidade da mão de obra e evolução contínua das competências, habilidades, capacitações e conhecimentos.

Atendimento ao cliente

O uso da inteligência artificial (IA) como ferramenta de atendimento ao cliente está saindo da ficção científica e virando realidade no ano de 2015. O atendimento digitalizado ao cliente proporcionado pelo Siri da Apple, Cortana da Microsoft e Google Now da Alphabet revelam que ferramentas estão ficando cada vez mais inteligentes e podem responder vários tipos de consultas sem a intervenção direta de um ser humano. O software através da computação cognitiva está avançando em modelos e algoritmos capazes de aprender naturalmente. É muito pouco provável que a inteligência artificial da computação cognitiva consiga substituir completamente os seres humanos no atendimento ao cliente. No entanto, é certo que ela chegou para ajudar na evolução do atendimento.

A falta da inteligência emocional nos softwares mostra que é preciso combinar a capacidade de responder corretamente do processamento digital com a empatia e capacidade de refinamento das informações do processamento humano. Para alcançar uma experiência ao usuário superior é preciso mais do que algoritmos e softwares, é preciso que exista a cooperação de todos os colaboradores internos e externos para que as informações encontrem subsídios nos dados para resolver um problema ou orientar o consumidor sobre como avançar.

O desafio é enorme, pois um oceano de dados estruturados ou não é gerado diariamente nas ligações telefônicas gravadas, nas transcrições das conversas, nas mensagens nos celulares, nas mensagens de texto, vídeo e voz do correio eletrônico etc. Em resumo, existe uma montanha de dados que precisa ser filtrada para resolver o problema de um cliente ou usuário. Em vários casos pode existir a necessidade do envolver uma grande quantidade de agentes humanos que trabalham em departamentos ou empresas diferentes. É preciso ter a inteligência humana para consolidar todos os componentes em uma resposta robusta e coerente. É evidente que a conversa começa com a capacidade de extrair os dados corretos.

O computador tem uma clara vantagem em relação ao ser humano. Ele é rápido organizador de enormes quantidades de dados desorganizados. Esta característica habilita as consultas e o ser humano consegue encontrar as respostas para as perguntas com velocidade, dinamismo e interatividade. É um formato onde as perguntas e respostas mais comuns do atendimento ao cliente são respondidas pelos computadores e os atendentes humanos cuidam das consultas que demandam por informações mais elaboradas e inteligentes para que as respostas sejam significativas e velozes.

Em outras palavras é a resposta correta, no momento certo, com o contexto certo que proporciona uma experiência ao cliente de alto nível. O rápido processamento de informações interagindo com atendentes humanos qualificados e habilitados permite a produção de soluções úteis que são superiores às respostas apenas dos agentes humanos ou dos computadores. A computação cognitiva é uma jornada nova para os clientes, pois vão existir momentos onde as capacidades e habilidades de raciocínio, conhecimento e proatividade dos agentes humanos vão fazer a diferença para fidelização de um cliente ou para a conquista de uma venda.

A computação cognitiva elimina o tempo de espera do cliente, porque ela é capaz de identificar com clareza a real necessidade do chamador. O sistema identifica a necessidade e automaticamente conduz o atendimento para o grupo de pessoas que é capaz de resolver o caso. O tempo dos atendentes é otimizado, porque eles não têm mais que verificar assuntos triviais como identificação do cliente, ou entendimento da solução que está sendo buscada, ou quem é a melhor pessoa para responder por tal assunto.

Quando o usuário chega ao atendente humano, explode na sua tela do computador todas as informações sobre o cliente e o histórico do chamado com respectivos gaps de respostas. O tempo total de cada uma das chamadas vai ser reduzido drasticamente e o grau de satisfação dos clientes vai crescer enormemente. A união da computação cognitiva com o atendimento humano é uma solução para o atendimento ao cliente onde todos ganham. Os seres humanos não vão perder o seu trabalho de atendimento ao cliente para um software com inteligência artificial. Eles vão ganhar uma ferramenta que é capaz de realizar tarefas repetitivas muito melhor do que eles. O software de computação cognitiva oferece uma solução para que a experiência do usuário seja muito mais efetiva.

Capítulo 4

Produtos Inteligentes Conectados

A era dos aplicativos da nova Tecnologia de Informações e Comunicações está revolucionando uma grande variedade de produtos tradicionais como os eletrodomésticos, automóveis, equipamentos de mineração e agrícolas etc. Os produtos que até o final da primeira década do século XXI eram formados basicamente por componentes mecânicos e elétricos tornaram-se após 2010 um sistema complexo formado pelos componentes mecânicos, elétricos, sensores, software e conexão com a internet. Os chamados produtos inteligentes conectados (Smart Connected Products) oferecem uma enorme gama de possibilidades para novas e robustas funcionalidades e capacidades. Na prática, os limites funcionais dos produtos tradicionais foram rompidos.

A incorporação de inteligência e variabilidade (via software e conectividade) aos produtos está quebrando a atual cadeia de valor dos fabricantes e fazendo as companhias repensarem o que elas estão fazendo. Elas estão reavaliando a produção, operação e manutenção em função da necessidade de infraestrutura de TIC. Os produtos inteligentes conectados abrem um novo leque de estratégias corporativas pela nova forma em que o valor percebido pelo cliente é criado e capturado. É preciso rever o modelo empresarial com os parceiros e avaliar quais novas parcerias serão necessárias no futuro próximo para garantir a manutenção das vantagens competitivas duramente conquistadas. Não é um ambiente de negócio trivial, pois é preciso ganhar novas capacidades no momento em que os limites da indústria estão sendo redesenhados.

Os fabricantes de produtos inteligentes conectados estão reavaliando o seu próprio empreendimento, pois já não é claro qual é o negócio que eles estão envolvidos. A nova TIC está habilitando a era da competição do negócio software. Os fabricantes estão virando desenvolvedores de software para os produtos inteligentes conectados. A Internet of Things (IoT), internet das coisas, é entendida como o grande motor do crescimento mundial entre 2015 e 2025. Os mais otimistas estimam que o tamanho deste mercado será de US$14,4 trilhões e os menos acreditam em um tamanho de US$ 7,4 trilhões. Os produtos inteligentes conectados representam novas oportunidades em uma ampla gama de frentes. É possível com os produtos inteligentes conectados monitorar os pluviômetros para detectar as calamidades causadas pelas chuvas, ou alertar as viaturas da polícia ou emitir alarmes sobre a capacidade utilizada pelas lixeiras para a central de gerenciamento. Existe uma revolução em andamento e é possível explorar as oportunidades através da estratégia e operações.

Como o Alvin Toffler afirmou no seu livro "The Third Wave" (A Terceira Onda) publicado em 1980, a sociedade iria entrar na era da informação onde a capacitação, informação, conhecimento e tecnologia seriam o capital necessário e suficiente para o sucesso das corporações. A era dos aplicativos nada mais é do que o espelho das palavras do Toffler onde a competição é direcionada por TIC.

Até o final da primeira década do século XXI, TIC impulsionou os ganhos de produtividade e do lucro em diversos setores da economia mundial. Foram momentos onde a cadeia de valor foi transformada sem que houvesse maiores alterações na natureza funcional dos produtos. Na terceira onda, nova TIC passou a ser um dos componentes fundamentais do produto. Tecnologia de Informações e Comunicações tem a capacidade de definir a forma de utilização de um produto através de customizações. Em outras palavras, a natureza das funcionalidades e facilidades de um produto é variável.

Os sensores, processadores, softwares e conectividade transformaram os produtos em computadores especializados conectados numa nuvem que armazena e analisa as informações do uso e executa as aplicações que direcionam as melhorias e evoluções das funcionalidades e performance do produto. A enorme quantidade de informações sobre a utilização permite a realização de diversas simulações. Neste caso, as melhores configurações são validadas.

A produtividade da economia aumenta sobremaneira com os novos e melhores produtos inteligentes. A cadeia de valor sofre uma transformação profunda com o desenvolvimento de um produto variável, pois as atividades de marketing, manufatura e serviços de pós-venda são criadas conforme as necessidades dos clientes. As iniciativas decorrentes da análise das informações do uso seguro geram os ganhos de produtividade na cadeia de valor. A evolução da competividade é gigantesca neste cenário.

Os produtos inteligentes conectados são formados por três tipos de componentes diferentes. Os itens físicos, as peças inteligentes e os componentes de conectividade. As peças inteligentes aumentam a abrangência da capacidade e valor dos itens físicos e os componentes de conectividade expandem a capacidade e valor das peças inteligentes, pois eles permitem que as peças inteligentes possam viver fora dos itens físicos. Este modelo cria um círculo virtuoso de crescimento do valor.

Os itens físicos de um produto são as partes mecânicas e elétricas. As peças inteligentes são os sensores, processadores, sistemas de armazenamento, controles, softwares, sistema operacional e interface com o usuário. Os componentes de conectividade são as portas, antenas e protocolos de conexão. A rede de conectividade pode ser: (i) um para um, onde ou o usuário ou o fabricante ou outro produto é conectado através de uma porta de rede ou outro tipo de interface. Muitas vezes esta arquitetura é usada para diagnósticos do equipamento; (ii) um para diversos, onde um sistema central é conectado permanentemente ou em compartilhamento com vários produtos e (iii) diversos para diversos, onde diversos produtos são conectados com vários outros tipos de produtos inclusive com fontes externas de informações e dados. É possível formar com esta arquitetura um arranjo com tipos de equipamento conectados com outros tipos e com fontes externas de geolocalização para coordenar e otimizar o sistema. A finalidade da conectividade é permitir que as informações sejam trocadas entre os produtos, ambientes operacionais, fabricantes, usuários e outros produtos e sistemas. As funções do produto para viver fora dos itens físicos em uma nuvem são habilitadas no mesmo momento em que a conectividade é ativada.

Os produtos inteligentes conectados estão nascendo em todos os setores da indústria. Equipamentos para a indústria pesada, energia, bens de consumos etc. estão sendo desenvolvidos no modelo SCP (Smart Connected Product). O fenômeno SCP é o resultado da convergência da viabilidade econômica de diversas inovações tecnológicas. As novas tecnologias habilitaram o desempenho, miniaturização e eficiência dos sensores e baterias. Como isto qualquer produto passou a ser passível de processar e armazenar informações em uma nuvem consumindo pouca energia. Com a redução drástica do custo das portas de rede, aumento da velocidade do desenvolvimento de software, evolução da análise de grande volume de dados e disponibilização de protocolos de comunicação mais efetivos foi possível endereçar os estratagemas individualizados dos produtos. Por causa dos produtos inteligentes conectados os fabricantes desenvolveram a infraestrutura da tecnologia em camadas (technology stack).

O hardware, software, sistema operacional, comunicações e nuvem formam uma plataforma para o desenvolvimento de novas aplicações através de análises e regras. Estas aplicações vivem fora do produto. Uma das camadas é a estrutura de segurança e identidade, a seguinte é uma interface para acessar dados externos e a terceira são as ferramentas que conectam os dados do SCP com os sistemas do negócio, por exemplo, o Enterprise Resource Planning.

A tecnologia em camadas permite o rápido desenvolvimento de novas aplicações e operações pela captura, análise, e compartilhamento de uma grande quantidade de dados gerado dentro e fora do produto. As empresas precisam neste novo contexto desenvolver capacitações de desenvolvimento de software, engenharia de sistemas, análise de dados e segurança em tempo real. A inteligência e conectividade criaram um novo conjunto de funções e capacidades em camadas para os produtos. Os quatro grandes blocos são: Monitoração, Controle, Otimização e Autonomia. O SCP exige a presença destes quatro blocos.

Cada um dos blocos forma a camada de infraestrutura para o bloco seguinte. A camada de monitoração é a base de sustentação para o bloco de controle, otimização e autonomia. O fabricante estabelece uma estratégia e posicionamento competitivo e então escolhe o conjunto de funções e capacidades que vai entregar valor para o seu cliente.

Monitoração

Os sensores externos e as fontes externas de informações e dados habilitam a plena monitoração do ambiente externo em relação à operação e condições do produto. Através das informações coletadas, o produto pode alertar o usuário e outras pessoas sobre mudanças nas condições ambientais e desempenho. A monitoração permite que o fabricante e usuário rastreiem a utilização do produto. O histórico permite o entendimento de como o produto está sendo utilizado.

Estas informações geram importantes mudanças no desenvolvimento do produto (por exemplo eliminando o desenvolvimento de funções sem uso pelos usuários), na estratégia de segmentação do mercado (por exemplo, trabalhando com padrões de utilização por tipo de cliente e na manutenção pós-venda para assegurar o envio do técnico mais capacitado para consertar o componente específico e aumentar a taxa de resolução na primeira chamada). A monitoração melhora as condições da garantia do produto e abre uma oportunidade para a venda de funções complementares. É importante lembrar que neste caso o custo marginal do desenvolvimento de uma nova função é muito baixo (em alguns casos é nulo) e o fabricante pode aumentar consideravelmente a sua lucratividade e diferenciação.

Nos equipamentos médicos, a monitoração é o elemento chave para a criação de valor agregado. Os sensores podem medir em tempo real os diversos indicadores do estado de saúde dos pacientes em um hospital ou centro de recuperação e enviar alarmes para os enfermeiros e médicos conforme uma hierarquia preestabelecida. Desta forma os médicos podem ajustar a terapia do paciente de forma personalizada conforme a sua reação aos remédios e tratamentos. Também é possível com a comunicação sem fio monitorar as condições operacionais e os parâmetros de segurança dos produtos do metrô e prever acidentes remotamente.

Controle

O produto pode ser controlado por ordens remotas ou por regras específicas do estratagema operacional que residem dentro do equipamento ou em uma nuvem externa. As regras respondem às mudanças específicas nas condições ou ambiente, por exemplo, fechar uma válvula quando a pressão alcançar um determinado valor ou fechar a cancela da entrada do estacionamento quando a garagem estiver cheia.

O controle por um software embarcado dentro do produto ou em uma nuvem permite a customização do uso em um nível de desempenho que até pouco tempo atrás era economicamente inviável. A tecnologia permite que os usuários estabeleçam limites específicos de controle e personalizem a sua utilização, por exemplo, os usuários podem ajustar a cor da sua lâmpada led ou o som da campainha conforme o seu estado de espírito ou horário do dia. A fechadura da porta de entrada pode ser programada para responder à aproximação de um smartphone específico de um visitante esperado em horário programado e abrir a porta automaticamente para o visitante.

Otimização

A monitoração e o controle da operação do produto permitem a abertura de diversas portas e caminhos para a otimização do seu desempenho. Os algoritmos dos softwares e as análises dos dados históricos e em tempo real permitem a melhoria do resultado, do uso e da efetividade (por exemplo, os geradores de energia eólicos usam um processador local para ajustar a revolução de cada uma das pás para capturar a máxima energia do vento. Cada um dos geradores pode ser ajustado para melhorar o seu desempenho e minimizar o impacto na eficiência do próximo). A monitoração e controle em tempo real otimiza a manutenção preventiva detectando uma falha intermitente e acompanhando a sua recuperação remotamente. Existe redução da indisponibilidade e da necessidade de envio de técnico especializado.

Quando o produto está indisponível, as informações avançadas do autodiagnóstico da monitoração informam os componentes que falharam e as peças necessárias para o reparo. O acompanhamento em tempo real da manutenção aumenta a taxa da resolução no primeiro chamado e reduz o custo do serviço. Os caixas eletrônicos dos bancos que são monitorados e controlados podem ser recuperados remotamente ou gerar um relatório detalhado da situação de mau funcionamento e com isso o técnico de campo vai atender com uma lista customizada dos processos de reparo recomendados e com as peças necessárias. O caixa eletrônico também pode ser atualizado automaticamente ou remotamente quando melhorias nas funções e facilidades estiverem disponíveis.

Autonomia

A combinação da monitoração, controle e otimização permite que o produto alcance um nível inédito de autonomia. Os aspiradores de pó que usam sensores e softwares para examinar e limpar o chão de salas diferentes. Alguns produtos aprendem sobre o ambiente, autodiagnosticam as necessidades e fazem adaptações automáticas conforme as preferências dos usuários. A autonomia reduz a necessidade de intervenção humana ao mesmo tempo em que aumenta o nível de segurança em ambientes perigosos inóspitos e em locais remotos ermos.

Os produtos autônomos podem trabalhar com outros produtos e sistemas e aumentar o valor das capacidades e funcionalidades. Um conjunto de leitores inteligentes de energia elétrica conectados permite um melhor dimensionamento da demanda e favorece a utilização de padrões de consumo. Os algoritmos dos programas podem utilizar os dados em tempo real e as informações históricas para controlar o desempenho das atividades realizadas por outros produtos do sistema. Existe um nível importante de alavancagem e os operadores humanos podem ficar focados na monitoração do desempenho por horário do sistema. A linha amarela do metrô de São Paulo é supervisionada remotamente em um centro do controle. O desempenho dos equipamentos é monitorado continuamente e em caso de falhas que exijam a intervenção humana os técnicos são despachados automaticamente.

Nova estrutura da indústria

A análise do impacto na estrutura da indústria dos produtos inteligentes conectados revelou que a competividade e a rentabilidade foram profundamente afetadas. A competição é em todas as indústrias direcionadas pelas cinco forças competitivas: O poder de barganha dos compradores; A natureza e intensidade da rivalidade entre os competidores existentes; A ameaça de novos entrantes; A ameaça de produtos ou serviços substitutos e o Poder de barganha dos fornecedores. A composição e os vigor coletivo destas forças determinam a natureza competitiva da indústria e a rentabilidade média dos competidores. A estrutura de uma indústria muda quando uma nova tecnologia, necessidade ou outros fatores deslocam as cinco forças. Os produtos inteligentes conectados afetam fortemente a estrutura de muitas indústrias, como a indústria manufatureira.

O poder de barganha dos compradores

Os produtos inteligentes conectados catapultam as oportunidades de diferenciação e movem a competição para longe da dimensão do preço. Ao conhecer como os clientes usam os produtos, o fabricante pode segmentar o mercado pela customização e obter o melhor preço de venda pela maximização do valor agregado. Os fabricantes podem usar os dados históricos e em tempo real para desenvolver um relacionamento. Os produtos inteligentes conectados permitem que os fabricantes reduzam a sua dependência em relação aos distribuidores e parceiros. É possível até mesmo existir algum nível de desintermediação e por causa disto aumento do lucro.

Os fabricantes de motores de aeronaves usam as informações de centenas de sensores para sinalizar a diferença entre o desempenho real e o esperado. A análise de dados permite a otimização do uso de combustível pela mudança de procedimentos, por exemplo, o uso do freio aerodinâmico durante a aterrissagem. Com tais informações o fabricante aprofunda o relacionamento com as operadoras aéreas e diferencia o seu produto. Os produtos inteligentes conectados aumentam o poder de barganha do comprador pelo melhor entendimento do desempenho real do produto.

Os compradores também têm acesso aos dados sobre a utilização do produto e podem com eles reduzir a sua dependência de suporte e manutenção em relação ao fabricante. Os novos modelos de negócio da economia compartilhada como o produto como um serviço aumentam o poder de barganha dos compradores porque o custo para trocar de fabricante é menor. No entanto, também existem aspectos de contrapeso da balança. Os dados históricos de utilização do produto podem ter tamanha relevância para desempenho superior do negócio do comprador que eles se tornam uma barreira para a troca de fornecedor.

Rivalidade entre os competidores

Os produtos inteligentes conectados descolam a rivalidade, pois eles abrem uma enorme quantidade de oportunidades para a diferenciação e para os serviços de valor adicionado. Os produtos permitem que o fabricante ofereça ofertas customizadas para segmentos específicos do mercado, chegando ao ponto de oferecer customizações individuais e diferenciadas para os clientes com preços Premium.

Também eles habilitam novas oportunidades de valor do produto pela inclusão de serviços que usam dados externos. Os sensores e a conectividade de uma raquete de tênis inteligente permitiram a criação de um serviço que ajuda na evolução do jogo dos usuários pela análise da velocidade, rotação e local do impacto da bola. Os relatórios são entregues através de uma aplicação no smartphone.

A consequência do deslocamento da rivalidade é a migração da estrutura de custo dos produtos inteligentes conectados (crescimento dos custos fixos e a redução dos custos variáveis). Os custos fixos aumentam por causa da elevação do custo do desenvolvimento do software, pela maior complexidade do projeto do produto e pelo desenvolvimento de uma infraestrutura robusta para a conectividade, armazenamento, análise e segurança.

Uma indústria com estrutura de custo fixo elevado precisa vender um número grande de unidades para eliminar a sua vulnerabilidade de preço. Existe o risco de uma corrida entre os rivais para melhorar o desempenho do produto através do aumento dos custos e perda da lucratividade. A corrida pode fazer com que os produtos inteligentes conectados façam parte de sistemas maiores.

Os fabricantes de lâmpadas led, equipamentos de áudio e vídeo e sistemas de climatização não eram competidores. No entanto, agora eles estão competindo no ambiente da casa conectada onde os produtos inteligentes estão sendo conectados e formam um sistema inteligente de automação residencial.

Ameaça de novos entrantes

Os novos entrantes no ambiente dos produtos inteligentes conectados significam na prática novos obstáculos que começam com os elevados custos fixos do projeto pela maior complexidade da tecnologia embarcada e da infraestrutura de TIC. A ampliação das facilidades e funcionalidades dos produtos aumenta a altura da barreira contra os novos entrantes. Os fabricantes de equipamentos médicos estão oferecendo produtos inteligentes conectados para que os médicos possam monitorar em tempo real os seus pacientes e rever o estratagema conforme a situação clínica deles.

As barreiras de entrada aumentam quando os fabricantes atentos capturam as vantagens competitivas da coleta das informações de uso do produto para melhorar os produtos e serviços e redefinir os serviços pós-venda. Os produtos inteligentes conectados aumentam o nível de lealdade do comprador e o custo de trocar o fornecedor. As barreiras diminuem quando o produto inteligente conectado não oferece benefícios para o comprador.

Em alguns casos existem resistências dos compradores que não acreditam nos benefícios oferecidos. Nestes casos, os compradores preferem adquirir apenas o hardware. Os fabricantes de produtos agrícolas enfrentaram a desconfiança dos fazendeiros oferecendo serviços baseados na captura dos dados dos diversos equipamentos das fazendas que os ajudaram na melhoria da tomada de decisões. O legado foi aproveitado e um sistema foi criado. A empresa Apple fez algo parecido ao oferecer um aplicativo de smartphone que gerencia todos os equipamentos da casa conectada.

Ameaça de produtos substitutos

Em diversos tipos de indústrias, os produtos inteligentes conectados criam novos tipos de ameaças por substituição. Os produtos com capacidades mais abrangentes são capazes de substituir os produtos tradicionais. As roupas inteligentes que capturam as informações de saúde do usuário como nível de atividade e padrões do sono estão substituindo os produtos tradicionais como os relógios de corrida. Os celulares inteligentes estão substituindo produtos tradicionais como câmeras fotográficas.

O modelo de negócio do produto como um serviço permite que os usuários tenham acesso aos produtos inteligentes conectados mais caros pagando apenas uso. O modelo de negócio do uso compartilhado permite o acesso amplo aos carros inteligentes conectados. Produtos mais baratos, mas de difícil transporte como as bicicletas estão sendo integradas em sistemas maiores e aplicações de smartphone que mostram os locais onde as bicicletas estão estacionadas e os usuários pagam apenas pelo tempo de uso. O modelo de uso compartilhado de bicicletas, carros etc. substitui a necessidade de aquisição.

Poder de compra dos fornecedores

Os produtos inteligentes conectados estão redistribuindo o poder de barganha, pois eles entregam mais valor do que os componentes físicos padronizados do produto. Existem casos onde o software é capaz de substituir as funções dos componentes físicos. O software reduz a necessidade de componentes físicos e consequentemente os produtos têm uma menor variedade de itens físicos. Os fornecedores tradicionais estão perdendo participação no custo total do produto total e por causa disso o seu poder de barganha está caindo.

No entanto, o tamanho do mercado dos novos fornecedores está em forte ascensão. A participação nos produtos dos fabricantes de sensores, softwares, conectividade, sistemas operacionais, armazenagem, análises e serviços de infraestrutura de TIC é cada vez maior. Empresas como Google, Apple, Amazon etc. são essenciais tanto para a diferenciação do produto, como para o estabelecimento da estrutura de custos do mesmo.

Na maioria dos casos o poder de barganha dos novos fornecedores é enorme. Empresas como Apple, Google e Amazon definem o preço para colocar uma aplicação na sua loja virtual. Elas enfrentam as pressões do mercado com enorme sucesso. Isto significa que estes fornecedores podem capturar uma grande parte do valor total do produto e reduzir a rentabilidade do fabricante.

Empresas automobilísticas como General Motors, Honda, Audi, e Hyundai estão utilizando o sistema operacional Android da Google nos veículos porque os consumidores querem sincronizar e compartilhar as informações do seu carro com o seu smartphone. Os fornecedores de infraestrutura de TIC dos produtos inteligentes conectados são beneficiados pelo estreitamento do relacionamento dos fabricantes com os usuários e pelo acesso as informações de utilização do produto. Eles podem oferecer novos serviços.

Vantagens competitivas dos produtos inteligentes conectados

Projeto

Os produtos inteligentes conectados exigem um novo conjunto de princípios para desenvolvimento de um produto. (i) O hardware padronizado suporta o software customizado; (ii) Existem facilidades de configuração e personalização; (iii) Existem atualizações e suporte contínuo; (iv) Existem serviços remotos de análise preditiva. Os desenvolvedores precisam tanto ser capacitados na engenharia de sistemas como no desenvolvimento ágil. É preciso desenvolver um produto onde o hardware, os componentes eletrônicos, o software, o sistema operacional e a conectividade estejam plenamente integrados. Os processos de desenvolvimento precisam estar preparados para endereçar no projeto rapidamente e eficientemente uma maior quantidade de mudanças de última hora por conta de um ambiente de negócios mais nervoso e imprevisível. O desenvolvimento do hardware e software precisa ser sincronizado em função das interações.

Serviços pós-venda

Os produtos inteligentes conectados oferecem vantagens e melhorias na produtividade dos serviços e na manutenção. No entanto, é preciso desenvolver uma nova estrutura do organizacional dos serviços e dos processos de entrega para explorar os dados. O processo de revelação dos problemas atuais e futuros permite que a firma realize reparos locais e remotos dentro dos prazos requeridos. As informações sobre o uso e desempenho em tempo real permitem uma forte redução nos custos da manutenção em campo pela maior eficiência no controle do estoque de peças sobressalentes.

Alarmes sobre falhas de componentes que estão por acontecer reduzem a indisponibilidade do produto e permitem um planejamento mais eficiente da programação dos serviços de manutenção. As informações sobre a utilização e desempenho do produto e serviços são enviadas para o fabricante para reduzir as falhas futuras e criar novos serviços associados. Estas informações também são utilizadas para validar as reclamações sobre a garantia do produto e para identificar as violações do acordo de garantia.

Marketing

Os produtos inteligentes conectados permitem novas formas de relacionamentos com os clientes, e por isso demandam por novas práticas de marketing e um novo conjunto de habilidades. Neste novo modelo as empresas acumulam e analisam os dados do uso dos produtos para desenvolver novos critérios para criar valor para os clientes. Com isto, é possível melhorar o posicionamento das ofertas e estabelecer uma comunicação mais efetiva do valor adicionado pelo produto.

Através das ferramentas de análise dos dados, as firmas podem segmentar o seu mercado com maior precisão e oferecer produtos e pacotes de serviços customizados que entregam maior valor para cada segmento de mercado e capturam maior preço. Esta abordagem é melhor quando os produtos são customizados via software. Neste caso, o custo marginal é muito baixo ou é zero. Os fabricantes de motores com níveis diferentes de potência controlados por software podem atender aos clientes de diversos segmentos do mercado.

Recursos Humanos

Os produtos inteligentes conectados criam novos requisitos e desafios para os recursos humanos. Os departamentos de engenharia e desenvolvimento precisam ir além do tradicional. É preciso contratar habilidades no desenvolvimento de software, na engenharia de sistemas, na computação em nuvem, na análise da tecnologia Big Data, na segurança digital etc.

Segurança

Os produtos inteligentes conectados criam a necessidade para gerenciamento robusto da segurança digital para proteger os dados que trafegam nos produtos contra o uso não autorizado e acesso ilegal à infraestrutura de TIC e sistemas corporativos. Para tal, são necessários novos processos de autenticação, armazenagem, controle de privilégios do acesso e uso.

Capítulo 5

Custo Marginal Zero

O Marginal Unit Cost (MUC) ou Custo Marginal Unitário (CMU) é o valor acrescentado no Custo Total (CT) para produzir mais uma unidade. Ele pode ser definido matematicamente como: CMU = CT (q+1) – CT (q), onde "q" representa a quantidade de unidades produzidas. O custo marginal de cada nível de produção inclui todos os custos para produzir a próxima unidade. Por exemplo, se for necessário construir uma nova fábrica para produzir mais carros, então o custo marginal será o custo de uma nova fábrica. Na prática, a análise do custo marginal unitário é feita ou em curto ou me longo prazo para que todos os custos sejam marginais. No nível de produção e período analisado, o custo marginal inclui todos os custos que variam com o nível de produção.

O custo marginal zero descreve uma situação onde uma unidade adicional pode ser produzida sem qualquer aumento no custo total de produção. A produção de outra unidade de um bem pode ter custo marginal zero quando uma pessoa pode consumir o bem sem diminuir o consumo simultâneo dos outros para o mesmo bem. O custo marginal não é o mesmo que o custo médio de uma unidade (Por exemplo, o custo total para produzir uma bolsa é de R$ 40,00 e o custo total para produzir duas bolsas é de R$ 50,00. O custo marginal para produzir a segunda bolsa é de $50,00 - $40,00 = $10,00 e o custo médio unitário para produzir duas bolsas é de $50,00/2 = $25,00), porque o custo fixo e os ganhos e as perdas de escala em função da quantidade total produzida significam que o custo marginal de cada unidade adicional pode mudar conforme a quantidade total for alterada. Por exemplo, para produzir uma lata do refrigerante em um fábrica é preciso apenas alguns centavos do metal usado na lata de fábrica operacional que não está operando na capacidade máxima, ou seja, o custo marginal de uma lata adicional é muito pequeno. O custo marginal da primeira lata da fábrica foi enorme, por causa do custo fixo inicial da construção da fábrica, equipamentos etc.

Isto significa que o custo marginal zero para produzir uma unidade adicional de um bem não quer dizer que o bem é produzido de forma gratuita. A maioria dos produtos tem estrutura de custo fixo que precisa ser paga antes do início da venda da produção. Em geral, os bens cuja produção de unidade adicional tem custo marginal zero não têm componentes físicos. Normalmente são serviços ou eventos. Em muitos casos, os bens podem ser produzidos com custo marginal zero somente até uma determinada capacidade. Por exemplo, após um filme entrar em exibição no cinema, o custo marginal de mais um expectador é zero enquanto os lugares não estiverem esgotados porque o custo do teatro para cada exibição do filme não é afetado pela quantidade de pessoas presentes. O custo marginal para aumentar um expectador é zero até que o teatro fique lotado. Neste ponto, não é possível adicionar um expectador sem retirar outro que quer ver o filme. O custo marginal da próxima venda de bilhete é maior que zero, porque é preciso aumentar o número de lugares na sala do cinema ou abrir uma sessão extra. Após o aumento da capacidade, o custo marginal retorna para zero até que toda a capacidade seja vendida.

O termo "custo marginal zero" é geralmente empregado nos casos onde o custo marginal para produzir um bem é um valor muito próximo ao zero. Por exemplo, se um helicóptero ainda tem lugares vagos para um voo panorâmico de 10 minutos, um novo passageiro aumentará ligeiramente a quantidade de combustível, pois o motor vai movimentar uma massa total maior.

No entanto, a massa adicional de um passageiro extra é tão pequena em relação ao peso total que o custo diferencial é irrelevante. Os bens que podem ser vendidos e distribuídos pela internet, como software e livros digitais consomem largura de banda e eletricidade para cada uma das novas cópias. No entanto o custo da cópia individual é insignificante.

É importante destacar que custo marginal zero é diferente de custo total zero. Por exemplo, o custo marginal unitário da centésima primeira peça é a diferença entre o custo total para produzir cento e uma peças e o custo total para produzir cem peças. Se o custo marginal unitário da centésima primeira peça é zero, isto significa que o custo total para produzir a peça cento e um é igual ao custo total para produzir cem peças. Ou em outras palavras, existe um custo total que precisa ser recuperado quando o custo marginal for zero. Isto acontece porque o custo de um bem é dividido em duas partes.

A primeira é custo para organizar e reunir as pessoas e ferramentas para produzir a primeira cópia e a segunda parte é o custo incremental, marginal, para produzir a unidade N+1 depois de ter produzido a primeira cópia. Nos mercados onde existe a livre concorrência, a pressão competitiva direciona o preço de um bem no sentido do seu custo marginal. No entanto, este fenômeno não acontece imediatamente, porque fabricantes precisam recuperar os custos de organização e reunião das pessoas e ferramentas. O preço de venda não pode ser menor que o custo marginal, porque o fabricante vai perder dinheiro em todas as vendas e quebrar o negócio.

A era do conhecimento deslocou o eixo de análise econômica no sentido da economia imaterial (André Gorz), onde o principal fator de produção é o conhecimento que pode ser difundido de forma ilimitada com custo marginal zero. Um produto baseado no conhecimento é chamado de "bem não rival", pois ele pode ser oferecido para outros e o proprietário continuar com a sua posse. Na era das aplicações, os softwares, livros, músicas etc. são considerados como bens não rivais, pois o criador detém o direito intelectual e autoral e oferece o direito de uso para os consumidores. São casos onde o custo marginal unitário é zero. É uma situação bem diferente dos bens físicos que são considerados bens rivais onde a posse é um aspecto essencial para a sua utilização, pois não é possível a utilização simultânea do mesmo bem por várias pessoas. No entanto, neste grupo exceções causadas pelas potentes tecnologias de compartilhamento existentes em 2015.

A computação em nuvem elástica permite que o proprietário mantenha a posse e uso dos mesmos, ao mesmo tempo em que os seus clientes usam os mesmos recursos. Isto acontece, porque existe na prática a posse por unidade de tempo e ela é uma grandeza muito menor que o tempo de interação entre o homem e os computadores. Em um momento específico muito pequeno a posse dos recursos é de uma pessoa, mas é um período de tempo tão ínfimo que cada um acha que é o proprietário. Este caso é, sem sombra de dúvida, uma situação na prática onde é possível que muitos tenham a sensação de posse e uso do mesmo recurso sem que isto seja verdadeiro.

Apesar de muitos acharem que o custo marginal unitário zero é um fenômeno recente, ele remonta na realidade aos primórdios da internet. Desde o primeiro momento em que foi possível enviar um e-mail através da internet, foi gerado o fenômeno de custo marginal unitário zero para a adição de mais um endereço em uma mensagem de correio eletrônico.

Do ponto de vista do custo total de um e-mail sempre foi absolutamente indiferente se a lista de destinatários tinha mil ou mil e um endereços. Foi exatamente este fenômeno que viabilizou economicamente o spam. Como sempre era possível colocar sem custo mais um destinatário então foi percebido que era possível enviar o mesmo conteúdo para uma lista enorme de destinos sem aumentar o custo total da mensagem.

É fácil perceber que o custo marginal unitário zero gerou como todos os fenômenos econômicos benefícios e malefícios para a sociedade. Do lado dos benefícios é possível destacar a evolução dos aplicativos. O custo marginal nulo é um fator de fundamental importância para explicar porque o crescimento da era dos aplicativos vem sendo catapultado. Na era do conhecimento, o custo marginal da venda da segunda unidade de um software é praticamente zero.

As entregas do Windows 10 sem custo para os clientes de Windows 7 e 8.1 são o melhor exemplo do custo marginal zero. A Microsoft está atualizando os computadores com Windows 7 e 8.1 para o novo sistema operacional sem que os clientes tenham que adquirir uma nova licença de sistema operacional. A empresa não está fazendo isto por bondade, ela faz porque o custo marginal é nulo.

Os novos computadores, tablets, smartphones e outros equipamentos que vêm com o Windows 10 instalado de fábrica têm incorporado no seu preço de venda o custo da licença do sistema operacional. Na prática, os fornecedores da era dos aplicativos estão fazendo as contas de forma diferente e estão descobrindo novos meios para aumentar o faturamento e conquistar uma fatia maior do mercado. No caso do Windows, a atualização oferece uma oportunidade rara para a Microsoft. Em primeiro lugar ela incentiva os usuários do Windows 7 (que na maioria dos casos estavam plenamente satisfeitos com o sistema operacional) migrarem para a nova versão e instalarem nos seus computadores a loja virtual de aplicativos da Microsoft (ela não existe no Windows 7).

Por eles serem uma base grande de usuários de satisfeitos, o processo migratório natural poderia levar anos (a dificuldade enfrentada pela Microsoft para convencer os clientes para migrar do Windows XP para as versões mais novas é o exemplo concreto de como uma versão bem-sucedida e aceita de sistema operacional pode gerar barreiras intensas para a sua substituição). A oferta de atualização gratuita para o Windows 10 pretende reduzir enormemente o prazo do processo natural de migração.

Os usuários do Windows 7 que estão satisfeitos com os recursos, funcionalidades e facilidades da sua plataforma atual da Microsoft tem agora com o Windows 10 à sua disposição uma loja virtual onde existe a oferta de uma enorme quantidade de aplicativos com custo marginal zero (em outras palavras lucro marginal enorme).

Ao contrário do ambiente Windows 7 onde a Microsoft precisava de uma estrutura física com custo marginal elevado e lucro marginal pequeno para vender seus aplicativos, ela pode com o Windows 10 vender os mesmos aplicativos com custo marginal nulo. Com o apelo comercial da atualização para o Windows 10, a Microsoft fez algo que era impensável para ela até o ano de 2015.

A Microsoft introduziu no sistema operacional Windows 10, a atualização automática obrigatória e resolveu um problema grave que ela vem convivendo por décadas. Com uma base padronizada para o sistema operacional, acabaram os problemas de compatibilidade. Os aplicativos que eram desenvolvidos para funcionarem em diversos níveis de atualização do sistema operacional podem agora ser desenvolvidos para uma plataforma única, bem conhecida e determinada.

O problema de fazer funcionar as aplicações em diversos níveis de atualização do Windows era percebido no elevado preço dos softwares (resultado direto da elevada complexidade do código e do prazo dilatado de desenvolvimento). Com o sistema de atualização automática obrigatória, existe uma enorme redução da complexidade e do tempo para o desenvolvimento de aplicativos no Windows 10.

Os antigos problemas de compatibilidade foram eliminados. Os seus respectivos custos também. Não é difícil perceber que a atualização gratuita não é uma bondade da Microsoft, ela é uma estratégia que explora os benefícios do custo marginal zero do software. O fato de o usuário ter a sua licença do Windows 7 atualizada para Windows 10 sem custo, não significa que a transação ocorreu sem transferência de riqueza do usuário para a Microsoft.

Na era do conhecimento a riqueza é em muitos casos expressa como bem da economia imaterial (André Gorz). O Windows 10 mudou a forma de enviar os erros do sistema operacional para a Microsoft. Agora o envio é obrigatório e existe um nível mínimo para o mesmo. Na configuração de fábrica o nível vem selecionado para o seu máximo, onde até mesmo os arquivos do usuário de processador de texto, planilha, fotos, vídeos etc. são enviados para a Microsoft de forma obrigatória quando ocorrem erros no sistema operacional.

A Microsoft assegura o sigilo das informações recebidas. No entanto, ela ganha um enorme recurso financeiro de longo prazo ao deter tanto as informações dos erros do sistema operacional, como dos usos e costumes dos usuários. Todas estas informações podem transformar a Microsoft em uma grande cadeia de varejo ou um grande banco daqui a alguns anos (A empresa Apple já está trilhando este caminho).

O valor da informação enviada é muito maior que o valor da licença. Este é o real motivo do preço zero para a atualização do Windows 7. Quando é combinado o valor da informação recebida com o custo marginal unitário zero da cópia do Windows 10 entregue fica claro que é um grande negócio do ponto de vista financeiro para a Microsoft esta atualização.

No entanto, os ganhos do fabricante não param neste ponto. A introdução do Cortana para os usuários do Windows 10 que migraram do Windows 7 representa um salto estratosférico na renda futura da Microsoft. O real valor de um sistema de comunicação verbal interativo como o Cortana está tanto na capacidade do sistema reconhecer os diferentes fonemas falados por várias pessoas, como na habilidade de reconhecer as variações fonéticas da fala de uma mesma pessoa (por exemplo, reconhecer a voz de uma pessoa quando ela está gripada ou rouca).

O desenvolvimento de um sistema assim custa bilhões de dólares, porque exige a contratação de milhares de pessoas por um longo prazo para a fase de aprendizado do sistema. O prazo para alcançar uma solução genérica para toda uma população é de vários anos. Com o Cortana a Microsoft vai abreviar tanto o prazo, como o custo, pois os milhões de usuários que migraram do Windows 7 para o Windows 10 vão estar contribuindo voluntariamente para o aprendizado e aperfeiçoamento da ferramenta. O estratagema não é novo. A empresa Apple usou com sucesso o mesmo artificio quando introduziu o assistente virtual comandado por voz, Siri, no iPhone 4S.

Em pouco tempo o sistema Cortana vai estar evoluído em todos os idiomas e poderá fazer parte de equipamentos que naturalmente têm restrições físicas para entrada de informações. Geladeiras, carros, portas e até mesmo mobiliários como sofás, cadeiras etc. serão transformados em produtos inteligentes conectados. Para esses tipos de produtos a comunicação verbal interativa é o melhor canal de relacionamento entre o homem e a máquina. As empresas com sistemas de reconhecimento de voz como o Cortana da Microsoft vão ganhar enormes mercados para o seu sistema operacional. O ganho financeiro da Microsoft com a contribuição voluntária e gratuita dos usuários pode chegar ao patamar de uma centena de bilhão de dólares.

No Windows 10, a opção "Pesquisar online e incluir resultados da Web" vem ativada na configuração de fábrica. Quando ela está ativa, o Windows envia o que você digita ou fala para o serviço Bing da Microsoft, que interpreta em tempo real o que está sendo pesquisado e apresenta sugestões automáticas. Em outras palavras, a Microsoft passa a deter com a migração do Windows 7 para o 10 um grande conhecimento dos hábitos digitais dos usuários. Ela sabe o que as pessoas estão fazendo e o que estão buscando, ou seja, ela conhece tanto a interação atual das pessoas com o computador, como o que elas pretendem fazer nos próximos dias, meses ou anos.

O estabelecimento de uma base grande de usuários torna a Microsoft detentora de hábitos de consumo e de desejos. A empresa pode usar tais informações (lembre-se que até mesmo informações da câmera são enviadas para ela) para produtos como prateleiras inteligentes conectadas que ao perceber a aproximação do consumidor podem oferecer uma oferta para um produto desejado por ele. O valor de tal informação acessível via nuvem é incalculável de tão grande que é.

Existem milhares de outros exemplos de custo marginal zero na era dos aplicativos. O mais clássico é o do smartphone onde o mesmo hardware combinado com os vários sensores muda completamente a funcionalidade do aparelho. Um software de fotografia faz do smartphone uma máquina fotográfica, uma aplicação de temperatura torna o aparelho um termômetro e assim sucessivamente. Cada um dos softwares tem custo marginal zero e produz lucro marginal elevado.

As televisões inteligentes conectadas são outro exemplo de equipamentos da era do conhecimento. Hoje em dia é possível encontrar uma gama enorme de equipamentos desta linha. São geladeiras, carros, lâmpadas, máquinas de lavar e secar, elevadores, colheitadeiras, aviões etc.

Capítulo 6

TIC Bimodal

A TIC Bimodal é a divisão da TIC em dois modos, onde o modo 1 é a TIC tradicional focada nos processos, melhores práticas (ITIL, COBIT, PMBOK, CMMI e etc.) e produtividade e o modo 2 é a uma nova TIC focada na inovação, negócios, experimentação, conhecimento e velocidade nas respostas. Os dois modos existem neste modelo em equilíbrio dinâmico para endereçar as competências e recursos em uma época de incertezas e mudanças de comportamento nos negócios. Em pouco tempo, todos os produtos vendidos terão serviços suportados por smartphones.

Várias empresas brasileiras, por incrível que pareça, ainda não perceberam este fenômeno e os seus sites corporativos são ainda projetados para desktops e laptops. A mobilidade permitiu que os usuários, funcionários e clientes usem as suas tecnologias preferidas para a conexão com a empresa. É evidente que se os usuários e consumidores usam cada vez mais Apps no seu dia a dia, então as empresas têm que abrir um canal de interação comercial através dos aplicativos. Neste modelo é improdutivo adotar um modelo de governança de TIC que exige a homologação prévia dos equipamentos. Este formato não é adequado para a velocidade das mudanças do mundo da mobilidade.

Em outras palavras, na TIC bimodal, os modelos de governança precisam ser ajustados na direção de aumento da colaboração e oferecer aos usuários o direito de escolha das tecnologias que eles querem usar. No entanto, este modelo não implica que TIC deixe de ter total responsabilidade pela gestão da infraestrutura de tecnologia. Mesmo quando a empresa usa um provedor externo de computação em nuvem, a organização de TIC é responsável pela sua gestão. Quando a internet entrou nas empresas, uma parte da infraestrutura de TIC foi terceirizada. Neste caso, a organização de tecnologia assegurou a integração entre os sistemas, o ambiente e a segurança. É fácil perceber que a maioria dos atuais modelos de governança de TIC não funcionam quando são aplicados aos ambientes onde uma parte dos recursos está dentro do data center e a outra parte está em um provedor externo.

As aplicações Software as a Service (SaaS) hospedadas nas nuvens dos fornecedores de software representam um desafio corporativo, pois eles não são suportados pelos modelos em uso nas empresas para a governança de TIC. É absolutamente obrigatório que os processos e modelos de governança sejam ajustados para a TIC bimodal. Os benefícios deste novo ambiente tecnológico permitem que o Chief Information Officer (CIO) exerça uma função mais estratégica e contribua efetivamente para o aumento da receita do negócio. Não existe mais espaço para trabalhar com regras de conformidade para a segurança digital que inibam ou reduzam a lucratividade.

Este assunto precisa ser urgentemente tratado nos níveis mais estratégicos da empresa. O nível operacional não pode ser uma barreira contra o lucro. O CIO e demais executivos precisam avaliar os ajustes necessários para adequar o nível de aderência às normas e padrões ao novo mundo digital. É preciso entender que o controle é um meio para chegar até um objetivo, o controle pelo controle é uma atividade sem sentido algum.

A TIC bimodal é responsável tanto pela entrega de serviços efetivos com desempenho compatível com a necessidade do negócio (a organização de tecnologia não busca um nível elevado ou baixo de excelência e confiabilidade, ela persegue dinamicamente um nível compatível com a necessidade empresarial) como pela exploração das novas oportunidades através de novos modelos de negócio.

A TIC bimodal tem que suportar ao mesmo tempo o ambiente evolutivo de negócios e o ambiente de negócios ágil e flexível para que empresas realizem a transformação digital simultaneamente com a realização tradicional de negócios. A tecnologia foi neste novo contexto transmutada do estado de suporte ao negócio para o estado de criação de novos empreendimentos. É uma perspectiva mais ampla porque os gastos em TIC estão diretamente relacionados com as iniciativas de negócio.

O CIO precisa estar antenado em relação às oportunidades para que o orçamento do negócio que depende de variáveis externas (ambiente de negócio) e internas (processos e decisões) enderecem os aspectos relacionados com a arquitetura das informações, cadeia de valor e infraestrutura. O objetivo é aumentar a efetividade operacional de processos internos ao mesmo tempo em que é criado um ambiente favorável para o desenvolvimento de novos e em alguns casos disruptivos negócios, produtos e serviços.

Após 2015, os produtos e serviços precisam endereçar as necessidades resultantes da fusão do chamado mundo real e virtual. As máquinas inteligentes conectadas ou Internet das coisas (IdC ou Internet of Things {IoT}) demanda por componentes inteligentes capazes de fazer análises preditivas, pois os computadores estarão em todas as partes, sob diversas formas, tamanhos e modalidades de interação. A Internet das coisas abriu em definitivo o leque dos sensores e dispositivos conectados que podem ser customizados conforme o desejo individual de cada consumidor. Os produtos inteligentes conectados são a parte visível da exploração das novas oportunidades da TIC bimodal. É importante destacar que nem sempre a parte visível é um componente físico.

Com a impressão 3D, a estrutura das corporações está sendo revolucionada, pois é possível enviar de um projeto virtual de engenharia 3D para o outro lado do mundo e em poucos segundos iniciar uma linha de produção. Um outro aspecto imaterial da parte visível das oportunidades são as informações sobre localização, histórico, preferências, conexões e desejos dos usuários. A computação em nuvem elástica é a base que suporta tanto as aplicações, como a infraestrutura definida por software. O dinamismo das diversas configurações permite que cada nicho de mercado seja atacado através de uma estratégia especifica, única e dinâmica. Na TIC bimodal a segurança digital passa a fazer parte da gestão estratégica de todos os negócios. As aplicações com autoproteção vão mudar de patamar de relevância.

Na era do conhecimento a competição pelos algoritmos é um aspecto cada vez mais importante para os negócios. Não deve ser entendido que esta competição tem por objetivo desenvolver maquinas que substituam o ser humano. O objetivo é exatamente o oposto. Os algoritmos atualizam os principais conceitos de um negócio como a visão, organização, modelo e informações através de ajustes finos automáticos combinados com a inteligência humana. O complexo e dinâmico ambiente precisa ser revisto em todos os níveis rotineiramente, porque as tecnologias disruptivas estão permitindo um enorme aumento na quantidade de concorrentes que não são nativos do segmento de mercado.

O estacionamento inteligente conectado é um dos exemplos da concorrência não nativa. Ao permitir a visualização e agendamento das vagas em tempo real, o tempo gasto para encontrar uma vaga é reduzido e são evitados congestionamentos e emissão de poluentes. Tais benefícios mudam substancialmente a economia da cidade. Em uma grande cidade como São Paulo, existe o desperdício de centenas de milhares de horas na busca de uma vaga nos estacionamentos.

Apesar da perda individual de tempo ser razoavelmente pequena, o valor total é muito elevado, pois a cidade tem uma frota de aproximadamente 6 milhões de carros. A economia da cidade está perdendo anualmente alguns bilhões de Reais por conta do tempo perdido na busca da vaga e no congestionamento criado nas proximidades dos estacionamentos, pelo consumo desnecessário de combustível e pela emissão de CO_2 e outros poluentes que precisam ser compensados.

Os estacionamentos inteligentes conectados podem fazer parte de um sistema maior que permita o entendimento do comportamento dos motoristas e direcione as políticas públicas (por exemplo, o horário de funcionamento dos estabelecimentos pode ser alterado para minimizar os efeitos no trânsito da cidade). Problemas com o limite de tempo ou preço podem fazer com que estacionamentos próximos aos shoppings virem praças de alimentação através de caminhões de comida.

Os estacionamentos inteligentes conectados agrupados em um sistema maior podem oferecer a visualização de oportunidades que aumentem consideravelmente as receitas das cidades. É claro que a sua transformação de estacionamento para praça de alimentação ou feira de livros ou etc. vai mudar o perfil da concorrência nas praças de alimentação dos shoppings. Os estudos realizados nos Estados Unidos revelaram que a eliminação dos desperdícios causados pela busca de vagas nos estacionamentos aumentou a receita de impostos sobre as vendas em mais de 10%, reduziram a emissão de gases causadores do efeito estufa em 30% e reduziu em 10% os congestionamentos. O resultado foi um aumento de 2% no PIB.

A integração entre o estacionamento, carro e celular inteligente conectado permite o desenvolvimento de um assistente digital que permite o compartilhamento de agenda comum com o comércio e estacionamento para reservar vagas sem desperdiçar tempo, combustível e qualidade do ar. No caso da TIC bimodal, a transformação digital está gerando a convergência das pessoas, dos negócios e dos objetos em torno de modelos inovadores. Por causa disso uma grande parte das atividades de TIC relacionadas à privacidade, segurança e riscos está acontecendo sem o envolvimento da organização de tecnologia. Este fenômeno mostra bem a característica bimodal de TIC. Existem várias estimativas que afirmam que em 2017 a metade dos gastos de TIC será realizada fora do controle da organização tradicional de tecnologia.

Em grande parte, esta movimentação orçamentária está ocorrendo porque os profissionais de TIC não estão desempenhando o seu papel de facilitador. A organização de tecnologia tradicional quer decidir qual é o nível de risco que é adequado para o negócio da organização sem qualquer embasamento empresarial. Por exemplo, existem muitos casos em que o departamento de TIC rejeitou as solicitações das áreas de negócio para transferir os dados para a nuvem.

Muitas oportunidades comerciais foram perdidas pela falta de compartilhamento das informações com a cadeia produtiva. O nível apropriado de segurança digital está diretamente relacionado com os ganhos da produtividade corporativa. Em outras palavras, a organização de tecnologia precisa entender que o seu papel é determinar como as informações devem fluir entre os vários agentes de negócios. O volume de dados capturados e armazenados aumentará cada vez mais e deve ser protegido através de controles adequados. Os bons profissionais de segurança e risco de TIC sabem que o mapeamento dos fluxos das informações é uma atividade primária quando os limites da tecnologia são entendidos e aceitos e o foco é o conhecimento e comportamento das pessoas.

No contexto da TIC bimodal, a velocidade de detecção das falhas é uma das características mais importantes da organização de tecnologia. Na era do conhecimento, a velocidade das mudanças é tão elevada que é impossível usar o planejamento estratégico para responder contra todas as ameaças. É inevitável que em algum momento a empresa dependa das capacidades e capacitações dos seus profissionais para responder as adversidades do mercado. Os recursos de TIC precisam ser mobilizados rapidamente para que as oportunidades sejam exploradas.

Na realidade da TIC bimodal, o planejamento é importante, mas tem que ser flexível para comportar mudanças repentinas. Em outras palavras, os sistemas de tecnologia precisam ser ao mesmo tempo sólidos e ágeis para suportar as transformações dinâmicas e complexas das empresas. Os CIOs competentes estão planejando a TIC modo 1 para as funções básicas da empresa e a TIC modo 2 para explorar as oportunidades habilitadas pela tecnologia.

Na prática existem duas equipes diferentes que são responsáveis por cada modo. Os critérios de avaliação das equipes são diferentes para que os limites de atuação dos dois times fiquem claros. Os negócios que estão em permanente transformação por causa da conectividade precisam tanto da agilidade da TIC modo 2 para conquistar vantagens competitivas expressivas através das inovações, como da solidez da TIC modo 1 para fazer com que as novas soluções tecnológicas entrem no núcleo da infraestrutura operacional dos novos produtos.

Este é o caminho escolhido por muitas empresas para acompanhar a alta velocidade das mudanças dos negócios digitais ao mesmo tempo em que são mantidas as conquistas de previsibilidade, estabilidade, segurança e confiabilidade dos sistemas. A TIC Bimodal não é uma ruptura com o modelo de governança atual, pois ela preserva os investimentos realizados nos processos e melhores práticas ao mesmo tempo em que aumenta a agilidade corporativa.

O caso da empresa Amazon é um exemplo típico da TIC Bimodal. A organização utiliza softwares em todas as etapas de interação com os clientes, pois os processos são automatizados. O modelo de gestão empresarial adotou o estratagema de considerar como um defeito do sistema, as interações entre os clientes e os funcionários. Quando este tipo de interação acontece, os funcionários da organização de tecnologia têm que identificar a causa raiz e corrigir o problema.

Os profissionais de TIC precisam conhecer os aspectos relacionados com a experiência do usuário ou User eXperience (UX) tão bem quanto conhecem as linguagens de programação, pois os softwares para os negócios digitais devem ser desenvolvidos e gerenciados como produtos, cujo o ciclo de vida começa na concepção e passa pelas etapas de prototipação, experimentação, produção e lançamento.

Em outras palavras, é preciso estabelecer um plano ambicioso de longo prazo baseado em pequenas e contínuas entregas. O aspecto evolutivo do software é uma forte vantagem competitiva que demanda por uma grande capacidade de mudança e adaptação através das realimentações do mercado. A TIC Bimodal oferece um desafio de governança similar aos trens Bimodais, que funcionam com eletricidade onde as linhas de trem são eletrificadas e com diesel onde não foram. O fabricante projetou os trens com motores a diesel localizados abaixo do chão para que possam ser removidos e convertidos para energia elétrica no futuro. Os trens reduzem o consumo de energia e emitem menos poluentes.

O fabricante está oferecendo o produto na modalidade "Trem como um Serviço", onde o custo do investimento inicial é diluído nas despesas operacionais. Os sensores instalados nos trens monitoram, analisam, controlam e mantêm o sistema de trens em tempo real. Os serviços da TIC bimodal como os trens como um serviço, são extremamente importantes nas megacidades, pois a gestão urbana é um dos maiores desafios humanos no século XXI. As cidades inteligentes auxiliam o desenvolvimento urbano através da monitoração, controle e gerenciamento integrado da infraestrutura, energia, transporte, segurança e comunicações.

A população demanda por informações atualizadas sobre: (i) locais onde ocorrem acidentes ou assaltos, (ii) mapas do transporte e serviços públicos, (iii) situação do trânsito com localização dos acidentes e melhores rotas e (iv) postos para o descarte dos diversos tipos de lixo. Na cidade inteligente, a operadora de energia elétrica vai poder identificar remotamente os problemas ou interrupções e enviar comandos para redirecionar a carga de energia para outros circuitos. Os medidores inteligentes permitem que os consumidores acompanhem o seu consumo diariamente, comparem a sua utilização com outras pessoas e liguem ou desliguem tomadas através do smartphone.

Na TIC bimodal é possível trabalhar com equipes distintas para cada modo. No entanto, esta configuração para as equipes não é obrigatória. Várias empresas trabalham as operações e inovações com o mesmo grupo de profissionais. O modelo de recursos humanos depende da capacitação e orientação. Por isto, nada impede que as mesmas pessoas que suportam as funcionalidades criem e executem os planos para as inovações. As empresas que criaram duas equipes distintas focaram na comunicação para que exista o entendimento de que o trabalho operacional continua sendo essencial para o negócio.

A empresa só vai conquistar as vantagens competitivas habilitadas pela TIC Bimodal quando conseguir fazer com que os desafios e oportunidades sejam inseridos na realidade do dia a dia do negócio. Isto significa que o plano de carreira dos profissionais envolvidos caminha por duas estradas diferentes com os mesmos méritos e possibilidades para chegar ao topo da carreira. No caso dos profissionais operacionais é o cargo de Chief Technology Officer (CTO) e no caso dos que atuam na área de inovação é o Chief Information Officer (CIO).

No processo de digitalização das organizações, a estrutura de poder é alterada, por isso a organização de tecnologia precisa entender que as atuais barreiras foram rompidas e existem tecnologias disponíveis para atender praticamente todos os desejos das pessoas. Em outras palavras, a grande dificuldade da transformação digital está relacionada com os processos e a cultura corporativa. É preciso mudar diversos aspectos culturais e mexer com a estrutura de poder na empresa. No mundo onde as empresas são transmutadas em desenvolvedoras de softwares é preciso rever a governança e a segurança digital. Este fenômeno é muito fácil de ser percebido na economia compartilhada ou sharing economy.

Na prática, todos podem virar empreendedores digitais regulados pela sua reputação social. Casos como a AirBnB, Uber etc. mostram que a informação tem tanto valor como os ativos físicos. A empresa AirBnB tem um valor de mercado tão expressivo quanto as grandes cadeias hoteleiras sem ter construído um único quarto. Grande parte desse valor empresarial vem da chamada Economia Application Programming Interfaces (APIs) que pode ser definida como todas as atividades comerciais que criam valor econômico e são geradas pela oferta, consumo, integração e adição de valor aos dados do negócio através de APIs. Os clientes são conectados através destas interfaces e por causa disso os processos corporativos podem ser cada vez mais automatizados através de objetos inteligentes e algoritmos analíticos. Em particular as APIs favorecem às tecnologias: Social, Mobile, Analytics e Cloud (SMAC).

A experiência digital do cliente é em grande parte resultado da perspectiva do ciclo de vida do software. O modo 2 da TIC Bimodal está umbilicalmente ligado com a inovação, por isso é preciso entender os principais aspectos relacionados à inovação, por exemplo, a sua definição, as suas dimensões, as condições necessárias e suficientes do ambiente de negócio, o gerenciamento do capital intelectual, necessidade de relacionamento de longo prazo e as características do novo formato da liderança. Existem diversos trabalhos já publicados sobre a inovação, no entanto, eu entendo que nenhum deles oferece uma visão ampla o suficiente, então proponho ao leitor uma releitura do assunto inovação nas próximas páginas.

Capítulo 7

Inovação

Introdução

No mundo moderno, a redução dos custos e a reengenharia não são mais fatores necessários e suficientes para gerar crescimento empresarial. A inovação é o fator crítico de sucesso para o crescimento sustentável com aumento da lucratividade. Uma inovação é o esforço para criar uma mudança planejada no potencial econômico ou social de uma empresa. É importante destacar que nas firmas intensivas em conhecimento, a estratégia é um processo dinâmico com forte e permanente interação entre a comunidade interna e externa. O processo de inovação ocorre simultaneamente ao desenvolvimento e adoção de tecnologia.

A inovação é um processo que vai desde a concepção até a exploração de uma ideia, ou seja, uma inovação é o somatório da concepção com a invenção e com a exploração. A concepção é a ideia estruturada, a invenção é a ideia transformada em realidade e a exploração é o máximo retorno da invenção. O grande desafio é a transformação das ideias em produtos ou processos que melhorem os processos ou que reduzam os custos ou que façam a organização evoluir e crescer. A inovação em produto é a geração de um novo ou melhorado benefício ou serviço em relação aos usos e características planejadas para o produto.

A inovação em um processo é o estabelecimento de um novo ou melhorado processo produtivo ou de entrega através de importantes modificações nas técnicas, equipamentos e softwares. As inovações organizacionais são o estabelecimento de métodos corporativos com mudanças nas práticas de negócio, na organização do meio ambiente de trabalho, ou nas relações externas da empresa. As inovações em marketing são o estabelecimento de novos modelos de propaganda e marketing com mudanças na aparência e embalagem dos produtos e serviços, na sua divulgação e distribuição do produto, e nos modelos de preços, benefícios e serviços. A inovação na gestão é o desenvolvimento de novas tecnologias de gestão. Ela depende das condições específicas de contorno do ambiente de negócio do setor e do desenvolvimento de tecnologias de gestão.

As inovações são incrementais, semi-radicais e radicais. A inovação incremental é a melhoria significativa do desempenho de um produto ou processo existente. A inovação radical é uma mudança intensa nas características, atributos e usos de um produto ou serviço que gera a percepção de uma enorme diferença em relação aos produtos, serviços e processos existentes. A matriz de inovação revela que as inovações radicais e semirradicais exigem um portfólio diferente de modelos de negócios e de mudanças tecnológicas.

Uma nova tecnologia em conjunto com um modelo de negócio similar aos existentes gera uma inovação semirradical, uma tecnologia nova em conjunto com um modelo de negócio novo gera uma inovação radical, uma tecnologia similar a atual em conjunto com um modelo de negócio parecido aos existentes gera uma inovação incremental e uma tecnologia semelhante a atual em conjunto com um novo modelo de negócio gera uma inovação semirradical. Em outras palavras, a inovação semirradical pode ser consequência tanto de uma nova tecnologia como de um novo modelo de negócio.

As empresas bem-sucedidas da era do conhecimento são aquelas que estão investindo no conhecimento e gerenciando adequadamente os ativos intelectuais. As funcionalidades do negócio precisam estar integradas com os processos baseados no cliente. Os produtos e serviços inovadores vão substituir as soluções padronizadas por causa da elevada flexibilidade, eficácia, qualidade e customização. Cada um dos segmentos alvo receberá uma oferta de solução que enderece as necessidades específicas dos clientes. A inovação dos produtos, serviços e processos é consequência da capacitação e experiência dos funcionários na utilização da tecnologia de informações para aumentar a efetividade dos procedimentos organizacionais.

A gestão do conhecimento é um fator fundamental para que a empresa crie diferenciais e vantagens competitivas sustentáveis de longo prazo. O conhecimento necessário para a execução das atividades rotineiras de uma organização é decorrente dos processos de aprendizagem e habilitam a criação de vantagens competitivas sustentáveis de difícil imitação. Todas as empresas bem-sucedidas criaram ao longo da sua existência um processo de aprendizagem para melhorar a utilização dos recursos.

As organizações mantêm intenso relacionamento entre as áreas internas e as comunidades externas, assim elas precisam aprender continuamente para que todos os integrantes da cadeia produtiva estendida estejam alinhados dinamicamente em relação à missão corporativa. O objetivo de tais iniciativas é o estabelecimento de um modelo sistematizado que facilite a criação e implantação das inovações de forma repetível.

Uma iniciativa de inovação pode ser classificada como uma invenção (novidade de ideia) quando é um produto ou serviço que é inexistente no mundo ou como uma inovação quando é um produto ou serviço inexistente no mercado ou é um forte ajuste em um produto ou serviço que já existente ou como uma melhoria quando é uma evolução de um produto ou serviço existente no mundo. Uma inovação é incremental quando existe um nível moderado de novidade e os ganhos são relevantes. Ela é realizada periodicamente através de ajustes nos produtos, serviços e processos existentes. Uma inovação é radical quando ela transforma as regras competitivas dos produtos, serviços e processos. Ela é uma novidade provocada por novos conhecimentos que gera um ganho elevado.

A inovação é uma meta estratégica para várias organizações e por causa disso é preciso tanto alavancar todos os aspectos que maximizam o seu fomento, como eliminar todas as barreiras que a inibem. Isto significa que é preciso desenvolver um ambiente com diferentes concepções, dimensões e contextos. Os estudos sobre inovação avaliam o ambiente para identificar os aspectos culturais internalizados nos processos para conquistar vantagens competitivas estratégicas. As mudanças na cultura organizacional são inevitáveis. As mudanças são o resultado concreto da avaliação dos valores, crenças e padrões dos comportamentos rotineiros da corporação.

A capacidade de inovar é uma importante vantagem competitiva que reflete dinamicamente o nível de competitividade da organização no mercado nacional e internacional. Em outras palavras, a cultura de inovação é uma forte ferramenta de competitividade organizacional, pois ela indica o nível de agilidade da corporação para responder às mudanças do mercado através do seu capital intelectual. Neste contexto, a organização de recursos humanos precisa selecionar, reter e valorizar os talentos. A cultura de inovação está diretamente relacionada com o desempenho corporativo. É preciso destacar que a cultura corporativa também pode ser uma barreira contra a inovação, pois os comportamentos das pessoas moldam os padrões de como a emprega enxerga as novidades apresentadas por iniciativas individuais ou coletivas. O entendimento de uma novidade e comportamento corporativo em relação ao risco associado a uma inovação pode destruir uma oportunidade de negócio.

No ambiente corporativo, a cultura da inovação pode ser medida pelos comportamentos e atividades relacionados com as ações executadas que apresentam resultados tangíveis, ou seja, é um contexto multidimensional que integra a intenção de inovar com: (i) infraestrutura que suporta a inovação, (ii) comportamento operacional que direciona a abordagem ao mercado e (iii) valor agregado que orienta a implementação da inovação. Existe na cultura da inovação o endereçamento dos aspectos estruturais e comportamentais e dos fatores internos e externos. O estabelecimento dessas condições é fundamental para que todas as lideranças corporativas possam realizar novas experiências e explorações.

Os valores, ideias, conceitos e regras de comportamentos compartilhados pela organização são as ferramentas que possibilitam o funcionamento e perpetuação da cultura da inovação nas dimensões dos riscos, recursos, informações, metas, ferramentas, recompensas e relacionamentos. O ambiente favorável para a inovação permite que as pessoas criativas façam experiências com os recursos disponíveis sem medo de errar.

É preciso existir uma interação muito próxima com os atores do mercado para perceber e explorar as oportunidades. A inovação pode ser realizada a partir de ideias internas e externas. O foco sempre é a competitividade. Os componentes que facilitam a inovação nas organizações são a estratégia, posicionamento no mercado, estrutura, ambiente corporativo e gestão de tecnologia, pessoas e parcerias.

A cultura da inovação cria os parâmetros desejáveis para o comportamento das pessoas, onde é preciso encorajar a organização, os gerentes e os grupos através da liberdade e autonomia na utilização dos recursos. O controle excessivo é uma das principais barreiras contra a inovação. Existe um forte relacionamento entre a cultura da inovação e as interpretações dos empregados sobre a organização.

É comum existir a barreira em que as mudanças não são realizadas, porque os funcionários entendem que a empresa está caminhando bem fazendo as coisas do jeito que ela sempre fez, ou seja, as inovações não fazem parte da prioridade corporativa.

As regras não escritas, ou seja, as normas de comportamento e valores comuns compartilhados influenciam a moral, desempenho, criatividade e inovação sob diversas formas. A estrutura de suporte para a inovação exige a existência simultânea de recursos financeiros, humanos e culturais. A cultura organizacional é definida pelo conjunto de valores compartilhados que permitem que os membros da organização entendam o funcionamento organizacional e direcionem o pensamento e comportamento.

Os elementos que compõem a cultura são os valores, as crenças, os pressupostos, os ritos, os rituais, as cerimônias, as histórias, os mitos, os tabus, os heróis, as normas, a comunicação e os símbolos. Em todas as organizações inovadoras, os valores são o principal componente da cultura corporativa. O aspecto da cultura organizacional que mais influencia a inovação é a gestão estruturada dos processos (capacidade de trabalhar em equipe, habilidade de suportar as lideranças, comunicação transparente e clara, habilidade de conviver com os conflitos, elevado nível de confiança interna, entendimento por todos da importância estratégica da inovação e habilidade de escutar novas ideias).

A cultura de inovação exige que o desenvolvimento do conhecimento, que é a base para a inovação, seja realizado através da coordenação e integração das informações e conhecimentos trocados. A capacidade de comunicação é um sistema que preserva a criação de valor através da viabilidade econômica e técnica e da comunicação social e cultural. A integração entre a cultura organizacional e a inovação gera um ambiente organizacional criativo onde o sistema de comunicação habilita o compartilhamento das ideias, informações, experiências e valores e permite a geração e gestação das inovações.

Barreiras brasileiras contra a inovação

Até o final do século XX o esforço (financeiro e intelectual) para criar uma inovação era pontual, ou seja, era realizado durante a fase de desenvolvimento.

Isto acontecia, tanto porque existia uma enorme dificuldade para conseguir os recursos necessários, como porque o tempo para copiar uma inovação colocada no mercado era grande. Naquela época, havia uma forte escassez de capital e elevada concentração de recursos em poucos pesquisadores. Essas duas barreiras fizeram com que as inovações tivessem um ciclo de vida de algumas décadas.

Com a chegada da era do conhecimento do século XXI, várias barreiras que restringiam as inovações foram derrubadas. Existe atualmente uma grande oferta de capital e o acesso às informações das inovações vem sendo facilitado com a utilização de ferramentas como o Crowdfunding (por exemplo, o portal www.kickante.com.br). Esta nova configuração da estrutura organizacional da inovação foi recebida como uma boa nova em grande parte do mundo. As principais consequências deste novo formato organizacional foram a redução gigantesca do tempo de entrada das cópias da inovação original no mercado e o surgimento da necessidade da manutenção da inovação através de pequenas atualizações periódicas. Infelizmente, a inovação no Brasil que já era claudicante no século XX ganhou uma nova barreira por causa da redução do ciclo de vida.

Barreira da carga tributária

No Brasil a carga tributária é muito elevada. Quando os impostos são somados com o déficit público encontramos um estado que recolhe mais de 40% de toda a riqueza gerada no país. A forte redução do ciclo de vida de uma inovação fez com que o seu esforço monetário e intelectual deixasse de ser pontual. Em outras palavras, aumentou o risco para inovar no Brasil. Isto aconteceu porque uma inovação introduzida no mercado precisa ser atualizada regularmente, ou seja, é preciso adicionar ao esforço inicial de criação, o esforço da sua manutenção. Na era do conhecimento, as informações chegam igualmente para todos e as inovações são rapidamente copiadas por muitas pessoas. A plenitude de oferta de recursos financeiros permite que as cópias ocorram em diversos locais de forma quase simultânea.

Por causa disto, é preciso atualizar regularmente a inovação pela introdução de pequenas atualizações periódicas na inovação inicial. É o chamado custo da manutenção da inovação ao longo do seu ciclo de vida. Estas atualizações fazem com que o tempo de vida da inovação seja o maior possível. Sem as atualizações, a inovação morre em algumas semanas. Por conta da grande quantidade de cópias, é possível afirmar que uma ou outra será atualizada e a inovação inicial sem atualização será derrubada.

Como o estado brasileiro drena com viés crescente mais de 40% da riqueza nacional é um risco cada vez maior inovar no Brasil. Existe uma enorme incerteza sobre qual será o tamanho da carga tributária brasileira em 2020. A única certeza é que uma grande parte da riqueza produzida no Brasil será drenada pelo governo até o final da segunda década do século XXI. Em 2015, o dreno da riqueza nacional pelo governo passou dos 40% do PIB nacional e provavelmente ele chegará muito perto dos 50% em 2020. O apetite do governo brasileiro por taxas e impostos é enorme e por causa disso, o risco de mais impostos também é grande. No momento em que é introduzido no esforço da inovação, o esforço intelectual e monetário da sua manutenção, é criada a barreira da viabilidade econômica. Como não é possível prever com visão de longo prazo o tamanho do esforço de manutenção de uma inovação, pois o maior componente deste esforço é a reação dos competidores então é impossível dimensionar a sua viabilidade econômica de longo prazo. Como existe o agravante do viés de alta dos impostos em curto e médio prazos, o risco para introduzir uma inovação no mercado brasileiro é enorme.

O ritmo das inovações nacionais no século XXI vem decrescendo e existe uma predominância de inovações a curto prazo. É muito fácil perceber este fenômeno nas recentes febres por cupcakes, brigadeiros e paletas mexicanas. Todos esses negócios inovadores foram viáveis no curtíssimo prazo e quando saíram da moda foram inviabilizados. Os esforços e investimentos que não retornaram em até seis meses foram perdidos. Os empreendedores iniciais optaram por não investirem na manutenção da inovação inicial e a conviverem com várias cópias que foram reduzindo a margem de lucro ao longo do tempo. Quando a margem foi zerada após seis meses, o negócio foi encerrado.

Este modelo de negócio para as inovações inviabiliza a maioria delas no Brasil. O país foi incapaz de experimentar em 2015 inovações como o estacionamento inteligente ou o trem como um serviço ou prateleiras inteligentes nas lojas, porque tais inovações oferecem retorno apenas em médio e longo prazos. O risco de aumento considerável na carga tributária no Brasil entre 2015 e 2020 impede o surgimento no Brasil de inovações que são viáveis na maioria dos países do globo terrestre. Nem sempre uma inovação é ditada pela sua viabilidade econômica. O caso da empresa Amazon é um clássico neste aspecto. As inovações introduzidas pelo criador da empresa, Jeff Bezos, encontraram caminhos não tradicionais para a sua viabilidade, ou seja, o inovador pode introduzir tanto a inovação no mercado como as ferramentas de viabilidade econômica da mesma. A característica de introdução de inovação sem viabilidade econômica no mercado revela mais um aspecto daninho do viés crescente de carga tributária no Brasil.

A captura de mais de 40% da riqueza produzida no pais faz com que os inovadores não tenham motivação para desenvolver as inovações. Quando eles percebem que no futuro próximo mais de 50% da riqueza gerada pelo seu esforço serão entregues para o governo brasileiro, eles decidem ou não inovar no Brasil ou inovar em outro o país. Esta é a característica mais perversa da alta carga tributária contra a inovação. São poucas as pessoas que são capazes de desenvolver e introduzir inovações em uma sociedade. Se essas poucas pessoas não estiverem motivadas para desenvolver e introduzir as inovações então esta sociedade ficará condenada à estagnação na era do conhecimento.

Conclusão

O principal propósito de uma alta carga tributária é a produção do benefício da distribuição de renda por toda sociedade de forma razoavelmente igualitária. Na era do conhecimento, um nível de tributação desproporcional com a realidade das entregas governamentais inibe a inovação e condena a sociedade para o atraso. Este processo reconcentra a renda e elimina os ganhos sociais do passado. O Brasil vem atravessando essas consequências em 2015 através das perdas dos ganhos sociais conquistados entre 1994 e 2012.

A estagnação da sociedade brasileira causada pela falta de inovação vem gerando enormes perdas de impostos sobre serviços como os oferecidos pela Netflix, AirBnB, Uber, WhatsApp etc. O artigo "Frustradas com prejuízos, operadoras tentam «se vingar» de WhatsApp" (http://tecnologia.uol.com.br/noticias/redacao/2015/08/24/frustradas-com-prejuizos-operadoras-tentam-se-vingar-de-whatsapp.htm, acessado em 29/09/2015), revelou o tamanho milionário das perdas da falta de inovação no mercado brasileiro de telefonia. Em médio e longo prazos a alta carga tributária e a falta de inovações vão fazer com que uma grande parte das riquezas nacionais sejam movimentadas por transações externas ao país e sem controle pelo governo nacional. A rápida adoção pelos brasileiros de moedas virtuais como o Bitcoin revela como a economia real nacional está buscando caminhos para fugir dos impostos excessivos.

Barreira da cultura social

No passado, as inovações podiam ser conduzidas individualmente. Era comum o cenário onde um inovador solidário tinha uma ideia e era responsável pelo seu esforço de desenvolvimento e colocação no mercado. No ano de 2015, este tipo de trajetória é praticamente impossível. A intensa conexão das atividades humanas e econômicas fez com que as inovações ganhassem contornos multidisciplinares. Mesmo no raro caso onde uma única pessoa tenha pleno conhecimento de todos os aspectos técnicos de uma inovação, ainda existe uma infinidade de normas e regulamentações que impactam os seus aspectos técnicos. A abrangência e detalhamento das normas e regulamentações torna muito difícil e improvável que uma única pessoa domine tanto os aspectos técnicos como as normas e regulamentações.

Em relação às práticas de negócios, o entendimento do seu ambiente está ficando cada dia mais complexo e demorado em função da enorme quantidade de informações disponíveis no mercado. O inovador precisará dedicar meses do seu tempo para empreender um esforço solitário de entendimento das singularidades do mercado. A troca de informações é uma ferramenta muito mais efetiva e rápida para a complementação dos conhecimentos do que o esforço individual do empreendedor. O inovador precisa trocar conhecimentos com outros para conseguir transformar rapidamente sua ideia em uma inovação presente no mercado. É preciso existir uma colaboração coletiva para viabilizar as inovações.

Em diversos países do mundo a cultura colaborativa está presente no dia a dia das pessoas e por causa desta característica, estas regiões estão liderando as inovações mundiais. A colaboração (fonte básica da inteligência coletiva) presente em um lugar ou região é o resultado direto do nível de confiança que os cidadãos de um país têm nos seus compatriotas. Quanto mais ética é uma sociedade, mais a mesma é confiável, maior é a colaboração coletiva e mais intensa é a troca de conhecimento. A confiança é na análise mais básica o motor da inovação. As pessoas precisam trocar informações, opiniões e até mesmo participações acionárias entre elas para que uma ideia seja transformada em uma inovação. O volume de informações sobre o desenvolvimento e posicionamento de mercado de um produto ou serviço novo é tão grande na segunda década do século XXI que é praticamente impossível que uma única pessoa seja capaz de fazer todo o esforço necessário.

O normal é que o inovador precise completar o seu conhecimento específico com os outros aspectos técnicos do produto ou serviço, com as características regulatórias do mercado-alvo e com os aspectos comerciais e de marketing. São raras as pessoas que possuem este conjunto ampliado de conhecimento. Este é o principal motivo pelo qual a inovação virou um esforço coletivo após o ano de 2008. O inovador só vai compartilhar a sua ideia com pessoas da sua confiança, pois ele precisa de privacidade sobre a mesma (normalmente ele está trocando segredos). Os colaboradores de um projeto vão oferecer conteúdo relevante ao inovador se eles confiarem nele. Eles estarão participando de um esforço coletivo e precisam que todos os direitos individuais e coletivos sejam preservados.

É possível observar esta mudança analisando a organização da estrutura das inovações antes e depois de 2007. No passado, foi possível existir uma inovação como a empresa Amazon, baseada no esforço individual do seu fundador Jeff Bezos. Após o ano de 2007, as inovações foram marcadas como esforços coletivos como a empresa Facebook do Mark Zuckerberg, Chris Hughes, Eduardo Saverin e Dustin Moskovitz.

País	Nível % de confiança em compatriota
Noruega	68%
China	55%
Grã-Bretanha	45%
Austrália	43%
Estados Unidos	40%
Índia	40%
Correia do Sul	34%
Espanha	33%
México	32%
Rússia	28%
França	27%

Venezuela	18%
Colômbia	15%
Brasil	3%

A tabela acima relaciona o nível de confiança no seu compatriota por país. Por exemplo, 68% dos noruegueses confiam em outro norueguês e apenas 3% dos brasileiros confiam em outro brasileiro. Quando o nível de confiança é correlacionado com o nível de inovação, fica fácil perceber que os países mais inovadores são aqueles em que o nível de confiança é maior. Um dos motivos do Brasil estar na rabeira da inovação mundial é o seu baixo nível de confiança interna.

No caso brasileiro, a confiança é uma forte barreira contra a inovação. Todas as pesquisas revelam que o nível de confiança de um brasileiro em outro é baixo. Quer seja no ambiente universitário, quer seja no corporativo, quer seja no individual, as pessoas temem que outros roubem as suas ideias e planos. Este é um problema nacional que tem a sua origem, em grande parte na escola. É muito comum no país a situação onde um trabalho em grupo escolar é realizado por apenas um membro do time. Isto acontece tanto no ensino básico como no universitário.

De certa forma este aspecto molda a cultura nacional e permeia cada decisão individual. Por causa disto, muitas boas ideias inovadoras são perdidas. As pessoas preferem "congelar" os seus planos ao invés de compartilhar. A maioria dos brasileiros considera melhor desistir de uma ideia do que ter um sócio no empreendimento. Vários planos de incentivo para a inovação no Brasil fracassaram por conta da desconfiança dos inovadores. Esta barreira é forte e grave, mas não é intransponível.

Conclusão

O nível de confiança de um brasileiro não vai mudar de uma hora para outra e é uma severa barreira contra a inovação na era do conhecimento e da colaboração multidisciplinar. A principal medida para derrubar esta barreira deve ser realizada nos trabalhos em grupo nas escolas do ensino básico até a graduação universitária. É preciso formar um ambiente onde todos os membros de um grupo ofereçam igual contribuição para a realização dos trabalhos.

Barreira da cultura corporativa

É bastante comum encontrar artigos na impressa brasileira revelando que um funcionário de uma empresa só ofereceu colaboração voluntária para um desafio empresarial após a organização oferecer uma premiação. A cultura corporativa pode ser uma barreira contra as inovações em vários aspectos e dimensões. Nos diversos trabalhos publicados, os principais problemas estão relacionados à resistência contra as mudanças nas suas diversas singularidades. Vários autores nacionais e internacionais já trataram com relevância da questão da cultura da experimentação, tolerância aos erros e contratação e retenção dos talentos. Entendo que todos os problemas abordados são relevantes e importantes, mas pouco ou nada foi comentado sobre a motivação ou desejo dos funcionários em participar das inovações.

Na prática, a contribuição de um funcionário para uma inovação é uma ação voluntária. Não importa o que os contratos trabalhistas rezem, um funcionário só vai oferecer uma real contribuição para um projeto empresarial se ele assim desejar. É impossível que um executivo ou dono de negócio saiba o que está dentro da cabeça de um funcionário, ou em outras palavras, na era do conhecimento as contribuições são voluntárias e fruto da liderança. Lideranças que conquistam a confiança e motivação dos funcionários através da ética, coerência e relacionamento de longo prazo são capazes de capturar contribuições relevantes e espontâneas dos funcionários no desenvolvimento das inovações. As lideranças sem compromissos éticos e que valorizam apenas o relacionamento de curto prazo conquistam somente contribuições obrigatórias e remuneradas dos funcionários e em geral fracassam no desenvolvimento das inovações.

Infelizmente, no Brasil, prevaleceu a premissa de relacionamento de curto prazo entre a empresa e o funcionário. As empresas entendem que não é um problema contratar um funcionário com constantes trocas de emprego e os profissionais entendem que ficar mais do que três anos na mesma empresa é empacar a sua carreira. Em uma parte significativa, este fenômeno de relacionamento de curto prazo é consequência do preconceito empresarial contra o cabelo branco (funcionários acima de 40 anos). É comum no Brasil existir tanto o desligamento dos funcionários que completaram 40 anos, como aposentar os funcionários que completaram 60 anos.

Como as inovações produzem lucros corporativas por um prazo significativo de anos, as pessoas só vão ter motivação para contribuir com um projeto empresarial se tiverem recompensas de longo prazo. Caso elas não existam, ou sejam consideradas insuficientes, os funcionários vão ignorar por completo todas as solicitações de contribuição. Existem diversos artigos publicados na impressa relatando casos onde os funcionários guardaram as suas contribuições aos projetos até que as recompensas em dinheiro fossem oferecidas. O problema de tal prática nos projetos é que as inovações modernas demandam por manutenções periódicas para sobreviver a competição no mercado. Neste caso, passa a existir o custo da atualização. Do ponto de vista de um funcionário que pretende ficar, no máximo, três anos na empresa, é mais vantajoso para ele ficar calado sobre as sugestões e esperar o momento em que a empresa vá oferecer uma boa recompensa.

Como o funcionário tem visão de curto prazo do relacionamento com a organização, ele não tem preocupação com a sua saúde financeira de longo prazo, ou em outras palavras, para ele a solução de um problema sempre pode ser adiada. Inexistem motivos para ele enfrentar o desgaste político de comunicar um problema ou para ele analisar e encontrar uma solução. Ele só fará isto, se fizer parte do cargo dele e se o problema lhe for apresentado. Caso contrário, ele ficará quieto e conviverá com os problemas até que os mesmos causem prejuízos graves e cheguem aos ouvidos dos responsáveis pelo negócio. No momento em que um problema ficar grave, por conta das perdas e forem oferecidas recompensas significativas, o funcionário ganha motivação para colaborar. No entanto, sempre existe o risco dele entender que é possível dobrar a aposta, ou seja, é melhor esperar para ver se o problema e o prêmio aumentam para o nível de insuportável.

Este aspecto da cultura corporativa, que está presente na maioria das empresas públicas e privadas do Brasil, desenvolve uma forte barreira contra a inovação. Os funcionários que não têm expectativas de crescimento profissional em uma mesma empresa ou que esperam uma ascensão relâmpago de alguns anos até um cargo de diretoria, postergam o máximo possível as suas contribuições e colaborações. Como consequência da procrastinação, o tempo de desenvolvimento de uma inovação no Brasil é muito grande. O resultado de tal prática é que, na maioria dos casos, as empresas estrangeiras são as responsáveis pela introdução das inovações no país. As empresas brasileiras enfrentam como consequência da sua política de recursos humanos uma enorme perda de competividade.

O preconceito corporativo contra o cabelo branco aliado ao planejamento dos funcionários de curta permanência na mesma empresa gera uma enorme barreira contra as inovações. Do lado empresarial, o preconceito gera desconfiança dos funcionários em relação ao seu futuro na empresa e inibição das colaborações. Do lado dos funcionários, o planejamento de permanecer entre três e cinco anos na mesma empresa direciona o interesse das pessoas apenas para as situações de curto prazo que oferecem recompensas imediatas. Nos dois casos, a atualização das inovações fica sem cobertura alguma em médio prazo e é por causa disso que as poucas inovações criadas no Brasil tiveram vida curta no mercado.

Resumo das barreiras

As principais barreiras contra a inovação nas empresas estão relacionadas com: (i) burocracia demasiada, (ii) nível elevado de aversão ao risco, (iii) histórico de custos elevados sem benefícios, (iv) ausência de um processo que sistematize o planejamento estratégico das inovações (a falta de organização, otimização, repetitividade gera perda de tempo, dinheiro, recursos e conhecimento, pois não existe documentação das lições aprendidas, realimentações e melhorias), (v) falta de conhecimento organizado (processo de planejamento estratégico da inovação é executado a partir do zero toda vez que é iniciado), (vi) perdas e desperdícios, (vii) execução por tentativa e erro dos modelos de planejamento estratégico das inovações, (viii) incapacidade de conquistar os benefícios dos modelos, conceitos, metodologias e ferramentas disponíveis no mercado, (xix) falta de orquestração na utilização dos conceitos, modelos, metodologias e estratégias, (x) falta de capacidade para agregar valor à tomada de decisões estratégicas, (xi) incapacidade para usar o conhecimento disponível na empresa, (xii) falta de competências e especializações para explorar a memória organizacional no processo de identificação e realização das ideias sugeridas, (xiii) falta de motivação e comprometimento da alta administração para apoiar e implementar as ideias e (xiv) ausência de influenciadores capazes, para direcionar o sucesso dos projetos.

Benefícios das inovações

A sistematização dos processos e o gerenciamento das inovações oferecem os benefícios de: (i) redução das incertezas, (ii) aumento da capacidade de exploração do potencial dos talentos criativos, da gestão e da colaboração, (iii) redução dos prazos e custos de desenvolvimento dos novos produtos, (iv) aumento da probabilidade de sucesso do lançamento das inovações, (v) geração de uma organização orquestrada do histórico dos projetos, (vi) habilitação do aprendizado através dos erros e acertos das iniciativas realizadas, (vii) aumento da confiabilidade dos produtos, processos e serviços, (viii) crescimento da rentabilidade das inovações, (xix) aumento da eficiência e eficácia pela eliminação das redundâncias dos processos, (x) formatação, validação e sistematização do modelo do sistema de conhecimento da gestão estratégica da inovação, (xi) aceleração do nível de sucesso das inovações, (xii) aumento da capacidade de identificação das competências necessárias e dos gargalos, (xiii) criação da espiral positiva de transformação do conhecimento tácito em explícito e (xiv) transformação do conhecimento individual em saber corporativo.

Definições de inovação

Existem diversas definições diferentes para a inovação, no entanto, todos os autores concordam que a inovação é a exploração com sucesso de uma nova combinação dos recursos disponíveis. Para as corporações o sucesso é o aumento de faturamento, ou acesso a um novo mercado, ou aumento da margem. As inovações estão relacionadas com: (i) novos produtos ou serviços ou processos, (ii) novos mercados, modelos de negócio, métodos organizacionais ou (iii) novos fornecedores de suprimentos. A inovação é a soma da ideia com a implementação com ou resultado, ou seja, Inovação = Ideia + Implementação + Resultado.

A inovação de um produto é representada pelas modificações nos atributos do mesmo, onde a mudança é percebida pelos consumidores. Por exemplo, a televisão inteligente com aplicativos em relação ao aparelho convencional sem aplicativos. A inovação de um processo é representada pelas mudanças no processo de produção de um produto ou serviço e nem sempre altera o produto ou serviço. Neste caso, os ganhos ocorrem no processo de produção pelo aumento da produtividade ou redução dos custos. Por exemplo, a robotização de uma linha de produção em relação a uma linha de produção executada apenas por pessoas. A inovação pode ser classificada tanto em relação ao seu objetivo, como em relação ao seu impacto.

A inovação de um modelo de negócio é representada pelas mudanças no mesmo, ou seja, como o produto ou serviço é oferecido. Neste caso, podem inexistir mudanças no produto ou serviço ou processo de produção. As mudanças ocorrem no formato da entrega ou comercialização do produto ou serviço. Por exemplo, a modalidade de Software como um Serviço, onde o consumidor paga uma mensalidade pelo uso do software com direito a manutenção e atualizações em relação à comercialização tradicional da venda de licença do software.

O impacto da inovação pode ser incremental, onde ocorre uma série contínua de melhoria nos produtos ou serviços ou linha de produção. Neste caso, os avanços nos benefícios percebidos pelo consumidor não modificam de forma expressiva a forma como o produto é consumido ou o modelo de negócio. Por exemplo, o aumento da capacidade de armazenamento em disco de um computador. O impacto de uma inovação pode ser radical, onde ocorrem alterações drásticas na forma como o produto ou serviço é consumido. Estas mudanças geram novos paradigmas e alteram o modelo de negócio. Por exemplo, a venda de músicas na loja iTunes da App Store da Apple.

Dimensões das inovações

As inovações podem ser realizadas em dez dimensões classificadas em torno de quatro grandes grupos. O agrupamento estrutural acomoda as inovações na dimensão modelo de negócio, redes e parceiros. O grupo processo contempla as inovações dos processos centrais e de suporte. O agrupamento da oferta trata das inovações do produto, plataforma e serviço e o agrupamento experiência contempla as inovações de canais, marca e experiência do cliente.

As dimensões da inovação tratam do objeto, da magnitude da modificação implementada no produto ou serviço ou processo, do grau de novidade para a organização e sociedade e da direção do esforço. Em relação ao objeto, ou seja, se é uma inovação de um produto, serviço ou processo é preciso considerar que os produtos podem ser tanto físicos, como uma televisão inteligente, como imateriais como um filme comercializado pela Netflix. Isto significa que o processo define o formato da entrega de uma atividade realizada. Por exemplo, é possível fazer a cotação de um serviço através do contato pessoal com várias empresas ou via sistema digital de pregão eletrônico. Apesar do método utilizado em cada caso ser diferente, é possível escolher a melhor oferta nos dois casos.

Em relação à magnitude da modificação implementada no produto ou serviço ou processo, ela pode ser incremental ou radical. Uma inovação pode gerar modificações contínuas com melhorias graduais nos produtos ou serviços ou processos como o aumento contínuo da capacidade de processamento de um datacenter (aumento da oferta de processamento por causa de inovações incrementais). A computação em nuvem elástica que é neste caso, uma mudança radical na capacidade ofertada, pois ela oferece tanto a melhoria contínua existente no datacenter, como a flexibilidade de usar a capacidade de processamento da nuvem conforme a demanda. Neste caso, os problemas financeiros provocados na empresa usuária de TIC pela falta ou excesso de capacidade de processamento são eliminados.

Em relação ao grau de novidade para a firma e para a sociedade é preciso entender que não é obrigatório que a inovação seja uma novidade tanto para a empresa, como para o mercado e sociedade. O canal VIVA, da televisão a cabo brasileira, é um bom exemplo de uma inovação que não é uma novidade. O canal reprisa os programas antigos da rede Globo e, portanto, ele não representa uma novidade para a emissora de televisão. No entanto, o canal representa uma novidade para as pessoas que não assistiram esses programas quando eles passaram na rede Globo. O telefone inteligente iPhone, fabricado pela empresa Apple, é um exemplo de uma invenção de um produto que é uma novidade tanto para a empresa que o criou, como para o mercado e para a sociedade.

Em relação à direção do esforço de inovação (sustentada ou ruptura) é preciso entender que as organizações decidem se o seu esforço de inovação caminha na direção de endereçar as necessidades conhecidas dos seus clientes pela evolução dos atributos mais valorizados dos seus produtos, ou seja, inovação sustentada ou se o seu esforço de inovação caminha na direção de endereçar no produto as necessidades de novos atributos que são valorizados apenas pelos novos clientes ou se o seu esforço de inovação caminha na direção de disponibilizar novos usos para o produto ou serviço, ou seja, inovação de ruptura.

Análise da inovação

As dimensões centrais para a análise da inovação são o objetivo da inovação, o seu grau de novidade, a sua magnitude e a direção do seu esforço. Em relação ao objetivo da inovação, as iniciativas podem estar relacionadas ou com produtos, ou com os serviços, ou com os processos. No caso dos produtos, eles podem ser um equipamento físico como um computador ou uma solução imaterial como um software. Em relação ao nível de novidade para a empresa e para a sociedade é possível usar o exemplo do ensino à distância para explicar que uma inovação que já foi implementada em vários lugares, pode ser uma novidade para as escolas do norte e nordeste do Brasil. Apesar de o ensino à distância não ser uma novidade para toda a sociedade brasileira, ele pode ser uma inovação para várias escolas. Em relação à direção do esforço de inovação, as inovações podem melhorar os atributos dos produtos e serviços que os clientes atuais valorizam (inovação sustentada) ou podem apresentar novos atributos que são valorizados apenas pelos novos clientes ou podem oferecer novos usos até então desconhecidos para o produto ou serviço (inovação de ruptura).

Uma inovação deve ser entendida pela análise em mais de uma dimensão. O software, como um serviço, foi uma inovação de modificação radical na tecnologia de aquisição das licenças de um aplicativo para os clientes, ao mesmo tempo em que foi uma inovação de ruptura para as empresas fornecedoras de software. Com a introdução do software como um serviço, o cliente não compra a licença. Ele paga uma mensalidade que engloba o uso do software e a sua atualização que é feita pela internet. Esta inovação rompeu com o formato de como as pessoas e empresas se relacionavam com os fabricantes de software e modificou, fortemente, as relações econômicas e sociais no mundo inteiro.

Em 2015, as empresas precisam introduzir inovações continuamente nos produtos, serviços ou processos para acompanhar as mudanças sociais e permanecerem no mercado. Diversos serviços públicos de emissão de documentos foram adaptados para a realidade da internet. É possível entrar no site, preencher os dados, imprimir o boleto de pagamento das taxas e agendar um horário para assinar o documento. O serviço de emissão de documento público é exatamente o mesmo. No entanto, a maneira para a sua realização evoluiu através das inovações. Este exemplo trivial do nosso dia a dia mostra que é possível acompanhar as mudanças sociais através de inovações e manter a oferta de produtos e serviços ao mercado.

Uma inovação pode ter uma magnitude da modificação incremental ou radical no produto, ou serviço ou processo. No caso das mudanças incrementais, os produtos, serviços ou processos são melhorados por modificações que pouco afeta a funcionalidade. As mudanças radicais introduzem modificações significativas ao produto, serviço ou processo. É possível que a inovação em um serviço seja considerada uma modificação radical por oferecer uma modalidade nova de entrega do serviço ao mercado, ao mesmo tempo em que seja considerada como contínua por manter as mesmas funcionalidades e facilidades do serviço.

Por causa das diversas possibilidades, é importante determinar e classificar se a inovação ou é um novo produto ou serviço, ou processo, ou é uma melhoria substancial de uma solução que já existe. É importante destacar que até mesmo uma pequena mudança ou melhoria pode ser considerada como uma inovação. Ou seja, uma inovação pode ser uma novidade para a organização e sociedade ou uma novidade para a organização, mas não para a sociedade, ou uma novidade na forma de novos produtos para uma linha de produtos existentes, ou uma novidade na forma de reposicionamento no mercado dos produtos existentes, ou uma evolução na forma de melhoria dos produtos existentes, ou uma evolução na forma de redução dos custos dos produtos existentes.

Na prática, uma inovação sempre é uma conquista importante para uma organização. Em alguns casos, a incorporação de uma mudança conhecida pela firma, pode produzir benefícios como a redução dos custos. Nem todas as empresas têm capacidade para desenvolver uma invenção (novidade para o mercado), no entanto, elas têm capacitação para introduzir inovações aos seus produtos e serviços e melhorar a sua oferta para o mercado. Existem escolas de Inglês bem estabelecidas no mercado presencial que usam as mesmas metodologias tradicionais de ensino para ampliar a sua linha de produtos e serviços através dos cursos à distância pela internet. Estes estabelecimentos ampliaram o seu portfólio de produtos e serviços com uma novidade para a organização.

Em geral, as firmas privadas mais avançadas desenvolvem produtos inteiramente novos para o mercado conquistar uma vantagem competitiva confortável em relação aos concorrentes. Existem neste grupo empresas que ocupam posicionamento destacado ao oferecer um produto inovador que só a empresa pode vender, a Apple é um dos destaques deste grupo. Ela desenvolveu o iPod que era uma melhoria de produtos similares de áudio existentes no mercado e em seguida inovou com a invenção do serviço iTunes. O serviço era uma oferta nova ao mercado mundial ao permitir que as pessoas pudessem comprar, escutar e compartilhar as suas músicas compradas de um jeito absolutamente novo.

Os consumidores do mundo inteiro ficaram encantados e formavam filas nas lojas, gerando um lucro extraordinário para a corporação.

A empresa Apple com o iPod e serviço iTunes gerou uma das primeiras disrupções digitais conhecidas do mercado de música. A empresa fez a sociedade mundial mudar o formato para consumir música. As empresas concorrentes que não foram capazes de acompanhar as inovações estão morrendo. O automóvel foi uma invenção que gerou este mesmo impacto na sociedade. Ele substituiu as carruagens. Os dois exemplos são casos onde foram realizados esforços de inovação de ruptura.

Também existem esforços de inovação de sustentação. A empresa Harley--Davidson desenvolveu diversas inovações, no sentido da sustentação, quando escolheu a estratégia de aumentar anualmente a potência do motor das motocicletas (atributo mais valorizado pelos seus clientes). Ou seja, ela buscou a inovação pela melhoria contínua do atributo mais valorizado pelos seus clientes. É importante destacar que um mesmo mercado pode suportar simultaneamente dois tipos diferentes de inovação. O mercado americano de motocicletas suportou ao mesmo tempo a inovação de sustentação da Harley-Davidson com a inovação de ruptura da Honda. Em 1959, a Honda entrou no mercado americano de motocicletas com a sua bicicleta motorizada de 50 cilindradas (Supercub). O mercado inicial da Honda foram os adolescentes americanos que não tinham dinheiro para comprar uma Harley.

Com o passar do tempo, a Honda passou a oferecer motores maiores até que no final da década de 1980, a empresa ofereceu uma moto com a mesma potência da Harley. Em 1975 o seu mercado era maior que 5 milhões de unidades. A inovação da Honda (Supercub) foi uma inovação de ruptura no mercado americano de motos.

A maioria das escolas vem tentando usar o computador como uma inovação sustentada para melhorar os atributos conhecidos da educação e evoluir os processos. Esta abordagem vem gerando resultados pobres, por isso é preciso pensar em transformar completamente os processos através da inovação de ruptura. O computador precisa ser utilizado nas atividades que os modelos de ensino existentes não abordam. Ele tem que ser uma ferramenta complementar que realiza atividades que não são executadas por outros meios. Por exemplo, as escolas brasileiras poderiam juntar esforços via inovação de ruptura com as escolas de outros países de língua portuguesa para desenvolver atividades pedagógicas conjuntas sobre a colonização portuguesa.

Um outro exemplo de inovação de ruptura são espetáculos de música ao vivo que mudaram completamente com a qualidade superior da música no formato digital. O formato do show ao vivo abrange muito mais sentidos do que apenas a audição. A experiência do expectador envolve sentidos como a visão, o olfato, a audição entre outros. Neste caso, a música em formato digital deixa de ser um concorrente dos espetáculos musicais.

Esta diferença de sentidos fica muita clara na área do ensino. Uma gravação de uma extraordinária aula reproduzida à distância é uma substituição que empobrece o processo didático, pois existe o estímulo apenas do sentido da visão e audição. No entanto, uma inovação de ruptura que ofereça um estímulo aos alunos, que até então não estava disponível, enriquece o processo de ensino. Por exemplo, um software que permita que o aluno avance nas suas áreas de maior interesse com maior velocidade do que a aula presencial vai permitir que a pedagogia da escola explore as múltiplas inteligências dos alunos de forma personalizada. Dessa forma, cada aluno pode utilizar o software de ensino conforme o seu interesse e a escola pode oferecer um ensino individualizado, focado no aluno, nos seus interesses e nas suas inteligências.

Cultura da Inovação

Os resultados das inovações são consequências diretas da cultura, intenção, infraestrutura, influência do mercado e do contexto da sua motivação. A intenção de inovar exige uma infraestrutura de suporte, conhecimento, orientação para os funcionários (suporte aos pensamentos e às ações necessárias para a inovação) e para o contexto ambiental (suporte da implementação pela aceitação do risco e pelas recompensas inerentes à inovação). O desenvolvimento de um modelo organizacional para criar e sustentar a cultura da inovação exige uma liderança que demonstre através de decisões, ações e comunicações que existe o entendimento que a inovação impulsiona a rentabilidade. Os líderes são os responsáveis pelo estabelecimento das metas, métricas e objetivos vinculados ao negócio e ao desempenho.

A capacidade de inovar está diretamente relacionada com o crescimento do capital humano, liderança, cultura e estrutura (reconfiguração, integração e absorção do conhecimento). É preciso identificar um conjunto de boas práticas geradoras de capacidade de inovação associadas com o capital humano, liderança, cultura e estrutura. A liberdade de exploração dos temas relativos com as competências centrais da organização, a atitude aberta com as comunidades, a disposição a favor da criatividade sem barreiras departamentais, o fomento ao diálogo e interação, a comunicação direta e transparente e o intercâmbio de conhecimento são exemplos de boas práticas.

A liderança que segue as boas práticas contribui fortemente para a construção da capacidade de inovação da organização. Existem sete fatores que explicam a influência da cultura organizacional na criatividade e inovação em uma organização. A estratégia corporativa direciona a inovação quando a visão e a missão da empresa são descritas com foco no cliente. Isto acontece porque a empresa, com tal orientação, pesquisa ativamente quais são as necessidades dos clientes atuais e potenciais. A intencionalidade descreve como os funcionários precisam entender o papel da visão e da missão na implementação das inovações. Os objetivos precisam ser claros, quantitativos e relacionados com as inovações. A confiança nas pessoas exige que os gerentes e empregados mantenham os canais de comunicação abertos para que as pessoas se sintam seguras. O apoio para as mudanças é feito através de comportamentos que incentivem as inovações, por isso a flexibilidade na maneira de fazer as coisas no trabalho deve ser uma constante. O comportamento coletivo incentiva as inovações pela aceitação dos riscos, pelo estímulo para as ideias, pelas iniciativas de novas soluções e pela transparência da tomada de decisões.

O ambiente de trabalho deve favorecer a realização das metas e objetivos pessoais em sincronismo com as metas e os objetivos organizacionais. Em outras palavras, é preciso lidar com os conflitos das equipes para construir soluções pela liberdade, participação e ações. A empresa orientada para o cliente compreende as suas necessidades e aprimora e flexibiliza as suas ofertas. O suporte dos gerentes para as inovações exige que a comunicação seja objetiva, clara, transparente e aberta entre as pessoas e que exista disponibilidade dos recursos controlados pelos gerentes. É preciso tolerar os erros e adaptar as regras e regulamentos.

As dimensões que descrevem a cultura organizacional são a visão estratégica, missão, o foco no cliente, as ações para alcançar os objetivos, os processos decisórios, os objetivos dos funcionários, os relacionamentos e a liderança. Os fatores da cultura empresarial que influenciam a inovação são a estratégia, a estrutura, as ferramentas de suporte, o comportamento e a comunicação. Na dimensão da estratégia, a visão, a missão e a intencionalidade são os fatores que habilitam a inovação. Na dimensão da estrutura, a flexibilidade, a liberdade, a autonomia, o empoderamento, a governança e a colaboração são os aspectos que favorecem a inovação. Na dimensão ferramentas de suporte, o reconhecimento, o programa de recompensas, e a disponibilidade de recursos são os fatores que levam a empresa na direção da inovação. Na dimensão comportamento, a aceitação dos erros, o laboratório de ideias e a aprendizagem corporativa são os fatores que estimulam as inovações. Na dimensão comunicação, a transparência, a clareza e a objetividade são os fatores que conduzem a organização na direção das inovações.

A capacidade de inovação de uma empresa vem da sua habilidade ao empoderamento (reduz a distância ao poder corporativo), da colaboração, da assertividade e da eliminação dos silos corporativos de certezas absolutas. A redução da distância ao poder corporativo faz com que todos os funcionários, sem exceção, estejam confortáveis com as suas interações com os vários níveis hierárquicos da empresa. A eliminação dos silos corporativos de certezas absolutas permite a existência de ambiguidades e incertezas em relação aos objetivos e as diretrizes operacionais. A colaboração faz com que todas as pessoas sejam vistas como indivíduos únicos que fazem parte de um grupo. Os funcionários sentem conforto e alegria no ambiente de trabalho. A assertividade faz com que as pessoas mantenham o foco nos resultados.

A política de recrutamento de pessoas inovadoras que são atraídas pela postura da corporação de aceitar as ideias inovadoras, de maximizar o potencial individual e coletivo do capital intelectual e de não desperdiçar a capacitação dos talentos cria uma espiral virtuosa de inovação que atrai mais pessoas criativas tanto pela reputação inovadora da organização, como pela política de relacionamento de longo prazo com os funcionários, como motivação empresarial para novas ideias. Em outras palavras, a capacidade de inovação de uma empresa é consequência direta, tanto dos valores fundamentais da cultura da organização, como da diretriz que facilita a inovação da estratégia, como dos meios disponibilizados pela estrutura para alcançar os objetivos e metas, como dos valores das lideranças. A motivação corporativa para a inovação está presente ao mesmo tempo na estrutura hierárquica (deve ser o mais horizontal possível), na autonomia da atuação das equipes, na comunicação direta e transparente, na flexibilidade, na aceitação dos riscos, na delegação dos poderes e na tomada de decisões.

A liderança no contexto da inovação deve defender com coerência as mudanças organizacionais que favoreçam as inovações. A estrutura atribui as responsabilidades para que todos na organização tenham acesso ao conhecimento coletivo através dos canais de comunicação interativos. A estratégia revela quais são as oportunidades que favorecem a criação e manutenção da cultura da inovação. O comportamento derivado da cultura organizacional é o principal componente da cultura do conhecimento compartilhado. As lideranças devem influenciar, neste contexto, a cultura de inovação pelo encorajamento da criatividade, aceitação dos riscos calculados e comunicação do conhecimento compartilhado.

A cultura organizacional é, portanto, a base de sustentação da inovação, pois ela detalha os valores básicos estabelecidos pelo líder da organização. O impacto do conhecimento externo na cultura de inovação ocorre tanto na dimensão da orientação para as novas tecnologias, como nas dimensões da orientação para aprendizagem, aceitação dos riscos calculados e planejamento futuro de médio e longo prazo. O desenvolvimento de um novo produto pode ser realizado com as informações fornecidas pelos clientes, fornecedores, competidores, instituições de ensino e especialistas, pois a inovação tecnológica, aprendizagem, aceitação dos riscos calculados e planejamento de médio e longo prazo das inovações estão fortemente relacionados com a colaboração dos clientes, fornecedores, instituições de ensino e especialistas. O nível do compartilhamento interno do conhecimento é consequência dos valores organizacionais que por sua vez são indicadores da tendência da criatividade organizacional.

Em outras palavras, o conjunto dos valores organizacionais, normas e crenças são atributos essenciais para o desenvolvimento de uma organização criativa, pois eles definem o grau de liberdade para realizar as mudanças, o ambiente do trabalho em equipe, o grau de compartilhamento dos objetivos e metas comuns, o nível do relacionamento coletivo, a facilidade de compartilhar as informações abertamente, o grau de flexibilidade e adaptabilidade da empresa, o nível de autonomia das diferentes unidades funcionais da companhia, o grau de aceitação dos riscos calculados, a capacidade de orientar os trabalhos em função dos resultados, o grau da capacidade criativa da firma, o nível de estímulo aos desafios, o planejamento de médio e longo prazo, a coerência dos propósitos corporativos, o nível de comprometimento coletivo com as inovações e o grau de dinamismo e empreendedorismo dos funcionários.

A cultura corporativa pode ser avaliada na dimensão da atenção ao detalhe, da inovação, da orientação para resultado, da agressividade, da orientação para equipe, da estabilidade e da orientação para as pessoas. O consenso cultural que está fortemente relacionado com a orientação para o trabalho em equipe e estabilidade deve ser capaz de superar os desafios da estabilidade, sensação de segurança, nível de conflito, previsibilidade e foco em regras para conseguir gerar inovações.

A cultura da inovação através de atividades criativas tem como fatores estruturais a autonomia gerencial, o controle dos resultados e o tamanho do orçamento. Na dimensão dos fatores culturais é preciso destacar que a cultura deve ser orientada tanto em função do desempenho organizacional, como do incentivo individual. Na dimensão dos fatores relacionados com as tarefas é preciso ter em mente que a prestação dos serviços corporativos é uma atividade fundamental para a geração de renda. Na dimensão dos fatores ambientais, ou seja, regime político-administrativo é preciso estabelecer uma democracia corporativa baseada na transparência, meritocracia e império das leis.

As métricas para medir o clima e a cultura de inovação são baseadas na dimensão do controle em relação à flexibilidade e do foco interno em relação ao externo. Estas dimensões geram as orientações para o suporte (flexibilidade com foco interno), para a inovação (flexibilidade com foco externo), para os objetivos (controle com foco externo) e para as regras (controle com foco interno). Neste contexto, a cultura organizacional é um ativo estratégico relacionado com a estratégia corporativa. O processo de aprendizagem corporativa e compartilhamento do conhecimento é definido pelo nível de oportunidades de aprendizagem que os funcionários têm uns com os outros. O líder tem um papel estratégico na cultura da inovação, pois ele enfrenta diversas forças contraditórias que existem nas empresas. Ele tem que superar o desejo de inércia e manutenção da situação atual com mudanças criativas.

As métricas de inovação do produto, processo e gestão estão relacionadas com o conjunto formado pela quantidade de inovações introduzidas na empresa, pelo esforço realizado para inovar, pelo volume de gastos, pela quantidade de pessoas, pelos prazos e outros fatores. As empresas líderes no mercado que trabalham em um ambiente de mudança constante têm orientação externa e valorizam mais a flexibilidade do que a estabilidade. Uma empresa com cultura hierárquica escolhe o caminho com orientação interna com estabilidade e controle, onde o foco é a eficiência, cumprimento das normas, formalização dos processos e estabilidade no emprego. A liderança deve atuar conforme a disponibilidade dos recursos financeiros, integração e colaboração em rede e apoio das autoridades públicas. Em resumo, as características mais importantes para a propensão para inovar estão relacionadas com a cultura, estrutura e clima organizacional, onde a cultura organizacional e o comportamento dos gestores são os elementos-chaves para a inovação.

A análise dos conceitos e modelos revela que a cultura de inovação é desejada nas empresas para a melhoria de seu desempenho e vantagem competitiva. A cultura de inovação é envolvida por diversos fatores complexos e existem diversos aspectos da cultura organizacional que fazem fronteira com a inovação. Existem neste contexto, vários pontos comuns onde as divergências, desafios e lacunas revelam o tamanho do desafio de um consenso sobre a inovação. A cultura de inovação é apenas uma das partes da cultura corporativa. Para assegurar o desenvolvimento da cultura é preciso trabalhar os aspectos restritivos como o controle, distância do poder e previsibilidade. Apesar do termo cultura da inovação ser muito utilizado, ele não é definido com clareza. O seu pleno entendimento envolve o domínio de um assunto complexo como a cultura corporativa que exige a compreensão da sociedade.

Os modelos baseados em sistemas abertos são os mais adequados para a cultura da inovação, pois permitem uma abordagem holística na investigação da interdependência, interação e inter-relação dos subsistemas e dos elementos da cultura organizacional em uma organização. Os modelos levam em conta a interação entre as pessoas, papéis, tecnologia e ambiente externo e simulam um ambiente complexo. A abordagem holística para inovação permite que a cultura facilite ou iniba a inovação.

O desenvolvimento dos trabalhos de uma inovação em uma velocidade incorreta das entregas em relação à demanda e necessidade do mercado em geral inviabiliza o projeto. É de fundamental importância que o empreendedor aprenda a lição oferecida pelo mercado, internalize o conhecimento e o utilize em outros projetos. É preciso entender que uma inovação não é o resultado apenas de algumas boas ideias conduzidas por técnicos capacitados. O sucesso do investimento no negócio depende de diversos fatores internos e externos. Um dos mais importantes é que o público alvo precisa estar preparado para a inovação oferecida. Outro fator que é costumeiramente negligenciado é o nível de dependência do produto ou serviços em relação aos acordos comerciais com outras empresas.

Sempre é possível ter conflitos de interesses com modelos de negócios existentes. Existe uma enorme gama de variáveis que influenciam o processo de desenvolvimento de inovação. A velocidade para entregar ao mercado é uma delas e na maioria dos casos é a principal causa do sucesso ou fracasso. O empreendedor precisa encarar cada um dos processos de desenvolvimento como um estudo de caso. Ele tem que avaliar cada uma das variáveis que formam o cenário completo e entender e internalizar o que aconteceu.

O conhecimento adquirido juntamente com as rotinas desenvolvidas e os contatos realizados, durante o desenvolvimento da inovação, formam um importante ativo intelectual que facilitarão a fase de manutenção da inovação. Quanto maior for o conhecimento adquirido, maior será a capacidade da organização de atrair pessoas inovadoras e talentosas e aumentar a velocidade de entrega.

A inovação é uma estratégia fundamental para o desenvolvimento das organizações, pois a globalização está fazendo com que as firmas adequem os seus custos e aumentem a sua capacidade competitiva. Em 2015, na era do conhecimento, os funcionários operacionais e não operacionais formam o capital intelectual humano corporativo. Uma inovação pode ser realizada no produto, marketing, processos, pessoas ou na organização. A inovação de um processo é uma das estratégias possíveis para conquistar novos mercados e alcançar uma diferenciação competitiva, pois os processos representam as configurações das atividades operacionais da empresa. A inovação, neste caso, visa aumentar a eficiência pelo aumento da qualidade produzida ou redução do tempo de produção.

A diferenciação em relação aos concorrentes é consequência da maior flexibilidade e qualidade, da redução do tempo de produção, da maior eficiência, e da otimização do uso dos recursos. É importante que a inovação priorize os processos mais importantes para a geração do produto ou serviço. Também é relevante enfatizar as atividades que impactam o resultado final da operação. Por causa disso, é importante medir a maturidade do processo de inovação com base nos processos, resultados e importância do conhecimento gerado para a competitividade.

A análise da maturidade é realizada nas dimensões da oferta, plataforma, marca, clientes, soluções, relacionamentos, agregação de valor, processos, organização, cadeia de fornecimento, presença física, rede e estilo de vida da empresa.

A avaliação é realizada pela análise das treze dimensões da inovação (graus da escala da análise: pouco ou nada inovador, inovador ocasional e inovador sistemático e período da análise: último ano, últimos três anos ou últimos cinco anos).

Na dimensão da oferta os itens analisados são referentes aos produtos oferecidos ao mercado. Na dimensão da plataforma, os itens analisados são referentes a capacidade da empresa de usar um conjunto de componentes, métodos e tecnologias para a maioria dos produtos. Na dimensão da marca, os itens analisados são referentes ao uso da marca via símbolos, palavras ou formatos transmissores da imagem da empresa para alavancar as oportunidades de negócio. Na dimensão dos clientes, os itens analisados são referentes aos métodos de inovação centrados no cliente que identificam e compreendem as suas necessidades e expectativas e as respectivas ações de resposta da empresa. Na dimensão das soluções, os itens analisados são referentes as ofertas para os clientes que contribuem para conquistar o seu coração e ampliar a lucratividade. Na dimensão dos relacionamentos, os itens analisados são referentes ao que o cliente vê, ouve e experimenta em todos os momentos da sua interação com a empresa.

Na dimensão da agregação de valor, os itens analisados são referentes aos mecanismos de captura do valor criado pela empresa. Na dimensão dos processos, os itens analisados são referentes ao projeto dos processos para buscar maior eficiência, qualidade e menor tempo de resposta. Na dimensão da organização, os itens analisados são referentes a estrutura organizacional da empresa e a governança da definição dos papéis e responsabilidades dos funcionários. Na dimensão da cadeia de fornecimento, os itens analisados são referentes a sequência das atividades e aos agentes que movimentam os produtos, serviços e informações até a entrega dos produtos e serviços. Na dimensão da presença física ou praça, os itens analisados são referentes aos canais de distribuição dos produtos e serviços e localização das lojas físicas. Na dimensão da rede os itens analisados são referentes aos aspectos da rede de comunicação entre os produtos e serviços da empresa com os clientes em relação ao valor das ofertas e do valor agregado. Na dimensão do estilo de vida da empresa, são analisados os itens referentes ao grau de importância que a organização dá para a inovação através de relacionamentos com fontes de conhecimento externas e experimentação de novas ideias.

Na era do conhecimento, é de fundamental importância desenvolver continuamente produtos inovadores e oferecer serviços com qualidade comprovada e sem retrabalhos. Por causa da crescente necessidade de diferenciação no mercado é preciso integrar os métodos produtivos tanto com as ferramentas de qualidade, como com a criatividade. As empresas estão superando as barreiras da garantia da qualidade com certificações e padronizações nos processos. O alto desempenho e a inovação são atualmente fatores críticos para a geração de diferenciais competitivos.

A inovação é capaz de reduzir tanto o tempo de produção, como a quantidade de recursos, matéria-prima, insumos e mão de obra de um produto ou serviço. Por causa disto ela agrega valor e faz com que a organização seja mais competitiva em relação aos concorrentes. A gestão de processos de inovação é o resultado de uma sequência de atividades com entradas, agregação de valor e transformação. As atividades do processo de inovação precisam ter o seu início e fim bem determinados para criar uma sucessão transparente e lógica de ações interdependentes. Em outras palavras, o processo de inovação é uma sequência de atividades que tem por objetivo gerar um resultado positivo através da execução dos processos rotineiros da companhia. Neste contexto, a inovação é o resultado de um conjunto interligado e orquestrado de procedimentos, ferramentas, tecnologias e dispositivos, em quantidade controlada para alcançar a finalidade proposta.

A inovação melhora o desempenho da empresa ou via vantagem competitiva ou pela manutenção da competitividade ou pela mudança na demanda dos produtos e serviços (maior oferta dos produtos existentes, oferta de novos produtos, conquista de novos mercados e conquista de novos consumidores), ou pela mudança nos custos (redução do custo unitário do produto produzido, ou pela melhoria da efetividade das compras, ou pela evolução da distribuição ou pelo aumento da efetividade das transações comerciais), ou pela mudança na capacidade de inovação (aumento da capacidade de desenvolvimento de novos produtos ou serviços ou processos e evolução da habilidade de conquistar e criar novos conhecimentos). Independente do segmento ou setor de mercado, as empresas que crescem acima da média planejam a sua caminhada rumo ao cenário futuro. Os objetivos devem ser claros e transparentes e os processos e as competências devem ser bem estruturados e desenhados.

A inovação de um processo é a adoção de métodos de produção novos ou melhores. Os métodos podem gerar mudanças nos equipamentos e na estrutura de organização da produção. Na maioria dos casos, as mudanças são consequência do uso de um novo conhecimento. Os métodos podem produzir ou entregar produtos tecnologicamente novos ou melhorados que não podiam ser produzidos ou entregues com os métodos anteriores. Eles também podem aumentar a quantidade produzida ou a efetividade. As novas formas para produzir um produto ou serviço, ou para entregar uma encomenda são consequência da melhoria dos processos internos ou externos.

Quando uma empresa planeja o desenvolvimento de uma cultura de inovação de processos, ela precisa considerar a conscientização dos colaboradores para que a cultura seja adotada com sucesso. O planejamento da adoção da cultura de inovação de processos deve contemplar o entendimento dos funcionários sobre a importância das mudanças que ocorrerão. Devem ser realizadas palestras e treinamentos para que todos que vão lidar com o processo de inovação na empresa estejam plenamente capacitados para enfrentar os novos desafios.

As inovações geram novas tarefas e responsabilidades para os colaboradores e a administração do negócio deve ser capaz de delegar, para a pessoa certa, a tarefa correta. O sucesso da adoção da inovação de processos está fortemente relacionado com a estratégia empresarial e com as diretrizes estabelecidas.

Para conquistar o diferencial competitivo em relação aos concorrentes é preciso que todos estejam comprometidos com as atividades e resultados. Somente neste caso, a implementação da inovação vai atingir os objetivos desejados. Para estabelecer o rumo correto dos papéis e das responsabilidades, as rotinas padronizadas devem ser elaboradas detalhadamente e documentadas. Neste caso, todas as funções exercidas pelos colaboradores e todos os procedimentos dos processos serão realizados com segurança.

As empresas investem em processos formais para catapultar a criação de novas ideias através do reconhecimento dos funcionários que apresentam propostas viáveis e trabalham para que elas virem realidade dentro da empresa. A cultura do compartilhamento das informações torna a companhia mais competitiva e inovadora em relação aos concorrentes. É importante destacar que a mera compra de equipamentos iguais aos existentes ou atualizações nos hardwares ou softwares não são capazes de gerar uma inovação ao processo, isto acontece porque os novos equipamentos e softwares precisam ser novidade para a empresa e devem melhorar significativamente as especificações internas.

Mudanças de preço de um produto ou serviço, ou da produtividade de um processo resultante das alterações do custo dos fatores de produção também não são inovações. A inovação de um processo faz com que a empresa estruture as suas atividades para que o administrador não tenha que monitorar as atividades mais elementares e possa focar os seus esforços no planejamento e desenvolvimento. O gerenciamento dos processos de inovação é um conjunto de metodologias e ferramentas que monitoram, avaliam e evoluem os processos empresariais, tanto para aumentar a integração via o ciclo de melhoria contínua, como para alavancar a efetividade (eficiência e eficácia) dos custos, como para elevar o grau de satisfação dos clientes. O gerenciamento da inovação nos processos simplifica as atividades, habilita o reescalonamento das responsabilidades e das tarefas e aumenta a independência da companhia em relação ao seu dono.

É importante destacar que um processo não é formado apenas por atividades, por isto, é importante controlar as medidas e os tempos, para ter certeza de que eles são relevantes para o resultado esperado. O empreendedor precisa trabalhar estrategicamente através do ciclo de melhoria contínua dos processos que agreguem valor ao produto ou serviço. A busca da maior eficiência e eficácia faz com que a empresa enxergue novas formas de fazer melhor, mais rápido e mais barato. É preciso olhar a empresa fora da rotina diária, de forma sistemática, para identificar e entender as mudanças que estão permanentemente ocorrendo no cenário interno e externo da empresa. As oportunidades de novos produtos ou mercados aparecem exatamente nestes momentos. Em alguns casos, é importante resolver as fraquezas internas que podem não ser admitidas pela organização. O gerenciamento do tempo é um aliado para alcançar o resultado.

A experimentação das novidades envolve correr riscos calculados e a empresa não pode ter medo da cultura inovadora. As novas experiências, resultados, propostas, produtos, formas, fazem parte do cotidiano das empresas que possuem um ambiente interno favorável para as inovações. As informações e as comunicações são os alicerces da empreitada corporativa na direção das inovações e mudanças. Os líderes que gerenciam as informações devem compartilhar o conhecimento para que as ideias e mudanças cresçam e apareçam. Não podem existir desvios no entendimento de que inovar é igual a uma aposta em uma novidade, ou seja, existe sempre a possibilidade do resultado não ser o esperado. A organização precisa estar preparada para aprender com as situações de resultado. Também é importante destacar que quando o objetivo é alcançado, o propositor e equipe devem ganhar destaque promocional e financeiro para que os outros colaboradores sejam motivados a fazer a mesma coisa. A diferenciação de uma empresa em relação aos seus concorrentes ocorre quando os processos são trabalhados com planejamento e disciplina.

Resumo

A inovação não versa apenas sobre a tecnologia. Ela é importante, mas não é tudo. Uma inovação passa também por novas formas de fazer negócios, de ganhar dinheiro e de entender o que os clientes querem. Mais recursos não significam obrigatoriamente mais inovações. Nem sempre a alocação de mais recursos é a solução dos problemas das inovações. É preciso ter tanta atenção na quantidade de recursos alocados, como na sua utilização e gerenciamento. Nem sempre as grandes ideias ou projetos são o caminho para o sucesso. As iniciativas menores não podem ser sumariamente excluídas em relação às grandes ideias, pois algumas oportunidades extremamente atrativas podem ser perdidas. As inovações devem seguir metodologias e padronizações. Elas são previsíveis. Existem determinados padrões de sucesso que devem ser entendidos e seguidos para que a firma aumente as suas chances de escolher o caminho certo e conquiste o sucesso várias vezes. Não é fácil identificar e entender os padrões de sucesso. As pessoas podem aprender a ser mais inovadoras através da conquista das habilidades corretas, ou seja, todos nós podemos aprender o funcionamento das formas específicas para identificar os padrões das inovações e com isto agir de forma apropriada.

Modelos de Inovação

O objetivo da estrutura da gestão estratégica da inovação é a execução periódica das rotinas para escolher as ferramentas adequadas para que as inovações sejam o resultado de um movimento planejado e articulado na empresa. A competência de mapeamento e prospecção avalia permanentemente as oportunidades e ameaças e mobiliza as fontes internas e externas para realizar a seleção estratégica dos projetos e fazer a gestão do portfólio. Para tal, é preciso implementar o escritório de gerenciamento de projetos de inovação, considerando a capacidade de financiamento, as inovações e a gestão das parcerias externas. A avaliação das métricas é o componente que liga todos os componentes da estrutura. O mapeamento, prospecção e monitoramento das oportunidades e do ambiente competitivo, tecnológico e regulatório desenvolve a inteligência corporativa que direciona a criação dos novos projetos de inovação. A seleção qualificada e quantificada das oportunidades envolve o desenvolvimento de uma ferramenta de gestão e governança do portfólio de projetos de inovação que esteja integrada solidamente aos objetivos e metas estratégicas da empresa. A mobilização das fontes internas e externas pode ser realizada tanto com as ferramentas de apoio (decisões sobre a internalização ou externalização da pesquisa e desenvolvimento), como com o mapeamento de competências internas e externas (avaliação da localização da pesquisa e desenvolvimento).

A implementação dos projetos de inovação pode ser realizada com um escritório de projetos alinhado com a estratégia corporativa onde as iniciativas de inovações passam por um portão ou funil de inovação, por procedimentos organizacionais e estruturais que avaliam se é possível criar um ambiente propício para o desenvolvimento da inovação. A avaliação do processo de gestão da inovação exige o desenvolvimento de índices e métricas que medem: (i) resultados e (ii) qualidade dos processos e o seu impacto na organização, consumidores e ambiente. O modelo permite que a inovação seja caracterizada pela aplicação dos conhecimentos e das competências tecnológicas e mercadológicas internas e externas para a criação de novos produtos, processos, serviços e negócios.

O portão ou funil da inovação é notado quando as ideias para a inovação radical ou incremental passam por um fluxo que começa com muitas propostas e termina com algumas poucas, ou seja, as ideias são criadas, selecionadas e refinadas para que só as melhores e mais adequadas sejam efetivadas. Isto pode ser representado como um funil. No início, todas as ideias são encorajadas e conforme elas vão passando pelos filtros, as melhores e mais adequadas iniciativas são selecionadas para serem transformadas em produtos, serviços e processos.

Os elementos essenciais para o processo de inovação são: (i) monitoramento (observa o ambiente interno e externo, as mudanças na legislação ou nos comportamentos dos consumidores, as novas necessidades e as potenciais oportunidades), (ii) foco (atenção e o direcionamento dos esforços em uma estratégia ou em uma solução específica que oferece maior vantagem competitiva para a empresa), (iii) alocação de recursos (conquista de conhecimento explícito e tácito necessário para desenvolver a alternativa selecionada), (iv) implementação (desenvolvimento da alternativa selecionada, desde a geração da ideia até o lançamento do produto ou serviço no mercado ou na cadeia de processos da organização) e (v) aprendizado (internalização dos conhecimentos dos sucessos e fracassos anteriores para melhorar o gerenciamento e capturar conhecimentos relevantes para os novos negócios).

O ciclo do processo de inovação é o circuito fechado formado pelo monitoramento (demanda foco e gera aprendizado e alocação de recursos) e pela implementação (realimenta a monitoração). A estrutura de inovação é composta pela estratégia, processo, recursos, organização da empresa e aprendizado. A estratégia da inovação deve estar integrada com a visão estratégica da empresa que é lapidada conforme as necessidades. O processo de inovação envolve a realização de ações e atividades para a criação da ideia, para o seu desenvolvimento, para a sua materialização e para a sua comercialização. Para a execução deste esforço é preciso explorar o conhecimento e a inteligência dos colaboradores da empresa, integrar os clientes e fornecedores aos processos, favorecer a geração das ideias e acelerar o ambiente com infraestrutura e redes sociais adequadas. Os recursos necessários são o capital intelectual corporativo, os ativos e propriedades intelectuais, os recursos materiais tangíveis e intangíveis (competências dos parceiros, clientes e fornecedores). A organização da empresa é a estrutura colaborativa e conectada em rede com facilidades de comunicação entre as pessoas. As lideranças que conduzem o processo de inovação precisam conectar as competências internas e externas através de uma rede social com os clientes, parceiros e fornecedores. O aprendizado é um sistema dinâmico, baseado no conhecimento e colaboração que deve ser contínuo e sustentável. O conhecimento adquirido e conquistado deve ser armazenado em uma base de dados única acessível por toda a empresa.

O processo de inovação contínua faz com que a inovação no âmbito da empresa seja sustentável. A infraestrutura, projetos e parceiros determina o caminho da estratégia da inovação e gera o ciclo de melhoria contínua (usa as ideias, o desenvolvimento e a comercialização para definir o caminho do processo de inovação). A liderança, a colaboração e as alianças definem o caminho da organização para as inovações, pois estes três aspectos determinam o volume de recursos humanos, financeiros e intelectuais disponíveis. Para que o processo de inovação seja efetivo, é preciso ser definido tanto o caminho do aprendizado da inovação, como a análise dos indicadores das métricas de inovação sustentável.

Capítulo 8

Planejamento Estratégico da Inovação

As constantes mudanças da segunda década do século XXI faz com que a estratégia da inovação seja responsável pelas vantagens competitivas das empresas. As incertezas fazem com que o sucesso dependa mais do que é feito com as escolhas do que com as escolhas propriamente ditas. A escolha de uma estratégia não é uma ciência exata, pois é preciso saber ouvir os clientes, saber fazer as perguntas certas, saber fazer boas escolhas e saber manter um time capacitado para apoiar as decisões. As estratégias podem ser de competição ou de cooperação. Sendo que estas últimas podem ser classificadas em estratégias de ajuste ou negociação, de agregação ou absorção e de coalizão. A estratégia de competição é a ação de rivalidade entre duas ou mais organizações. A estratégia de cooperação com ajuste ou negociação busca o estabelecimento de um compromisso entre as empresas para a troca de bens e serviços. A estratégia de cooperação com agregação ou absorção tem como objetivo a conquista e absorção dos concorrentes mais capacitados e o reposicionamento das lideranças das empresas absorvidas em cargos que fazem parte do processo decisório para inibir ações contrárias aos interesses corporativos. A estratégia de cooperação com coalizão é a ação de fusão de duas ou mais organizações para alcançarem um objetivo comum.

A estratégia defensiva é a ação adotada pelas empresas dominantes que protegem o seu domínio de produto ou mercado anulando as iniciativas dos concorrentes. Estas organizações buscam novas oportunidades, mas evitam as mudanças. O foco é a previsibilidade através da maior eficiência operacional. A estratégia de prospecção é usada pelas empresas que buscam novas oportunidades de mercado pela sua capacidade de responder às tendências emergentes. São empresas abertas para as inovações e não têm como meta alcançar o máximo rendimento operacional. Em geral, estas firmas não são eficientes e ocupam apenas temporariamente o domínio de um produto, ou serviço ou mercado.

A estratégia analítica é adotada pelas firmas que querem manter o domínio atual e explorar novas oportunidades. Nas áreas estáveis, estas empresas têm o objetivo de defender o domínio conquistado, e nas áreas instáveis, elas querem explorar as oportunidades criando novos domínios. A estratégia reativa é aplicável apenas em curto prazo após um fato novo no mercado. É uma tática de improvisação. Em geral, estas empresas usam as mesmas iniciativas que já foram exploradas com bons resultados no passado por outras companhias.

As estratégias corporativas são desenvolvidas para alcançar os objetivos e as metas estabelecidas a partir da visão e missão. O planejamento estratégico é um processo que permite o estabelecimento de uma direção que será perseguida pela firma. O desenvolvimento dos objetivos é utilizado para a seleção de programas de ação e para a sua execução em função das condições internas e externas e da sua evolução. O planejamento estratégico é formado pela missão, pela visão, pela análise do ambiente, pelas oportunidades, pelas ameaças, pelas forças, pelas fraquezas, pelos objetivos, pelas estratégias e pelas ações. A visão revela tanto a direção que a empresa pretende seguir, como o que ela deseja ser. A visão não estabelece metas quantitativas de curto prazo. Ela é o fator que motivará a direção geral, a imagem corporativa e a filosofia empresarial.

A missão é a razão de ser da empresa, o seu propósito e o que ela faz. Ela deve responder às perguntas: (i) O que a empresa faz?; (ii) Por que ela faz?; (iii) Quando ela faz?; (iv) Como ela faz? e (v) Para quem ela faz? A missão deve ser curta e focar nas atividades da empresa, no mercado alvo, nas regiões onde ela atua, nos produtos e serviços que ela oferece, na diferenciação em relação aos concorrentes e nas previsões e conquistas futuras de curto e médio prazo. A missão é desenvolvida através de reuniões e conversas com os colaboradores de todas as funções e atividades. A missão deve ser revisada até que todos fiquem satisfeitos com a ideia expressada. A missão deve revelar os atributos tangíveis e concretos da firma.

A análise ambiental da inovação é realizada para descobrir as oportunidades, e devem ser classificadas conforme a sua atratividade e a probabilidade de sucesso para não criar dependência com a força do negócio e com as exigências básicas do mercado-alvo. A exploração das oportunidades deve ser feita pela utilização das melhores competências internas para superar os concorrentes. A melhor firma é aquela que gera maior valor para o consumidor, por um longo período de tempo. É preciso estar atento com o desenvolvimento do ambiente externo, pois em alguns casos eles representam as ameaças. A ameaça é um desafio decorrente de um desenvolvimento desfavorável para a empresa que é capaz de inibir as vendas e reduzir os lucros. As ameaças devem ser classificadas conforme a sua relevância e probabilidade de ocorrência.

Após identificar as principais oportunidades e ameaças, é preciso caracterizar a atratividade global, onde o negócio ideal tem muitas oportunidades e poucas ameaças, o negócio especulativo tem muitas oportunidades e ameaças, o negócio maduro tem poucas oportunidades e ameaças e o negócio arriscado tem poucas oportunidades e muitas ameaças. A avaliação periódica das forças e fraquezas da inovação é de fundamental importância, pois a exploração das oportunidades atraentes exige o desenvolvimento das competências que permitem o seu aproveitamento.

A administração deve avaliar as competências de marketing, finanças, produção e empresarial e classificar cada um dos fatores em termos da sua força (importante, sem importância ou indiferente) e da sua fraqueza (importante, sem importância ou indiferentes) para definir se a inovação deve ser explorada na direção das oportunidades, onde as potencialidades exigidas já existem ou deve explorar oportunidades melhores, através do desenvolvimento de novas potencialidades.

Muitas vezes uma inovação fracassa mesmo quando existem as potencialidades necessárias, porque inexiste trabalho colaborativo em equipe, ou seja, é preciso avaliar os relacionamentos internos nos processos de auditoria. Este é o motivo pelo qual as potencialidades só são consideradas como reais se as capacidades e recursos estão alinhados com os Fatores Críticos de Sucesso (FCS). Os FCS são as habilidades e os recursos que a empresa precisa ter para vencer a concorrência (inclui tecnologias, serviços, marketing e localização). Não tem sentido prático escolher mais do que cinco fatores críticos de sucesso.

As metas e os objetivos (curto, médio e longo prazo) devem ser definidos com clareza e transparência, pois são a razão para a adequação e orientação do caminho seguido pela empresa para que ela cumpra a sua missão e visão. As metas indicam as intenções gerais da empresa e o caminho para chegar ao destino desejado. Os objetivos são as ações específicas mensuráveis que formam os passos necessários para alcançar a meta. Os atributos e características de objetivos financeiros, lucratividade, produtividade e retorno do investimento podem estar nas metas.

Para alcançar a meta, é preciso dispor dos recursos humanos e monetários necessários. A definição clara das metas permite que a inovação tenha a sua disposição um leque de opções, amplo e integrado com as suas ações e sua missão. Cada uma das metas deve ser acompanhada dos objetivos e definições operacionais que especificam o que será realizado. Os objetivos são definições específicas que estão relacionados diretamente com uma determinada meta e detalham o que deve ser feito e quando será realizado (números e datas). Não devem existir objetivos isolados e desacoplados das metas.

Os objetivos são SMART (Specific, Measurable, Attainable, Realistic and Timely), ou seja, específicos, mensuráveis, alcançáveis, realísticos e com prazos bem definidos. Cada uma das metas deve ter um ou mais objetivos que a suportem. Cada objetivo tem um responsável pelas atividades e um prazo de entrega. As metas e os objetivos formam um conjunto indissociável. Em resumo, o propósito da inovação explica porque ela existe, as receitas da firma explicam como a inovação gera dinheiro, a estrutura organizacional explica qual é o tipo de organização formatada, as metas, objetivos, e atividades explicam o que foi planejado e como as ações são executadas para alcançar o plano proposto e o plano estratégico de comunicação explica como a inovação ganha o apoio dos influenciadores.

O propósito da inovação explica porque ela existe, para quem ele agrega valor, qual valor é entregado, porque ela é importante e onde queremos chegar com ela. A receita da inovação explica como a empresa ganha dinheiro, qual é o diferencial competitivo, como a firma entrega o valor prometido, o que torna a estratégia da empresa superior aos concorrentes e qual será o comportamento da receita em curto, médio e longo prazos. A estrutura organizacional explica o tipo de organização formatado, quais assuntos direcionam o caminhar corporativo, o que é importante e o que é inegociável.

As metas e prioridades explicam o comportamento corporativo, o que deve ser feito, como as iniciativas devem ser realizadas, quais são as metas e resultados desejados, onde as prioridades e esforços devem ser concentrados, quais ações devem ser executadas, o que deve ser realizado nos próximos trinta dias e quem são os responsáveis. O plano estratégico de comunicação explica como a inovação vai ganhar o apoio e a confiança dos influenciadores, quais são as pessoas que precisamos conversar, o que elas precisam e devem saber, como os influenciadores serão alcançados e como as respostas devem ser oferecidas.

A inovação é um processo que envolve toda a organização. É preciso implementar um processo de gestão da inovação pelo estabelecimento de uma estrutura organizacional onde a empresa entenda claramente, quais são as variáveis que afetam seu potencial inovador. Os componentes básicos da estrutura organizacional são o núcleo operacional e o comitê estratégico. O núcleo operacional sistematiza as informações pela integração de todas as áreas da organização com os parceiros, mercado e gerenciamento do portfólio de projetos. O comitê estratégico estabelece os critérios para priorizar as ideias e projetos e viabilizar as inovações.

O planejamento estratégico da inovação define a estratégia tecnológica e estabelece as diretrizes para implementar as ações estabelecidas. O sucesso do planejamento estratégico exige que as informações estejam organizadas, que o grupo de trabalho do planejamento seja bem definido e que exista suporte da alta administração. As atividades para o desenvolvimento do planejamento estratégico da inovação são a análise do ambiente interno e externo, a avaliação do planejamento estratégico corporativo, a definição da visão da inovação, a análise das tecnologias disponíveis, a definição da estratégia tecnológica, a definição do mercado-alvo (segmento de mercado e perfil dos clientes), a definição das métricas, índices e indicadores de inovação, a definição dos critérios de priorização dos projetos e dos investimentos e a definição do plano de ação.

Como entradas do Planejamento Estratégico da Inovação (PEI), temos o diagnóstico validado, o planejamento estratégico corporativo, a avaliação do portfólio de projetos, a avaliação das oportunidades, ameaças, potencialidades e fraquezas, a análise da infraestrutura, as tendências de médio e longo prazo da tecnologia e do mercado, os relatórios da inteligência competitiva e o capital intelectual interno. A análise do ambiente interno e externo é uma das etapas do processo de desenvolvimento. Ela executa as atividades de: (i) análise do planejamento estratégico, (ii) definição da visão da inovação, (iii) análise das tecnologias disponíveis, (iv) estabelecimento da estratégia tecnológica para conquistar o mercado-alvo, (v) desenvolvimento de critérios objetivos para priorizar os projetos, (vi) definição dos objetivos, metas e iniciativas, (vii) avaliação dos gaps entre os objetivos e as competências e (viii) estabelecimento do plano de investimento e de respectivas ações.

O desenvolvimento da matriz PFOA (Potencialidades, Fraquezas, Oportunidades e Ameaças) da inovação é uma das etapas do processo de desenvolvimento. As ferramentas de apoio utilizadas para o estabelecimento do portfólio de produtos, serviços, processos e projetos são a matriz multidisciplinar de priorização de projetos, a árvore de decisões, a matriz de análise dos influenciadores, a matriz de decisão, o mapeamento tecnológico, a matriz competências em relação ás necessidades do mercado e a análise de cenários. A principal saída da execução do processo de desenvolvimento é o plano estratégico da inovação (formado pela estratégia tecnológica, pelo mapa dos influenciadores, pelo mapa de prioridade dos mercados, pelo portfólio de projetos, pelo mapa dos índices, indicadores e métricas e pelo mapa dos investimentos viabilizados). A captura das informações do mercado, da concorrência, do ambiente de negócio, do cenário econômico, da empresa, da tecnologia, da legislação e do meio ambiente é feita utilizando as ferramentas da Inteligência Competitiva (IC).

O processo de análise exige a organização das informações em silos pela análise dos cenários, pela avaliação do portfólio completo dos produtos, serviços, processos e projetos, pela avaliação da matriz dos critérios de decisão, pela análise do mapa tecnológico, pela avaliação do mapa dos influenciadores e pela análise da matriz PFOA das inovações. Os critérios para a tomada das decisões são definidos no processo de planejamento. A análise do ambiente interno e externo identifica as oportunidades (elas são priorizadas conforme os resultados desejados) e também identifica as fraquezas da empresa para desenvolver um plano de ação para a sua mitigação ou eliminação.

As oportunidades são os fatores externos que contribuem para a potencialização da inovação ou para permitir a exploração de novas possibilidades de atuação. As ameaças são fatores externos que prejudicam o desempenho da inovação. As potencialidades são as competências internas que a inovação possui que impulsionam a conquista dos seus objetivos. Elas são os diferenciais competitivos. As fraquezas identificadas prejudicam o desempenho da inovação e a implementação das estratégias. Em outras palavras, elas são as falhas nos processos internos ou na estrutura da inovação. A matriz PFOA é uma ferramenta que permite a identificação e análise das potencialidades, fraquezas, oportunidades e ameaças. A análise do projeto de inovação em cada uma das suas perspectivas aumenta a amplitude do conhecimento dos riscos envolvidos na inovação.

A análise do cenário do ambiente interno (Potencialidades e Fraquezas) e do ambiente externo (Oportunidades e Ameaças) permite a identificação e priorização das oportunidades que trarão os melhores resultados para a inovação. A identificação das fragilidades internas que prejudicam o endereçamento dos objetivos permite o desenvolvimento de um plano de ações para a sua mitigação ou eliminação. Em outras palavras, as oportunidades são os fatores externos que potencializam a atuação da firma, as ameaças são fatores externos que prejudicam o desempenho da empresa, as potencialidades são as capacidades e competências internas que levam a firma na direção dos seus objetivos e as fragilidades internas representam os pontos fracos que prejudicam o desempenho e a implantação da estratégia da companhia. Para montar a matriz PFOA é preciso listar em uma matriz dois por dois, as oportunidades e as potencialidades. A análise de cada um dos itens revela se existe um relacionamento (forte, médio, fraco ou inexistente) entre cada uma das oportunidades com cada uma das potencialidades que impacte positivamente os benefícios da oportunidade, por exemplo, se uma potencialidade impactar positivamente os benefícios de uma oportunidade, então a relação é forte e um plano de ações deve ser estabelecido para assegurar que a potencialidade máxime a exploração da oportunidade.

O cruzamento do quadrante das oportunidades com o quadrante das fraquezas revela se existe um relacionamento entre cada uma das oportunidades com cada uma das fragilidades que impeça a organização alcançar os benefícios da oportunidade, por exemplo, se a fragilidade impactar negativamente os benefícios da oportunidade, então a relação é forte e deve despertar a análise de ações para minimizar os impactos negativos da fragilidade. Se a fragilidade não interferir na conquista dos benefícios da oportunidade, então a relação é inexistente e não é necessário estabelecer ações adicionais.

O cruzamento das ameaças com as potencialidades revela se existe um relacionamento entre cada uma das ameaças com cada uma das potencialidades que faça com que uma ameaça reduza a potencialidade da inovação, por exemplo, se a ameaça impactar fortemente uma potencialidade, então o relacionamento é forte e é preciso estabelecer um plano de ações para minimizar o efeito da ameaça.

O cruzamento das ameaças com as fragilidades revela se existe um relacionamento entre cada uma das ameaças e cada uma das fragilidades e que permita que uma ameaça potencialize uma fragilidade, por exemplo, se uma ameaça potencializar os efeitos de uma fragilidade, então o relacionamento é forte e é necessário estabelecer um plano de ações para minimizar os impactos da fragilidade.

A matriz PFOA permite a identificação das oportunidades de maior potencial e a sua probabilidade de ocorrência. O entendimento das potencialidades mais intensas permite a exploração das características mais fortes da firma. A identificação das fragilidades mais intensas revela onde o trabalho de melhoria deve focar para que a companhia evolua o seu processo de gestão. É necessário o desenvolvimento de um plano de ação bem orquestrado para minimizar o efeito negativo das fraquezas. A análise da matriz permite a identificação das ações mais relevantes para o endereçamento dos objetivos e metas da inovação.

O Planejamento Estratégico da Inovação (PEI) é o desdobramento do Planejamento Estratégico do Negócio (PEN) onde são definidas a missão, a visão, os valores, os objetivos, a estratégia e o mercado de atuação. O PEI responde se a inovação está dentro das metas e objetivos do PEN, revela os principais objetivos da inovação, responde se a inovação é aderente com a visão e valores da empresa, explica o orçamento para os projetos de inovação (se ele faz parte ou não do orçamento de pesquisa e desenvolvimento), revela qual é o direcionamento estratégico da inovação e responde se existem indicadores, métricas e índices em relação à inovação.

A visão da inovação é a projeção futura desejada da mesma pela empresa em relação ao desenvolvimento de novas tecnologias, oferta de novos produtos, serviços e processos e criação de vantagem competitiva. A declaração da visão da inovação deve explicitar os objetivos sustentáveis de longo prazo, as capacidades e competências da equipe e os desafios que devem ser enfrentados pela organização (integração da equipe tanto com o esforço colaborado, como com o foco comum de atuação). A declaração da visão da inovação exige a definição do horizonte de tempo (por exemplo, cinco anos). Neste caso, o planejamento é realizado em um horizonte de cinco anos e conforme o projeto vai evoluindo ele é revisto. A visão da inovação deve responder objetivamente, onde queremos chegar daqui a cinco anos, em quais são as realizações que queremos ser reconhecidos e quais competências precisaremos desenvolver para alcançar os objetivos.

A definição da estratégia tecnológica estabelece as ações necessárias para o desenvolvimento das tecnologias que serão utilizadas nos novos produtos, serviços e processos. A firma pode desenvolver tecnologia própria, adquirir tecnologia de terceiros, estabelecer parcerias ou buscar outras alternativas para os novos produtos, serviços e processos. A empresa precisa entender as tendências mercadológicas e os efeitos das tecnologias no seu mercado de atuação. A inteligência competitiva é uma ferramenta de enorme valor para avaliar e monitorar as informações sobre a viabilidade da estratégia de tecnologia. A matriz competência x mercado é uma excelente ferramenta para definir a estratégia tecnológica.

Se a estratégia para o mercado alvo, competência e capacitação é a manutenção da situação atual, então a estratégia de tecnologia deve oferecer diversificação para a linha de produtos, serviços e processos com olhos no crescimento de curto prazo da empresa. Se a estratégia para o mercado alvo é a manutenção da situação atual e para a competência e capacitação é a conquista de novos conhecimentos, então a estratégia para a tecnologia deve habilitar o desenvolvimento de novas aplicações para os produtos, serviços e processos com política de investimento de médio e longo prazo. Se a estratégia para o mercado alvo é a conquista de novos segmentos e clientes e para a competência e capacitação é a manutenção da situação atual, então a estratégia para a tecnologia deve favorecer a diversificação dos produtos, serviços e processos com previsão de crescimento do negócio em médio prazo. Se a estratégia para o mercado alvo é a conquista de novos segmentos e clientes e para a competência e capacitação é a conquista de novos conhecimentos, então a estratégia para a tecnologia deve favorecer: (i) surgimento de novos negócios, (ii) desenvolvimento sustentável de longo prazo para os produtos, serviços e processos e (iii) aquisições de outras empresas em curto ou médio prazo.

A árvore de competências é utilizada para apoiar a definição da estratégia tecnológica. Por exemplo, a estratégia de crescimento da empresa é a diversificação em curto prazo, quando é possível desenvolver novos produtos, serviços e processos com a tecnologia em uso (neste caso, todas as competências necessárias para atender as necessidades do mercado atual são dominadas pela firma).

A estratégia de crescimento da companhia é a conquista de novos mercados em médio prazo, quando o desenvolvimento utiliza a tecnologia em uso e os novos produtos, serviços e processos são introduzidos em um novo mercado.

A estratégia de crescimento da firma é o investimento em médio e longo prazos em capacitação e competência quando o desenvolvimento de novos produtos, serviços e processos utiliza as novas tecnologias disponíveis no mercado alvo atual. A estratégia de crescimento da organização é o investimento de longo prazo, quando o desenvolvimento de novos produtos, serviços e processos utiliza as novas tecnologias disponíveis nos novos mercados alvos.

Através da avaliação das tendências de mercado e das competências, a empresa define as suas estratégias para a tecnologia em curto, médio e longo prazos. O mapa de tecnologias e a análise de tendências de mercado são exemplos de ferramentas que são utilizadas na definição dos objetivos, metas, valores, iniciativas e plano de investimento. A definição dos objetivos deve ser realizada pela visão de futuro, pela estratégia tecnológica, pelas oportunidades e pelas ameaças. Cada objetivo estratégico deve ter metas bem definidas e elas devem ser reavaliadas ao longo do tempo do projeto.

É muito importante que as iniciativas estratégicas sejam definidas para fortalecer a cultura empreendedora da empresa. Normalmente elas estão relacionadas com a adoção de normas, padrões, metodologias e ferramentas de gerenciamento. A gestão da inovação, da capacitação do time, do programa de recompensa para as ideias e do desenvolvimento das métricas, índices e indicadores revela o nível de importância da inovação para a empresa.

Com a definição dos objetivos, metas e iniciativas, os projetos são priorizados conforme os recursos necessários para a sua implementação e a sua disponibilidade. A estratégia de cada um dos projetos deve ser planejada meticulosamente. A priorização pode ser realizada com o auxílio da ferramenta de matriz de decisão (os critérios são definidos pela organização). Os recursos para implementação das ações e projetos são complementados pelo orçamento financeiro definido no plano estratégico da inovação. As despesas e receitas projetadas são conhecidas por todos e a firma pode definir o retorno esperado dos seus investimentos em novos produtos, serviços e processos.

A análise de conformidade dos objetivos, estratégias, competências e infraestrutura (situação atual em relação à necessidade) permite, tanto a avaliação dos recursos existentes, como a identificação das prioridades que precisam ser atacadas no plano de ações estratégicas. A verificação periódica deste plano permite o diagnóstico do endereçamento (dentro do custo, prazo e qualidade) dos objetivos estabelecidos no planejamento estratégico da inovação. A análise de conformidade permite que sejam identificadas as necessidades de investimentos para a execução da estratégia (ou seja, conquista dos objetivos estabelecidos).

O plano estratégico de inovação deve conter todas as ações para o desenvolvimento das competências internas e externas para a melhoria da infraestrutura, caso a empresa não esteja preparada no momento inicial. Se a firma não conseguir os recursos para realizar os investimentos necessários para a execução da estratégia, o PEI deve ser revisto em termos de iniciativas, custos e prazos. É imperativo o envolvimento da alta administração na etapa da definição dos esforços e dos recursos financeiros necessários.

O plano de ações é o resultado do detalhamento dos objetivos, das estratégias e das metas da inovação. Cada uma das atividades é especificada no plano (responsável pela atividade, cronograma, investimento planejado e indicadores de performance para medir os resultados). A gestão da inovação deve, neste contexto, fazer parte do sistema de gestão da empresa, para que todos estejam comprometidos com os objetivos corporativos. A versão final do planejamento estratégico da inovação apresenta a visão, a estratégia tecnológica, o mercado-

-alvo, as iniciativas, as prioridades, os indicadores e os investimentos necessários.

Caixa de ferramentas

Existem diversas ferramentas que facilitam o processo de planejamento estratégico da inovação. A ferramenta matriz PFOA de inovação é uma matriz multidisciplinar que relaciona as oportunidades com os pontos fortes e fracos e as ameaças com os pontos fortes e fracos. Na matriz estão listadas as informações internas relacionadas com os processos produtivos e gestão e as informações externas com os fatores que podem alavancar ou prejudicar o investimento. O objetivo é identificar os cenários (que podem ser explorados quando as condições são favoráveis e que devem ser evitados quando as condições são desfavoráveis) para aumentar a chance de sucesso da inovação.

A ferramenta matriz BCG é uma matriz dos produtos que analisa o posicionamento dos mesmos em relação ao nível de crescimento do mercado e da sua fatia de mercado. Na matriz são alocadas as informações sobre os produtos, fatia de mercado e nível de crescimento para identificar os produtos que precisam de novos investimentos, os que devem ser descontinuados por causa do baixo retorno e os que estão gerando lucro expressivo. A ferramenta é bastante útil na análise do portfólio de produtos, no planejamento da linha de produtos e no planejamento estratégico.

A matriz dos influenciadores é o mapeamento de todos os envolvidos que afetam ou são afetados pelas ações da empresa (pessoas e empresas). A lista de influenciadores apresenta as informações sobre as suas expectativas e necessidades para que seja possível avaliar as oportunidades e ameaças para a inovação dos produtos, serviços e processos através dos interesses dos influenciadores. A ferramenta matriz de decisão para inovação ajuda no processo de estabelecer os critérios para a priorização das ideias, projetos, oportunidades e ameaças.

Cada critério estabelecido tem também o seu peso respectivo no resultado final para que exista uma forma objetiva de priorizar as ideias, projetos, oportunidades e ameaças. A ferramenta análise de cenários permite a projeção da situação futura a partir do cenário atual, das variáveis do ambiente de negócio, das tendências futuras e do histórico. O objetivo é entender a tendência dos fatos atuais e construir alguns cenários futuros para avaliar o impacto deles no futuro da organização.

A ferramenta análise de mercado revela o comportamento do mercado-alvo da inovação para entender as necessidades e endereçar os desejos dos clientes-alvo. Este processo é viabilizado pelo entendimento do: (i) perfil, (ii) gosto e (iii) desejos dos clientes-alvo. O grau de satisfação com as soluções oferecidas pela concorrência e nível de aceitação de novas ideias permite o conhecimento do comportamento do mercado, das suas tendências e das novas oportunidades de curto, médio e longo prazo.

A ferramenta portfólio de projetos é uma matriz que classifica os projetos em relação ao risco e retorno de curto, médio e longo prazo. Ela é utilizada para priorizar os projetos e definir a sua implantação. Esta ferramenta é utilizada nas reuniões do comitê estratégico e núcleo de inovação para avaliar a evolução do gerenciamento e do seu respectivo retorno da inovação.

A ferramenta árvore de decisão identifica a causa-raiz dos problemas e os seus relacionamentos através da matriz "problemas x causas x consequências". Ela é usada para descobrir e solucionar tanto o problema central de um cenário ou projeto específico, como as causas e efeitos das deficiências descobertas no diagnóstico estratégico da inovação. A ferramenta mapeamento tecnológico revela a evolução das tecnologias, produtos, serviços, processos e mercados ao longo do tempo para um determinado segmento da economia. O exercício permite que seja realizada uma projeção futura da tecnologia com base no passado e presente. É possível identificar com a ferramenta o perfil do desenvolvimento futuro da tecnologia com base no cenário atual e entender o comportamento futuro do mercado de um setor da economia em função do grau de utilidade de um produto, serviço ou processo. O mapa da tecnologia é muito utilizado no planejamento estratégico da inovação durante a etapa de avaliação do impacto das tecnologias no negócio. Ele também é usado no planejamento dos produtos e na inteligência competitiva, pois permite a avaliação das diversas alternativas para o desenvolvimento dos produtos e para a seleção do mercado-alvo.

A árvore de competências é usada no planejamento estratégico da inovação, para descrever, analisar, avaliar e desenvolver tanto as atitudes (saber, ser e agir), como os conhecimentos (saber) e como as habilidades (saber e fazer). As competências estratégicas são uma vantagem competitiva para a empresa, são conquistadas passo a passo e dificilmente são copiadas. As competências habilitadoras qualificam a inovação no mercado pela diferenciação em relação aos concorrentes. Apesar das competências suplementares agregarem valor, o mesmo é perene, pois é facilmente copiado. A árvore de competências é uma ferramenta usada para a análise de competências, que podem ser estratégicas, habilitadoras e suplementares. O seu desenvolvimento é interativo com diversas revisões e aprimoramentos, ela representa a visão dos gestores sobre a organização em um determinado momento. Os produtos, serviços e processos desenvolvidos exigem competências estratégicas, habilitadoras e suplementares específicas.

Influenciadores (*stakeholders*)

O gerenciamento dos influenciadores (*stakeholders*) é um dos principais componentes do planejamento estratégico da inovação, pois é preciso entender o funcionamento do mercado da inovação. O sucesso ou fracasso de uma inovação passa pelo grau de comprometimento dos influenciadores com o projeto. É preciso estar atento às expectativas dos *stakeholders* e entender quem eles são.

Os influenciadores são os grupos ou pessoas que impactam ou são impactados pela inovação. Eles são patrocinadores, acionistas, bancos, colaboradores, gerentes, fornecedores, clientes, comunidades, grupos de interesse etc.

O gerenciamento dos influenciadores exige a administração das comunicações tanto para endereçar os requisitos de comunicação dos influenciadores, como para resolver os problemas decorrentes da execução do processo. É muito importante ter em mente que os influenciadores que estão ativamente envolvidos no projeto ou cujos interesses são afetados positivamente ou negativamente pela iniciativa influenciam a inovação e as suas entregas. Neste caso, eles também influenciam a definição dos objetivos e as métricas de medição do resultado do projeto.

O gerente de projeto tem que identificar todas as partes interessadas e descobrir as suas necessidades e expectativas. As partes interessadas podem ter comportamentos diferentes durante o ciclo de vida da inovação. Existem interessados que colhem frutos positivos e conquistam benefícios com o sucesso da iniciativa e existem partes que colhem frutos negativos e malefícios com o sucesso da iniciativa. É preciso ter muito cuidado com as expectativas dos influenciadores.

Os interessados em uma inovação são o gerente de projeto (responsável pelo seu gerenciamento), usuário ou cliente (usa a inovação), organização executora dos trabalhos do projeto, equipe (grupo que realiza as atividades de produção da iniciativa), time de gerenciamento de projetos (membros da equipe do projeto envolvidos nas atividades de gerenciamento do projeto), patrocinador (fornece os recursos financeiros para o projeto), influenciadores (influenciam positivamente ou negativamente o projeto), escritório de projetos (responsável pelo resultado do projeto), investidores, fornecedores, terceirizados, familiares da equipe de projeto, agências governamentais, meios de comunicação, cidadãos, comunidades e sociedade. Os influenciadores buscam: (i) criação de uma estratégia flexível para evitar a adoção imediata de novos paradigmas, (ii) desenvolvimento de novos rumos em função do cenário futuro, (iii) mecanismos para aumentar o grau de resiliência corporativa e (iv) desenvolvimento de valores para orquestrar o processo de gerenciamento estratégico.

Portfólio

O portfólio é um conjunto de projetos ou programas que foi derivado das estratégias e objetivos da empresa e que foi agrupado para facilitar o seu gerenciamento. Os projetos de um portfólio são mensurados, classificados e priorizados para que os investimentos estejam integrados com as metas e objetivos estratégicos da empresa. O portfólio é derivado da via de comunicação de mão dupla entre a visão, missão e os valores corporativos. Esta estrada determina a estratégia organizacional e objetivos que definem, de forma mais pormenorizada, as metas globais para a gestão operacional e para a gestão do portfólio de projetos. Da gestão operacional é gerado o gerenciamento operacional das atividades recorrentes e da gestão do portfólio de projetos é gerado o gerenciamento dos programas. Ambas usam os mesmos recursos corporativos.

O gerenciamento de portfólio interage e impacta o gerenciamento funcional da empresa, pois os colaboradores assumem novos papéis e responsabilidades. Em outras palavras, a gestão executiva vai trabalhar com a definição da missão, da visão, dos valores, do planejamento estratégico, dos objetivos estratégicos e da governança, ao mesmo tempo em que gestão de portfólio vai cuidar da identificação, da avaliação, da seleção, da priorização, do balanceamento, da categorização e da autorização do portfólio de projetos, ao mesmo tempo em que a gestão dos programas cuida dos componentes autorizados, da gestão dos projetos dos programas, das métricas de desempenho e do encerramento dos projetos e dos programas, ao mesmo tempo em que gestão de operações cuida das operações rotineiras.

O processo de gestão de portfólio é uma das saídas do processo de planejamento estratégico. Ele é, na realidade, um grupo de processos integrados com o monitoramento e controle dos componentes processados do planejamento estratégico atual (metas, categorias, critérios de desempenho e capacidade) que funciona pela identificação, classificação, avaliação, seleção, priorização, balanceamento e autorização dos componentes do portfólio. A execução do relatório de um componente individual pode gerar um ciclo de revisão e comunicação da mudança estratégica.

Os processos do gerenciamento do portfólio estão relacionados com a identificação, a classificação, a avaliação, a seleção, a priorização, o balanceamento e a autorização dos projetos. O objetivo do processo de identificação é identificar e comunicar os componentes do portfólio que estão sendo executados e os novos componentes que serão gerenciados. No processo são realizadas comparações entre os novos componentes e os em execução (todos os componentes são classificados em classes e os componentes que estão fora das definições estabelecidas são rejeitados).

As entradas para o processo são o plano estratégico (usado para integrar a organização e o orçamento através das prioridades, da missão e dos objetivos), a definição dos componentes (é derivada dos objetivos do plano estratégico e operacional, pois apenas são identificados como componentes do portfólio aqueles que estão integrados com os objetivos estratégicos), os modelos e descrições dos componentes (a descrição é usada para categorizar, avaliar e selecionar os componentes através do gerenciamento do portfólio, pois existe um patamar mínimo estabelecido para a aceitação de um componente), a lista de todos os componentes existentes e dos novos componentes propostos (lista dos componentes autorizada que está sendo executada através do gerenciamento de projetos ou programas e lista dos componentes propostos no ciclo anterior).

Para processar as entradas são utilizadas as técnicas e ferramentas de: (i) documentar todos os componentes do inventário com base na descrição, (ii) comparar todos os componentes do inventário em relação a sua definição, (iii) identificar cada um dos componentes e (iv) obter a opinião de um expert. As saídas do processo são a lista dos componentes (componentes que atendem aos critérios de qualificação com documentação correta) e a descrição de cada componente aprovado e rejeitado (documento completo de cada componente qualificado usando o modelo correto e documento dos componentes que não atendem aos critérios de qualificação ou não estão documentados corretamente).

O objetivo do processo de classificação é a categorização dos componentes identificados em categorias. As categorias são definidas no planejamento estratégico e os componentes do mesmo grupo têm objetivos comuns e podem ser medidos da mesma forma. A categorização permite o balanceamento dos investimentos e riscos entre as categorias e os objetivos estratégicos. Na execução do processo são identificadas as categorias estratégicas com base no plano estratégico, são comparados os componentes pelos critérios de categorização e são classificados cada um dos componentes em uma categoria.

As entradas são a lista dos componentes, a descrição de cada componente e as categorias do planejamento estratégico (usada para comparar e classificar os componentes conforme os objetivos estratégicos e critérios de medição que podem ser crescimento da lucratividade, redução de riscos, aumento da eficiência, crescimento da participação de mercado, obrigação legal, evolução de processo, melhoria contínua e obrigações do negócio). As técnicas e ferramentas são a categorização de componentes e a opinião de experts. As saídas do processo é a lista categorizada dos componentes (lista dos componentes classificados por categoria estratégica).

O processo de avaliação é executado para capturar todas as informações relevantes para avaliar os componentes, facilitar a sua comparação e simplificar os procedimentos de seleção. Os documentos produzidos suportam os procedimentos de seleção e simplificam a tomada de decisão através de um modelo de classificação com critérios e pesos. As entradas são o plano estratégico, a listagem dos componentes categorizados e a descrição de cada um dos componentes. As técnicas e ferramentas utilizadas são os modelos de classificação com critérios com pesos (critérios de avaliação definidos em função da estratégia, prioridades onde são estabelecidos os pesos de cada critério e as notas para critério. A iniciativa é avaliada em todos os critérios e os resultados globais são comparados e classificados), os gráficos e as opiniões dos experts. As saídas são a lista categorizada e avaliada dos componentes, a pontuação de cada um dos componentes, os gráficos e as recomendações dos processos de avaliação.

A execução do processo de seleção gera uma lista reduzida de componentes baseada nas recomendações e nos critérios de avaliação. Esta é então ranqueada conforme os critérios de priorização. As entradas do processo de seleção são o plano estratégico, a listagem dos componentes categorizados e avaliados, a pontuação para cada componente, os gráficos, os recursos disponíveis (recursos internos e externos como disponibilidade financeira, equipamentos e outros ativos) e as recomendações do processo de avaliação do componente.

As técnicas e ferramentas utilizadas são a análise dos recursos humanos (a capacidade dos recursos humanos é um limitador para a quantidade de projetos que a empresa pode executar. É avaliada a capacidade, capacitação e área de atuação de cada colaborador), a análise financeira, a análise dos ativos (avaliação da infraestrutura que suporta os projetos selecionados), a avaliação dos experts (profissionais experientes que ajudam no processo de seleção), a árvore de decisão e a análise dos riscos. As saídas são a lista categorizada e avaliada dos componentes (lista dos componentes aprovados por categoria) e as recomendações (são feitas no final da seleção e explicam a priorização, segmentação, aceitação ou rejeição dos componentes).

O objetivo do processo de priorização é a geração do posicionamento relativo dos componentes em termos da inovação, redução de custos, crescimento, prazo do investimento (curto, médio ou longo prazo) e foco (cliente, usuário interno, fornecedor). Durante a execução do processo é confirmada a classificação dos componentes através das notas dos critérios com pesos dos componentes e também é definido quais são as prioridades dos componentes. As entradas são a lista categorizada e avaliada dos componentes e as recomendações. As técnicas e ferramentas são o posicionamento relativo ponderado, as técnicas de pontuação e o julgamento dos experts. A saída é a listagem dos componentes priorizados dentro de cada categoria com documentação (lista dos componentes priorizados para o balanceamento do portfólio com documentação).

O objetivo do processo balanceamento é definir o portfólio de maior potencial para atingir os objetivos estratégicos. A execução deste processo adiciona novos componentes selecionados e priorizados para autorização, identifica os componentes que não estão automatizados e faz com que os componentes sejam suspensos, ou que tenham que ser priorizados novamente ou que sejam simplesmente finalizados.

As entradas são a listagem dos componentes priorizados por categoria com documentação (listagem dos componentes priorizados para balanceamento), o critério para o gerenciamento do portfólio (objetivos, limites e diretrizes com variabilidade tolerada), as métricas de desempenho para o gerenciamento de portfólio (métricas e metas de performance), as limitações ou restrições (capacidade máxima financeira e volume dos ativos e dos recursos humanos por categoria) e as recomendações para a revisão do portfólio (saída do processo de revisão com mudanças para terminar ou alinhar novamente os componentes para maximizar a probabilidade de conquistar as metas e objetivos planejados).

As técnicas e ferramentas são a análise do custo e do benefício (valor presente líquido, fluxo de caixa descontado, taxa interna de retorno etc.), a análise quantitativa (simulação do fluxo de caixa, utilização dos recursos etc.), a análise de cenário (análise de vários cenários pelas combinações diferentes dos componentes), a análise de probabilidade (árvore de decisão, fluxograma e Monte Carlo), os métodos analíticos gráficos e avaliação dos experts. As saídas são a listagem dos componentes aprovados do portfólio (listagem dos componentes aprovados para execução), a lista atualizada dos elementos aprovados, inativos e finalizados (listagem dos componentes com respectiva situação) e a alocação atualizada dos componentes aprovados do portfólio (planilha do orçamento e da alocação de recursos dos componentes atualizada e aprovada).

O objetivo do processo autorização é a alocação formal dos recursos humanos e financeiros para executar os componentes e para comunicar as decisões de balanceamento. Na execução do processo são comunicadas as decisões de balanceamento do portfólio para os envolvidos e autorizadas a desativação ou finalização de componentes. As entradas do processo são a listagem dos componentes do portfólio aprovados (listagem dos componentes viáveis aprovados para execução), os requisitos financeiros, os recursos dos componentes (estudo de caso de negócio dos componentes e volume total de recursos) e a lista de componentes desativados ou finalizados (listagem dos componentes desativados ou finalizados por causa da baixa prioridade).

As técnicas e ferramentas são o documento das regras e responsabilidades do gerenciamento do portfólio (formalização da identificação dos influenciadores e dos papéis e responsabilidades dos participantes dos processos do gerenciamento do portfólio) e o plano de comunicações do gerenciamento do portfólio (formalização das necessidades de comunicação especificando a frequência dos relatórios e formato de envio para os receptores identificados).

As saídas são o aditivo ao inventário dos componentes ativos (listagem atualizada dos componentes), a atualização da expectativa de desempenho (atualização da nova expectativa de performance e das entregas), o orçamento e as exceções aprovadas (atualização em função das mudanças no conjunto de componentes ativos), a alocação de recursos e exceções aprovada para os componentes (atualização por causa das mudanças nos recursos aprovados ou nas exceções e comunicação conforme os requisitos do plano de comunicações), os componentes excluídos (componentes removidos do portfólio) e as entregas do portfólio (listagem das entregas e dos pontos de decisão que revelam os resultados esperados durante um determinado período de tempo.

Sistema de conhecimento

O sistema de conhecimento é desenvolvido para auxiliar a tomada de decisões através da captura do conhecimento dos especialistas quem dominam um problema específico. A engenharia do conhecimento baseada em modelos endereça a demanda atual por sistemas de conhecimento estruturados, repetíveis, controláveis e de alta qualidade. Os modelos são interdependentes e podem ser desenvolvidos em diferentes momentos do projeto por equipes diferentes. Os modelos especificam todos os aspectos relacionados com a organização, recursos humanos, implementação e integração. Eles também devem suportar a execução das atividades de modelagem, gestão e reuso.

Os caminhos endereçados pelos modelos devem responder por que um sistema de conhecimento é uma solução possível, quais problemas ele é capaz de resolver, quais são os benefícios, custos e impactos, como o ambiente e contexto organizacional são entendidos, qual é a natureza e estrutura do conhecimento analisado, qual é a natureza e estrutura de comunicação necessária, qual é a descrição do conhecimento utilizado na realização de uma tarefa, como o conhecimento está sendo implementado nos sistemas digitais, qual é a infraestrutura necessária para o desenvolvimento e execução do sistema e quais são os aspectos técnicos necessários para a implementação para atender as necessidades da organização.

A estrutura de processos da inovação tem que ser conhecida e levada em consideração para que o engenheiro do conhecimento consiga mapear as demandas e desenvolver um sistema que facilite o entendimento dos processos, tarefas, capacitações, conhecimentos e habilidades (necessárias para a execução das atividades). Este é o grande diferencial competitivo do sistema do conhecimento. Em outras palavras, ele habilita um nível maior de coesão e abrangência corporativa, O sistema do conhecimento permite o reuso de métodos, técnicas e conhecimentos utilizados no passado.

Os modelos que compõem o sistema do conhecimento são classificados na categoria contexto do conhecimento ou domínio do conhecimento ou artefato de conhecimento. Na primeira categoria estão os modelos de tarefa e agentes. Na segunda estão os modelos de conhecimento e comunicação e na terceira está o modelo de projeto. O modelo da organização suporta a avaliação das principais características da corporação para identificar tanto os problemas, como para avaliar as oportunidades para os sistemas de conhecimento, como para estabelecer a viabilidade econômica e ambiental. As metodologias de desenvolvimento precisam suportar a análise dos elementos organizacionais que determinam o sucesso ou fracasso do empreendimento. O modelo tem que analisar os problemas, as oportunidades, os processos e o conhecimento envolvido em cada uma das tarefas realizadas pela empresa.

O modelo deve identificar os elementos relevantes e as experiências de várias fontes para: (i) analisar com coerência o processo de negócio, (ii) gerenciar as informações e (iii) integrar todas as pessoas e atividades em um conjunto orientado para a organização. Para tanto, é preciso descrever de forma estruturada e objetiva os vários aspectos dos processos, times e recursos. O modelo da organização é o resultado da análise das potencialidades e fraquezas de cada processo de negócio, dos seus impactos, das probabilidades de ocorrência e das melhorias que podem ser conquistadas com o sistema de conhecimento.

O modelo organizacional é capaz de identificar os problemas e as oportunidades da organização ao descrever o contexto ambiental para o entendimento e posicionamento diante da realidade da estratégia, cadeia de valor e fatores externos. Os problemas e oportunidades podem ser identificados através das entrevistas com os colaboradores, nas reuniões formais e nas conversas informais com os gerentes e supervisores.

Após a sua identificação, o analista pode propor as alternativas possíveis para resolver os problemas e explorar as oportunidades. Em outras palavras, o sistema do conhecimento é capaz de descobrir os problemas e oportunidades da organização pela sistematização das entrevistas, conversas informais e reuniões dentro do contexto corporativo. O engenheiro do conhecimento é capaz de identificar as alternativas que resolvem os problemas percebidos e exploram as oportunidades apresentadas, em função das características da missão, da visão, dos objetivos, dos valores, dos fatores externos relacionados com a estratégia corporativa, da estratégia da organização e da cadeia de valor.

No segundo nível de detalhamento, o modelo organizacional é focado nos aspectos específicos e particulares da organização e também nos aspectos que influenciam ou que são afetados pelas soluções propostas no primeiro nível. Ou seja, os aspectos sobre como o negócio é estruturado e quais são os recursos físicos e componentes intelectuais da organização que serão utilizados. Neste caso, é criada uma representação gráfica da estrutura organização com departamentos, grupos, unidades e seções para espelhar visualmente e com navegação os processos de negócios. O envolvimento nos processos dos grupos de funcionários, dos responsáveis, dos membros da equipe, dos tomadores de decisões, dos usuários e dos influenciadores é visualizado de forma amigável pela: (i) descrição com navegação dos recursos que são utilizados nos processos de negócio (os recursos são os sistemas de informações, os equipamentos, os materiais, as tecnologias, as patentes e os direitos), (ii) identificação com navegação dos conhecimentos identificados que são explorados ou utilizados pelos processos de negócios e (iii) descrição com navegação da estrutura de cultura e poder corporativo através das regras que não estão escritas, das relações pessoais e interpessoais e das redes formais e informais.

Os processos levantados no segundo nível são detalhados pelo modelo organizacional no terceiro nível. As tarefas que compõem cada processo são avaliadas, assim como os agentes de cada tarefa são identificados. O conhecimento explorado ou usado é explicitado e classificado conforme a sua relevância para a tarefa que faz parte da solução do problema. O modelo trabalha com o número sequencial da tarefa descrita no segundo nível, com o executor (um agente ou uma pessoa), com o local da organização onde será executada a tarefa, com as listagens dos recursos de conhecimento que serão utilizados durante a execução da tarefa, com o nível de intensidade do conhecimento (alto ou baixo) e com o grau de relevância da tarefa.

O modelo organizacional nível quatro, descreve os conhecimentos que estão ativos na base de conhecimento, o relacionamento dos conhecimentos utilizados nas tarefas e os detalhes deste relacionamento. O modelo oferece uma visão geral do que será detalhado no modelo do conhecimento e também revela quem possui o conhecimento, onde ele é utilizado e se a sua utilização no que diz respeito ao formato, prazo de validade e qualidade está correta.

No modelo é apresentado o nome do conhecimento, o agente que possui o conhecimento, o lugar na estrutura da organização onde ele é usado pelo segundo nível de detalhamento, se o formato de utilização é correto ou incorreto, se o local de utilização é correto ou incorreto e se a qualidade é adequada ou inadequada. O modelo organizacional nível cinco documenta e avalia as informações identificadas nos quatro níveis anteriores para verificar a consistência e a viabilidade das soluções propostas para os problemas.

A viabilidade do negócio é avaliada considerando os benefícios da solução proposta, o valor agregado adicionado, os custos estimados, o comportamento da solução em relação às outras alternativas, a necessidade de realizar mudanças organizacionais, os riscos e as incertezas da solução proposta. A viabilidade técnica é avaliada considerando o grau de complexidade da solução (relativamente ao conhecimento e raciocínio) para realizar as tarefas demandadas, o prazo, a qualidade, os recursos necessários, as alternativas para cada um dos aspectos críticos relacionados com a iniciativa, as métricas para medir o sucesso ou fracasso, os testes para determinar se a solução tem a qualidade e o desempenho suficientes (tem que endereçar a necessidade inicial), o grau de amigabilidade e usabilidade da experiência do usuário, a disponibilidade dos métodos e das técnicas no mercado e o nível de adequação dos métodos e das técnicas para resolver o problema.

A viabilidade do projeto é avaliada considerando: (i) nível de comprometimento dos envolvidos e dos patrocinadores (gerentes, especialistas, usuários, clientes, membros da equipe de projeto) com o projeto, (ii) disponibilidade dos recursos (prazo, orçamento, equipamentos e pessoas capacitadas), (iii) disponibilidade do conhecimento necessário, (iv) disponibilidade das competências necessárias, (v) grau de realismo das expectativas para os resultados do projeto, (vi) grau de adequação do projeto da organização, (vii) nível de efetividade do plano de comunicação interno e externo e (viii) nível de identificação e entendimento dos riscos e incertezas.

A viabilidade das ações propostas é avaliada considerando o grau de entendimento do foco corporativo ou em relação aos danos causados pelo problema ou em relação aos benefícios derivados da exploração da oportunidade identificada. A direção estratégica oferecida pela solução é, portanto, a somatória dos resultados alcançados, dos custos realizados, dos benefícios conquistados, das ações necessárias para criar a inovação e dos impactos das mudanças na iniciativa.

Modelos

O modelo das tarefas analisa e identifica as atividades relevantes do processo de negócio da organização (atividades, processos, entradas, saídas, insumos e recursos). Uma tarefa é um conjunto de atividades que agrega valor para a firma, que consome recursos, que gera novos conhecimentos e competências e que é realizado pelos agentes. O modelo das tarefas detalha o fluxo de atividades em processos para facilitar a análise de cada ação e permitir a visualização de como elas se relacionam entre si. O detalhamento de cada tarefa é obtido pela aplicação do modelo das tarefas níveis um e dois, pois eles refinam e definem o conhecimento envolvido na execução de cada tarefa.

O modelo das tarefas nível um é focado nas tarefas do processo alvo com identificação das dependências, das relações, dos agentes e dos recursos. Cada uma das tarefas especificadas no modelo organizacional é refinada através das especificações: (i) das dependências do fluxo de execução, (ii) dos objetos manipulados, (iii) do prazo de duração, (iv) da definição dos agentes responsáveis pela execução de cada tarefa, (v) dos conhecimentos exigidos e (vi) das competências necessárias. O modelo das tarefas nível um relaciona as seguintes informações:

- Nome da tarefa
- Local onde a tarefa é executada na organização
- Objetivo da tarefa
- Valor adicionado ao processo que a tarefa faz parte após a sua execução
- Lista das tarefas executadas que são a entrada para a tarefa
- Lista das tarefas que usam as saídas da tarefa
- Objetos (incluindo itens de informação e conhecimento) que são entradas para a tarefa
- Objetos (incluindo itens de informação e conhecimento) que são entregues pela tarefa como saída

- Objetos importantes (incluindo itens de informação e conhecimento) que são usados pela tarefa que não são entradas ou saídas para as outras tarefas
- Descrição da frequência de execução e duração de cada tarefa
- Descrição do controle do relacionamento com as outras tarefas através do diagrama de estados ou de atividades
- Requisitos que precisam ser endereçados antes da execução da tarefa
- Requisitos que precisam ser endereçados após a execução da tarefa
- Agentes responsáveis pela execução da tarefa (são identificados no nível dois e três)
- Competências necessárias para o sucesso da realização da tarefa
- Descrição com quantificação dos recursos consumidos pela execução da tarefa
- Listagem e qualificação das métricas para medir a performance e para determinar o sucesso ou fracasso da execução da tarefa.

O detalhamento dos conhecimentos e competências utilizados para a realização das tarefas é apresentado no modelo das tarefas nível dois. O modelo apresenta as seguintes informações:

- Nome do item de conhecimento
- Agente que possui o item de conhecimento
- Área do domínio do conhecimento onde o conhecimento está inserido
- Identificação e nome da tarefa especialista
- Disciplina da tarefa especialista
- Ramo da tarefa especialista
- Natureza do conhecimento
    - Formal e rigorosa
    - Empírica e quantitativa
    - Heurística com regras empíricas
    - Especializada com especificidade de domínio
    - Baseada na experiência

- Baseada nas ações e reações
- Incompleta
- Incerta e pode ser incorreta
- Facilmente mutável
- É de verificação complexa
- É tácita e de difícil transferência
- Está na cabeça das pessoas
- Está escrita no papel
- Está salva nos computadores
- Exige acesso privilegiado
- Tem disponibilidade com limitações no tempo, espaço, acesso, qualidade e formato.

O modelo dos agentes identifica as características e competências dos colaboradores envolvidos na execução das tarefas e facilita o entendimento dos papéis, competências e responsabilidades de todos os trabalhadores da organização envolvidos com a realização das tarefas. O modelo representa todos os agentes envolvidos no processo de resolução dos problemas através da descrição das suas capacitações, habilidades, características e competências, da explicitação do seu nível de autonomia para atuar e da declaração das suas restrições em relação às tarefas. São apresentados no modelo dos agentes nível um as informações sobre o posicionamento hierárquico do agente na organização, sobre as suas tarefas responsabilidades e sobre como é a comunicação e o relacionamento entre os agentes. Nessa fase são identificados e declarados os conhecimentos, as competências, as habilidades e responsabilidades que o agente tem e as que são necessárias.

O modelo dos agentes nível um apresenta o nome do agente, o posicionamento do agente na hierarquia da organização, a listagem das suas tarefas, a lista dos agentes com que ele se comunica, a listagem dos conhecimentos, habilidades e capacidades dos agentes, as competências necessárias para a execução da lista de tarefas e as competências que o agente possui, as responsabilidades que o agente tem na execução das tarefas e as restrições como autoridade limitada, regras internas, leis externas e normas profissionais que o agente tem na execução da sua lista de tarefas.

As informações capturadas por cada um dos modelos são consolidadas para permitir a análise crítica do contexto organizacional e possibilitar as mudanças, melhorias e avaliação dos impactos. Após a consolidação, o modelo organizacional das tarefas e dos agentes são estruturados em um formato de supermodelo onde é descrito os impactos e mudanças decorrentes da adoção, um sistema do conhecimento e onde é especificado os impactos e mudanças que o sistema de conhecimento provoca nos agentes e nas tarefas individuais. As mudanças ocorrem nos seguintes itens:

- Fluxograma
- Dependências, tipos e quantidades de objetos manipulados
- Prazo e controle das tarefas
- Recursos necessários
- Critérios de performance e qualidade
- Grupos de funcionários e agentes envolvidos
- Posicionamento hierárquico
- Nas responsabilidades, na autoridade e nas restrições para a execução das tarefas
- Nos conhecimentos, competências, capacitações e habilidades
- Na comunicação (é descrita uma nova norma para as atitudes e compromissos, onde os atores e patrocinadores individualmente envolvidos nas inovações aceitam as mudanças sugeridas como um caminho para o sucesso).

Em outras palavras é explicitado o conjunto de ações propostas e os seus respectivos impactos para evoluir e melhorar a organização, a execução das tarefas e o desempenho dos agentes. O conjunto de ações identificado e proposto está conectado fortemente com o comprometimento gerencial e a tomada de decisões da organização.

Resumo

O modelo de conhecimento detalha os tipos e as estruturas de conhecimento usadas na execução das tarefas. Ele é organizado tanto no nível do conhecimento do domínio, como no nível do conhecimento da inferência, como no nível do conhecimento da tarefa. Cada nível exige um tipo particular de conhecimento. O modelo de comunicação identifica como os agentes responsáveis pela tarefa interagem. O modelo de projeto detalha o sistema de conhecimento.

O modelo organizacional nível um analisa os problemas para identificar as soluções dentro do contexto do plano estratégico do negócio para que o modelo organizacional nível três aprofunde as soluções propostas e decomponha o processo para a fase de integração do modelo organizacional nível cinco onde será avaliada a viabilidade da execução da solução. Para o modelo organizacional nível cinco este caminho representa apenas metade da estrada, pois ele precisa receber como entrada do modelo organizacional nível quatro os insumos do conhecimento que são por sua vez o resultado do aprofundamento da análise da descrição da organização que ocorre no modelo organizacional nível dois que é iniciado em paralelo com a análise dos problemas do modelo organizacional nível um.

Após a integração e análise positiva (caso seja negativa, o fluxo é finalizado) da viabilidade da execução da solução (ocorrida no modelo organizacional nível cinco) é disparado em paralelo tanto a execução do modelo das tarefas nível um onde as tarefas são analisadas, como o modelo das tarefas nível dois onde os itens de conhecimento são analisados, como o modelo dos agentes nível um onde os agentes são analisados. O resultado destes três processos é integrado e consolidado no supermodelo organizacional das tarefas e dos agentes onde os impactos das soluções e das mudanças são avaliados. O fluxo é encerrado com a geração das ações propostas.

Análise da inovação

A análise PFOA (Potencialidades, Fraquezas, Oportunidades e Ameaças) é uma poderosa ferramenta para o entendimento de uma inovação. Ela permite a avaliação da estratégia, do posicionamento e da direção de uma inovação. A análise detalhada do meio ambiente interno e externo é uma parte importante da análise da inovação. Os fatores referentes ao ambiente interno permitem a identificação das potencialidades ou fraquezas e os fatores referentes ao ambiente externo permitem a identificação das oportunidades e ameaças. A análise permite a realização de um ajuste mais preciso nos recursos e nas capacidades da inovação.

O processo de análise permite o entendimento do posicionamento interno e externo da inovação pela separação dos fatores internos e externos. A avaliação ajuda no entendimento dos objetivos da inovação, pois os fatores de importância positiva devem ser explorados e os negativos devem ser eliminados ou minimizados.

Potencialidades e fraquezas são fatores tangíveis e intangíveis.

As potencialidades tangíveis de uma inovação estão relacionadas com os ativos físicos (necessidades de novos equipamentos ou instalações, contratos de longo prazo, natureza inédita do produto ou serviço, financiamento adequado para desenvolver as mudanças, vantagem de custos sobre os concorrentes e novidade tecnológica). As potencialidades intangíveis de uma inovação estão relacionadas com a marca do fabricante, com a sua reputação (inovador ou expert), com o canal de relacionamento forte com os clientes, fornecedores e colaboradores, com o compromisso com a cultura de inovação, com a qualidade das patentes e tecnologias, com o processo de propaganda e publicidade, com a qualificação e experiência do time de profissionais e com a percepção pelo mercada da capacidade de inovação da organização. É possível identificar as fraquezas tangíveis da inovação respondendo as seguintes perguntas:

- É uma oferta inovadora para o cliente?
- Os processos são inovadores?
- Os clientes são atraídos pelas inovações?
- As instalações e equipamentos estão atualizadas para atender as necessidades da inovação?
- A capacidade financeira é suficiente para promover as mudanças necessárias?
- A tecnologia utilizada é atual?
- O volume de negócios previsto é baixo e restrito a agenda pessoal do empreendedor?

É possível identificar as fraquezas intangíveis da inovação respondendo as seguintes perguntas:

- É o primeiro planejamento da estratégia da inovação?
- Existe incentivo para o desenvolvimento de novas ideias?
- Existem técnicas em prática para gerar ideias junto aos seus colaboradores?
- A marca é fraca ou desconhecida?
- O relacionamento com os colaboradores, clientes e fornecedores é fraco?
- O investimento em marketing está focado apenas em propaganda e pode falhar no cumprimento dos seus objetivos?
- A equipe é inexperiente?
- O investimento em pesquisa e desenvolvimento é baixo?

A análise PFOA permite a identificação dos fatores onde a inovação é forte ou vulnerável. As oportunidades oferecem ideias sobre produtos, serviços ou procedimentos. As potencialidades devem ser utilizadas para a implementação das ideias. O resultado da avaliação é um plano de ação, que enfatiza os procedimentos para explorar as oportunidades ou para eliminar ou minimizar as ameaças. A grande virtude da análise é que ela identifica as oportunidades escondidas que a inovação (bem preparada) deve explorar. Através do reconhecimento das fraquezas da inovação é possível gerir estrategicamente as ações para eliminar ou minimizar as ameaças. É importante olhar dentro da inovação e da concorrência para construir a estratégia de diferenciação.

A análise PFOA permite o entendimento de todos os parâmetros de uma inovação (produto ou serviço ou modelo de negócio) para entrar em um novo mercado, para lançar um novo produto ou serviço, para estabelecer uma parceria, para contratar um serviço, atividade ou recurso, para conquistar vantagens competitivas em relação à concorrência e para avalizar as expectativas de vendas, rentabilidade e desenvolvimento da inovação. A avaliação é utilizada para resolver os problemas, para criar soluções, para planejar e para tomar decisões. A análise começa com a pesquisa do ambiente, passa pelas análises interna e externa e identifica as potencialidades, fraquezas, oportunidades e ameaças. Após a montagem da matriz, cada um dos quatro quadrantes é analisado criteriosamente.

A lista das ações estratégicas é identificada e revelada durante o processo de estabelecimento dos objetivos, criação do ambiente de trabalho e avaliação das ideias (nesta fase é definida como a pesquisa será delegada). O estabelecimento dos objetivos é a primeira e mais importante atividade do processo de inovação. É preciso ser claro sobre o que será realizado, por que será feito, como será efetivado, qual necessidade será endereçada e para quem será ofertado. A análise pode ser abrangente, restrita, generalista ou específica. A escolha da abrangência deve ser claramente comunicada para todos os participantes.

A delegação da pesquisa e das tarefas é uma etapa vital para que a análise seja produtiva. As tarefas devem ser divididas entre todos os participantes na fase exploratória (momento onde as informações necessárias para a determinação do objetivo são capturadas). Nesta fase, os conhecimentos dos colaboradores, as fontes primárias e secundárias de informação, as conversas com os gestores, os planos de negócios, as informações financeiras e de marketing etc. são capturadas na forma bruta.

Na fase detalhada, as informações capturadas são analisadas minuciosamente, pois elas possibilitam tanto a formatação das ideias e conclusões iniciais, como a formatação da matriz potencialidades, fraquezas, oportunidades ou ameaças. O fator crítico de sucesso desta etapa é a capacitação do grupo para procurar as informações relevantes sobre as potencialidades e fraquezas junto às fontes internas. É preciso identificar com precisão as competências e capacidades internas, os recursos e ativos internos e a falta de qualquer um destes itens. De forma similar ao ambiente interno, as informações sobre as oportunidades e ameaças devem ser buscadas nas fontes externas.

O desenvolvimento do ambiente de trabalho é uma etapa onde todos os participantes trocam ideias e pontos de vista. As reuniões para a análise devem explorar com efetividade as ideias, opiniões e pontos de vista. É preciso deixar o tempo fluir sem exageros para que o raciocínio lógico dos fatos seja construído. É importante que as reuniões sejam específicas e analíticas para compilar a avaliação. Para listar as potencialidades, fraquezas, oportunidades e ameaças é preciso considerar que as potencialidades devem responder perguntas como:

- Quais vantagens a inovação oferece?
- O que ela faz de melhor?
- Quais recursos disponíveis são exclusivos ou de baixo custo?
- Quem no mercado reconhece as potencialidades da inovação?
- Quais fatores facilitam o fechamento de um negócio?

- Os clientes acreditam que é uma inovação?

Estas perguntas precisam ser respondidas dentro da perspectiva interna e do ponto de vista dos clientes. É preciso ser realista sem falsa modéstia ou excesso de euforia. Também é importante fraquezas listadas consigam responder perguntas como:

- O que pode ser melhorado?
- O que deve ser evitado?
- As ideias da inovação são compartilhadas com os clientes?
- O que o mercado entende como fraquezas da inovação?
- Quais fatores inibem as suas vendas?
- A inovação é vista como uma imitação de outras existentes no mercado?
- As outras pessoas percebem fraquezas na inovação que você não concorda?
- Os seus concorrentes estão oferecendo inovações melhores?

É muito importante enfrentar os aspectos negativos o mais breve possível. Para as oportunidades identificadas é preciso que elas respondam adequadamente às seguintes perguntas:

- Qual é o ambiente em que aparecem as melhores oportunidades?
- Quais são as tendências do mercado?
- Está considerando que oportunidades interessantes surgem nas mudanças amplas ou restritas nas tecnologias e nos mercados?
- Existem mudanças nos padrões sociais, perfis demográficos, estilos de vida relacionados com o seu setor de atividade da inovação?
- Está olhando as potencialidades da inovação para identificar as oportunidades de curto, médio e longo prazo?
- Está olhando para a eliminação das fraquezas para identificar as oportunidades de curto, médio e longo prazo?

Para as ameaças identificadas é preciso que elas respondam com coerência às seguintes perguntas:

- O que os seus concorrentes estão fazendo no segmento da sua inovação?
- Eles têm propostas mais inovadoras?
- Eles fazem mudanças para atrair os clientes?
- As especificações da inovação estão bem definidas ou estão em fase de mudanças?
- Existe alguma mudança tecnológica que ameace a sua inovação?
- As ameaças externas podem virar fraquezas?

A análise PFOA revela os fatos importantes para a melhoria da inovação (produto ou serviço, estratégia, processo etc.) e gera uma estratégia ou plano de ação onde as potencialidades são mantidas, aumentadas ou reforçadas, as fraquezas são mitigadas ou eliminadas, as oportunidades são ordenadas por prioridade e otimizadas e as ameaças são controladas e minimizadas. Após a análise, é preciso desenvolver uma estratégia que explore as oportunidades e elimine ou minimize as ameaças em conformidade com os objetivos estratégicos da organização.

Para realizar uma avaliação correta é preciso: (i) ser realista sobre as forças e fraquezas da inovação, (ii) distinguir com clareza a situação atual e futura da inovação, (iii) ser específico evitando tanto as áreas cinzentas, como um nível desnecessário de complexidade e detalhamento. É preciso avaliar se a inovação representa uma solução melhor (ou pior) que as existentes no mercado. A matriz deve ser simples e resumida, pois é uma ferramenta de natureza colaborativa. O time de trabalho deve ter um nível de conhecimento e confiança bastante elevado, pois as fraquezas e ameaças podem gerar desconfortos internos.

A comunicação deve ser clara e objetiva para que as fraquezas e ameaças sejam enfrentadas com objetividade. A equipe também deve ter capacidade e organização para implementar as mudanças. A diversidade do grupo é um aspecto de elevada importância, pois a análise é mais produtiva com a participação dos colaboradores de todos os departamentos da organização com diferentes níveis de conhecimento e experiência. É importante determinar a duração das reuniões para que todos os passos do processo de construção da estratégia da inovação sejam claramente determinados. Os dois fatores que contribuem para as potencialidades são a capacidade e os recursos disponíveis. A capacidade é avaliada pelos seguintes fatores:

- Versatilidade (capacidade de adaptação em um ambiente em constante mudança)
- Crescimento (capacidade de manter crescimento estável)
- Mercado (capacidade de criar ou entrar em novos mercados).

Os recursos disponíveis são avaliados em termos da disponibilidade (capacidade de conseguir os recursos necessários), qualidade (capacidade de utilizar recursos de qualidade) e distribuição (capacidade de alocar os recursos com eficiência e eficácia). As potencialidades são avaliadas pelos critérios relacionados com:

- Benefícios da iniciativa
- Capacidades oferecidas
- Vantagens competitivas
- Pontos de venda exclusivos
- Recursos
- Ativos
- Quantidade de pessoas disponíveis para o desenvolvimento da inovação
- Grau de experiência, conhecimento, informação do capital intelectual
- Reserva financeira do projeto
- Retorno esperado do investimento
- Alcance e conhecimento da marca

- Aspectos inovadores
- Localização
- Preço
- Custo
- Valor agregado
- Qualidade
- Qualificações e certificações
- Processos
- Sistemas
- Tecnologias
- Canais de comunicação
- Cultura
- Atitude
- Comportamento
- Missão
- Valores

As fraquezas são determinadas pelas falhas, defeitos, perdas e incapacidade de resposta em um ambiente de mudanças rápidas e constantes. Elas são consequências da gestão inadequada, ou da qualidade insuficiente, ou da tecnologia ultrapassada, ou dos sistemas e processos inadequados, ou das entregas demoradas, ou da escassez de recursos. A análise das fraquezas gera: (i) correção de uma falha identificada, (ii) ambiente de proteção (prevenção aos fatores que despertam a fraqueza), (iii) ambiente de não exposição (as condições que fazem a fraqueza aparecer são inibidas), (iv) ambiente de agressividade onde a atenção é desviada para outros pontos de conduta da inovação. As fraquezas são avaliadas pelos critérios relacionados com os seguintes aspectos:

- Desvantagens das propostas
- Falta de capacidade e força competitiva
- Baixo nível da reputação, presença e alcance

- Volume inadequado de recursos financeiros
- Elevado número de vulnerabilidades corporativas
- Baixo índice de cumprimento dos prazos
- Elevado nível de pressão
- Baixo nível de liquidez
- Fluxo de caixa insuficiente
- Incapacidade de continuidade
- Baixo nível de robustez da cadeia de valor
- Impacto elevado da inovação nos negócios atuais gerando distrações
- Baixo nível de confiança nas informações utilizadas
- Elevada variabilidade da previsibilidade dos planos
- Baixo nível de compromisso das lideranças com a inovação
- Quantidade insuficiente de certificações necessárias
- Baixo nível de maturidade dos processos e sistemas
- Baixo grau de confiabilidade do mercado na sucessão futura da inovação

As oportunidades fazem parte dos fatores externos da inovação e podem ser abundantes ou escassas. É importante desenvolver um modelo teórico que ajude a definição das situações que são consideradas como oportunidades reais para que elas sejam perseguidas e concretizadas. O modelo teórico deve levar em conta o produto, o serviço ou processo, o mercado alvo, as capacidades e os recursos necessários, o retorno esperado e o nível de risco tolerado. É importante destacar que as fraquezas dos concorrentes são oportunidades que devem ser exploradas pelo plano de marketing (atacar as fraquezas dos concorrentes que lideram o mercado e focar os esforços nestes aspectos ou em algum aspecto relevante e incontestável), e pelo plano de colaboração (usar forças complementares para formar uma aliança corporativa contra os concorrentes que lideram o segmento). As oportunidades são avaliadas pelos critérios relacionados com os seguintes aspectos:

- Nível de desenvolvimento do mercado
- Grau de vulnerabilidades dos concorrentes
- Tendências de curto, médio e longo prazo da indústria e estilo de vida
- Velocidade do desenvolvimento de novas tecnologias
- Grau de impacto das influências globais
- Nível de facilidade para desenvolver novos mercados e novos nichos de mercado
- Nível de efetividade das campanhas de marketing e estratégias para surpreender o mercado e gerar novos contratos
- Grau de desejo para o aparecimento de novos produtos ou modelos de negócio
- Nível de efetividade das parcerias e da logística
- Nível do volume das vendas e produção para gerar ganhos de escala

As ameaças também fazem parte dos fatores externos que são consequência: (i) das forças políticas (novas necessidades do consumidor ou movimentações da concorrência), (ii) das forças econômicas (nova estrutura dos impostos), (iii) das forças sociais (novas divisões demográficas) e (iv) das forças tecnológicas (novas tecnologias tornam a inovação obsoleta). As ameaças são avaliadas pelos critérios relacionados com os seguintes aspectos:

- Consequências políticas
- Efeitos da legislação
- Meio ambiente
- Desenvolvimento tecnológico
- Respostas dos concorrentes
- Nível de procura no mercado por novas tecnologias e serviços
- Prazo dos contratos e das parcerias mais importantes
- Nível de sustentabilidade da capacidade interna
- Quantidade de obstáculos encontrados
- Quantidade de fraquezas insuperáveis

- Nível de rotatividade dos colaboradores essenciais
- Grau nível de sustentabilidade de curto, médio e longo prazo dos financiamentos
- Nível de crescimento da economia local, regional e global

O posicionamento é a técnica de criação de uma imagem ou identidade para um produto, marca ou empresa. É o espaço que a inovação ocupa na mente e coração do consumidor de um determinado mercado. O posicionamento de uma inovação é em outras palavras, a forma como os compradores veem a inovação.

Conclusões

Para o mercado, a alocação de recursos, investimentos e tecnologias não é mais um diferencial competitivo. Nesse novo cenário apenas os que forem capazes de produzir inovações e maximizar a utilização das suas habilidades, capacidades e competências sobreviverão. A inovação é de fundamental importância para o desenvolvimento e melhoria dos produtos, serviços e processos. As empresas precisam favorecer o processo de inovação pela sistematização, continuidade, brevidade e reprodutibilidade. As empresas que não sistematizam as inovações colhem muitos fracassos e insucessos pelo uso de conceitos fora do contexto da metodologia e normalmente perdem a motivação para inovar. A frustração dos fracassos pela falta da adoção e implantação estruturadas de conceitos de inovação faz com que estas organizações culpem os modelos e metodologias pelas falhas. É a famosa desculpa de que as metodologias não funcionam na nossa cultura ou a também famosa e antiga frase de que a teoria é uma coisa e a pratica é outra.

Existem casos onde a empresa conseguiu desenvolver um novo produto, serviço ou processo bem-sucedido, mas ela é incapaz de repetir o processo de criação usado anteriormente para novos desenvolvimentos, pois nada foi definido, planejado e documentado. Apenas ocorreu um golpe de sorte. Em nenhum momento existiu algum fator metodológico para pautar os trabalhos.

Existem no mercado diversas referências sobre os conceitos da gestão das inovações, do planejamento estratégico e da gestão do conhecimento. No entanto, são raros os autores que abordaram o gerenciamento das inovações através da integração destes três conceitos em um modelo sistematizado. O modelo tem que trabalhar com os conceitos de forma integrada para criar os relacionamentos e as dependências em um formato que o seu uso seja factível com a realidade da empresa.

O processo de gerenciamento dos influenciadores parte do seu mapeamento e é de fundamental importância para o sucesso da implementação dos outros processos. Ele organiza e integra as expectativas da alta administração para a captura do apoio, do investimento e da motivação para viabilizar as entregas do projeto. A metodologia adotada deve permitir o trabalho da inovação com o modelo organizacional, dos processos, dos agentes, das tarefas e dos conhecimentos necessários. O relacionamento entre todas as entidades envolvidas gera diversos tipos de dependências entre os processos, as tarefas, os conhecimentos necessários e as pessoas que são responsáveis pela execução das tarefas de suporte.

Capítulo 9

Gestão do Conhecimento

A era do conhecimento é caracterizada pelo conhecimento e relacionamentos internos e externos. O capital intelectual corporativo é um ativo intangível, pois é formado pelo conhecimento dos colaboradores, pelas competências corporativas e pela capacidade de trabalhar em equipe. As empresas baseadas em conhecimento têm valor de mercado muito acima dos seus ativos tradicionais, por isso o conhecimento é o principal ativo organizacional. A sua gestão deve ser estratégica, pois ele faz com que as organizações sejam competitivas. A conversão do conhecimento tácito e explícito não é um fenômeno isolado, pois o conhecimento organizacional é formado pela integração dinâmica no formato de espiral contínua dos atributos de socialização com os de externalização com os de combinação (conhecimento explícito em explícito) e com os de internalização.

A espiral do conhecimento é o resultado do diálogo que vem tanto da socialização, como da externalização. Neste caso, existe uma interação associativa do conhecimento explícito (vem da externalização), com a combinação e aprendizagem de realização (vem da combinação e da internalização), com a construção do campo (vem da internalização e socialização). A socialização (transformação do conhecimento tácito em tácito) é o resultado do compartilhamento de experiências, observações, imitações e exercícios práticos. A externalização (transformação do conhecimento tácito em explícito) traz à tona o conhecimento tácito através de analogias, metáforas, modelos, conceitos e hipóteses. A externalização é baseada na interação, no diálogo e na reflexão coletiva e utiliza como técnicas a dedução e a indução. A combinação (transformação do conhecimento explícito em explícito) tanto sistematiza os conceitos em um sistema de conhecimento, como integra em um mesmo ambiente os diversos conjuntos diferentes de conhecimento explícito. A internalização (transformação do conhecimento explícito em tácito) é o resultado das experiências vivenciadas que foram incorporadas ao conhecimento individual.

A Gestão do Conhecimento (GC) é a resposta corporativa para as necessidades de agilidade, inovação e capacidade de aprender do ambiente competitivo. O ciclo é completado apenas quando o conhecimento gerado faz parte do processo decisório corporativo e as decisões geram ações de manutenção, ajuste ou abandono da estratégia competitiva. A GC é o resultado das atividades relacionadas com a geração, codificação e transferência do conhecimento. A Gestão do Conhecimento melhora a efetividade da utilização dos recursos existentes. Ela é multidisciplinar, pois utiliza conceitos, métodos, técnicas, modelos etc. da administração, engenharia, tecnologia de informações e ciências para capturar, reter, disseminar e compartilhar o conhecimento tácito.

Os dados são fatos e números. A Informação é o resultado do dado processado e o conhecimento é a informação personalizada. A GC busca expor ao indivíduo as informações que podem ser úteis para facilitar a assimilação das informações. Os sistemas de GC têm como característica principal as funcionalidades que facilitam a assimilação das informações. O estado mental é a situação onde o conhecimento gera saber e aprendizado. A Gestão do Conhecimento tem como meta maximizar o processo de aprendizado e entendimento individual pela informação.

A Tecnologia de Informações e Comunicações (TIC) permite o acesso para as fontes de conhecimento. A materialização do conhecimento torna ele um "objeto " que pode ser arquivado e manipulado. A GC captura, desenvolve, armazena e gerencia o estoque de conhecimento. A organização de tecnologia é a responsável pela captura, armazenagem e distribuição do conhecimento. O conhecimento é o resultado da aplicação na cadeia de processos de um determinado saber ou especialidade para um foco específico. O objetivo da GC é tanto o fluxo de conhecimento, como o processo de geração, compartilhamento e transferência do conhecimento. O papel da organização de TIC é integrar as fontes de saber para criar os fluxos de conhecimento.

O conhecimento é o resultado direto do acesso às informações. A GC organiza o acesso e a recuperação do conteúdo. A TIC estabelece os mecanismos efetivos para a pesquisa e recuperação da localização das informações relevantes. A capacitação da organização mostra o potencial do conhecimento em influenciar uma ação corporativa. A GC desenvolve as competências essenciais para o entendimento do saber estratégico de uma empresa. A organização de tecnologia deve valorizar o capital intelectual através do apoio ao desenvolvimento das competências individuais.

Na era industrial, o principal elemento da tecnologia eram os dados gerados pelo sistema de processamento de dados (fonte do pensamento sistêmico e dos sistemas de gestão e de projetos). Na era tecnológica, o principal elemento da tecnologia eram as informações (fonte do sistema de informações gerenciais e dos sistemas de gestão). Na era da informação, o principal elemento da tecnologia era a inteligência artificial (fonte para o sistema de suporte a decisão e gestão). Na era do conhecimento, o principal elemento da tecnologia é o conhecimento (fonte para o sistema de gerenciamento do conhecimento e da gestão corporativa).

Os pilares da gestão do conhecimento são:

- Liderança
- Gerenciamento (gerenciamento do ambiente, das estratégias e das decisões através dos valores, dos objetivos, dos requisitos e das fontes de conhecimento)
- Organização (administra os aspectos operacionais do conhecimento, das funções, dos processos, das estruturas formais e informais, das métricas, das melhorias e da engenharia de processos de negócio)

- Aprendizado (trabalha com o comportamento e a engenharia social com foco nos princípios e nas práticas que estimulem o máximo compartilhamento do conhecimento pelos colaboradores)
- Tecnologia (cuida das informações para apoiar e habilitar as estratégias de gestão do conhecimento).

As influências ambientais da gestão do conhecimento estão relacionadas com: (i) ambiente social, (ii) ambiente político, (iii) ambiente econômico e (iv) ambiente de governança. O pilar da liderança é o resultado da cultura do negócio, do planejamento estratégico, do nível de crescimento, da segmentação do mercado e do plano de comunicação. O pilar da organização é realizado através de processos, procedimentos, métricas, fluxo de trabalho e sistema de comunicações. O pilar da tecnologia envolve os aspectos técnicos, normas e procedimentos para o correio eletrônico, para o banco de dados, para as ferramentas de recuperação de documentos e para os aplicativos de suporte a decisão. O pilar da aprendizagem envolve as inovações, as invenções, as comunidades, as equipes, os resultados e as comunicações. Os pilares envolvem diversas disciplinas relacionadas com a engenharia, desenvolvimento, gestão e comportamentos.

A gestão do conhecimento para melhorar o desempenho do negócio deve localizar as funções críticas de conhecimento onde é possível aumentar o desempenho e diminuir as vulnerabilidades. Após a análise da empresa é preciso desenvolver um modelo de processo para identificar e priorizar os gaps de conhecimento, as oportunidades de conhecimento e os riscos. É preciso desenvolver uma estratégia e aplicar a GC para transformar o conhecimento através requisitos gerenciados. É preciso determinar o grau de maturidade do ciclo de vida do conhecimento para que a sua difusão ocorra com o apoio da alta administração.

Tipos de Conhecimento

O conhecimento é divido em tácito e explícito. O conhecimento tácito é o resultado da ação, da experiência e do envolvimento em um determinado contexto (mapas mentais, crenças, paradigmas, habilidades e capacitações). O conhecimento explícito é produzido e comunicado em linguagem escrita (matemática ou natural). O conhecimento tácito é o resultado das ações, das experiências e do envolvimento em um contexto específico. Ele oferece soluções para melhorar, por exemplo, a comunicação com os clientes.

O conhecimento tácito cognitivo é o resultado dos modelos mentais. As certezas individuais como resultado da relação entre a causa e o efeito são bons exemplos. O conhecimento tácito técnico é o resultado do saber aplicado a uma atividade específica como as cirurgias médicas. O conhecimento explícito é articulado e generalista e ajuda a entender o comportamento dos principais clientes de uma determinada região. O conhecimento individual é criado pelas experiências mentais individuais durante a realização dos projetos.

O conhecimento social é gerado pelas ações coletivas de um determinado grupo que estão discutindo, por exemplo, as normas e padrões para a comunicação entre os grupos. O conhecimento declarativo é o saber sobre um determinado assunto, por exemplo, como recuperar um arquivo apagado no computador. O conhecimento procedural é o saber "como fazer" em um contento particular, por exemplo, como recuperar um arquivo deletado no ambiente Windows.

O conhecimento causal é o saber do "por que" em um contexto específico, por exemplo, conhecer o funcionamento de um componente de um motor de carro no processo de conserto do mesmo. O conhecimento condicional é o saber "quando" em um contexto específico, por exemplo, saber quando preservar um alimento. O conhecimento relacional é o saber "como" em um contexto específico, por exemplo, saber como a instalação de um programa novo, afeta os outros instalados no computador. O conhecimento pragmático é o conhecimento útil de dia a dia para uma empresa, como as melhores práticas, os modelos de negócios, os projetos de engenharia e os relatórios sobre o mercado.

O gerenciamento do conhecimento exige o estímulo para as ações e as atividades que possibilitem a transferência e o compartilhamento de vários tipos de conhecimento. No caso do conhecimento explícito, o foco tem que ser na direção da valorização das seguintes características corporativas:

- Capital intelectual coletivo interno
- Trabalho colaborado
- Programa de mentoria
- Desenvolvimento das comunidades externas.

Uma grande parte das empresas reconhece e entende a importância do conhecimento, pois a gestão do conhecimento vem gerando vantagens competitivas por muitos anos. As empresas adquirem, criam e disseminam o conhecimento organizacional para se transformarem em empresas que aprendem através da criação, aquisição, transferência e modificação do conhecimento e dos comportamentos. Em outras palavras, a transferência do conhecimento, modifica os comportamentos e gera novos conhecimentos que precisam ser complementados por novas ideias que podem ser adquiridas ou criadas para gerar novos patamares do conhecimento.

O aumento na oferta de conhecimento faz crescer a especialização tecnológica, econômica e social, devido à quantidade de componentes sociais envolvidos. O crescimento da especialização pressiona o ambiente para o aumento da geração de fortes interdependências entre cada um dos componentes sociais. As empresas tradicionais que estão perdendo espaço no mercado são fortemente burocratizadas pela padronização dos produtos, serviços e salários. Elas têm estrutura fortemente hierarquizada onde a autoridade, o planejamento, o controle e os processos decisórios são centralizados. As empresas baseadas na Informação vêm ganhando espaço no mercado pela busca contínua do consenso interno através da massificação personalizada. Elas oferecem produtos, serviços e processos de alta qualidade por causa do relacionamento dos salários com o conhecimento agregado, pela busca da descentralização e pela diluição da hierarquia através do gerenciamento participativo. Os recursos são descentralizados e geram forte ganho de escala tanto pela sinergia do trabalho em equipe, como pelo compartilhamento das informações, como pelas decisões participativas, como pelo gerenciamento por processos, como pelo pensamento globalizado com atitudes locais e como pelo controle descentralizado.

Capítulo 10

Engenharia do Conhecimento

A engenharia do conhecimento (EC) é uma disciplina da Inteligência Artificial (IA) que tem como objetivo fornecer modelos, métodos e ferramentas para o desenvolvimento dos sistemas baseados no conhecimento. A EC modela, armazena e recupera o conhecimento para integrar as informações com as técnicas, métodos, ferramentas e codificações para a formalização da gestão do conhecimento. A área é responsável pela aquisição do conhecimento explícito especializado (captura, seleção, composição e modelagem) e pela integração com o conhecimento implícito existente nas bases de conhecimentos relacionadas com o escopo alvo. O objetivo é a criação de sistemas inteligentes que auxiliem os especialistas humanos em suas tarefas.

O resultado pode ser visto em diversas categorias como o aumento da produtividade pela melhor e mais rápida tomada de decisão, pela evolução da resolução de problemas complexos e pelo aumento da confiabilidade na operação dos equipamentos. Na categoria preservação, a EC captura o conhecimento especializado escasso e permite a sua utilização em regiões remotas menos avançadas. Na categoria melhoria da qualidade, a engenharia do conhecimento proporciona uma enorme evolução na qualidade das decisões pelo tratamento das incertezas. Na categoria capacitação, a EC é capaz de oferecer benefícios educacionais de alto padrão para todos os alunos das escolas públicas. Na categoria enriquecimento do trabalho, a EC oferece uma maior flexibilidade pela integração do conhecimento de diversos especialistas.

A sistematização do processo de inovação facilita a tomada de decisões da empresa pela priorização das ideias mais viáveis. Os projetos de desenvolvimento transformam as ideias em produtos, serviços e processos. Os modelos da engenharia do conhecimento estruturam o conhecimento e disponibilizam as ferramentas necessárias para que a inovação faça parte da gestão estratégica da empresa.

O modelo escolhido deve facilitar a implementação dos projetos pelo posicionamento deles em relação aos concorrentes. A identificação das novas oportunidades, favorecida pela dinâmica do modelo melhora a organização empresarial, pela priorização das melhores alternativas de investimentos. A análise da viabilidade econômica e a priorização dos projetos do portfólio permitem que a firma reduza o nível de incertezas e de desconhecimento dos riscos dos investimentos. Os projetos sem viabilidade técnica, econômica ou comercial são imediatamente descartados.

O modelo disponibiliza as ferramentas de monitoramento permanente do mercado e das tecnologias para que as mudanças sejam mais bem planejadas e executadas. É de fundamental importância que a alta administração da empresa apoie a execução cíclica do modelo com revisões permanentes dos procedimentos e contínua implementação de ajustes e melhorias.

As diretrizes para a gestão integrada da inovação envolvem o desenvolvimento de um processo permanente e sustentável de inovação integrado com todos os processos da empresa. O processo de inovação precisa ser formal para que estimule tanto a criatividade dos colaboradores, como o desenvolvimento de soluções internas. As prioridades devem ser estabelecidas pela organização em um contexto em que não existam perdas de sinergias nas parcerias com outras firmas, fornecedores, centros de pesquisa e consultores independentes. Para que as prioridades não impactem negativamente a produtividade, o processo de inovação tem que estar integrado com a estratégia tecnológica da companhia. O processo de inovação é focado nas necessidades do mercado e orientado pelos desejos dos clientes atuais e futuros. A realimentação e o aperfeiçoamento contínuo faz parte de cada uma das etapas do processo de inovação.

O modelo de inovação é desenvolvido para criar um processo de gestão da inovação integrado e sistêmico que catapulte os esforços de desenvolvimento e aumente as vantagens competitivas. O modelo organiza a inovação através da integração entre o planejamento estratégico com as ações operacionais de desenvolvimento dos produtos, serviços e processos. O resultado final é a elevação da capacidade competitiva da empresa. A organização para a inovação é o ponto de partida do processo e tem como objetivo integrar todas as empresas subsidiárias e divisões da corporação para facilitar e maximizar o esforço de diagnosticar a capacidade de inovação. O uso de ferramentas para identificar as oportunidades e para implementar os projetos inovadores é uma regra que não pode ser esquecida ou ignorada jamais.

A definição da visão, da cultura, do processo de desenvolvimento, da monitoração das informações, do escritório de projetos, dos padrões do gerenciamento de projetos, das ferramentas, dos índices, dos indicadores e das métricas são os principais benefícios da organização da inovação. O planejamento estratégico da inovação revela, com números e fatos, a importância da inovação para o negócio. A análise das competências que diferenciam a firma em relação aos seus concorrentes permite que as tecnologias sejam avaliadas conforme o seu potencial de maximização do lucro sustentável de longos prazo.

Os passos definidos para o desenvolvimento da inovação devem posicionar a empresa na situação futura desejada. O estabelecimento de forma transparente e clara das metas e objetivos para o desenvolvimento e implantação dos novos produtos, serviços e processos gera a integração delas com os objetivos e ações determinados no planejamento estratégico do negócio. O modelo de inovação deve criar um comitê estratégico para desenvolver com sustentabilidade as diretrizes de curto, médio e longo prazo. Neste contexto, as ideias e projetos são priorizadas para assegurar que todas as iniciativas vão ter os recursos necessários para a sua implantação.

O desenvolvimento dos produtos, serviços e processos deve considerar todas as especificidades do respectivo ciclo de vida. Elas começam com a pesquisa do mercado potencial, passam pelo projeto das facilidades e funcionalidades e vão até as condições para o descarte ou desativação do produto, serviço e processo. Também devem ser consideradas as condições para a herança dos bancos de dados dos usuários. A engenharia do valor vai avaliar todos os componentes do produto, serviço ou processo tanto para eliminar ou reduzir as perdas, desperdícios e retrabalhos, como para atender os anseios dos influenciadores.

A inteligência competitiva (IC) faz parte de todas as fases do modelo de inovação. Ela aparece incialmente na etapa de definição e implementação das atividades de inteligência, passa pela fase de definição das necessidades de dados e informações e vai até a etapa final de desenvolvimento da rede colaborativa de inteligência coletiva. Os processos relacionados com a inteligência competitiva são:

- Monitoramento
- Captura e coleta dos dados
- Captura e coleta das informações
- Avaliação das informações
- Distribuição das informações

A inteligência competitiva é uma atividade de vital importância para o planejamento estratégico da inovação, pois ela tanto desenvolve os cenários possíveis, como identifica as potencialidades, as fraquezas, as oportunidades e as ameaças, como monitora e controla a execução das ações definidas no plano estratégico da inovação.

Capítulo 11

Quarta Revolução Industrial (QRI)

Introdução

A segunda década do século XXI está sendo marcada por uma grande diversidade de novos conceitos econômicos habilitados pela tecnologia. Tanto a era do conhecimento, como a era dos aplicativos, como a era do custo marginal unitário zero, como a economia dos APIs, como a economia do compartilhamento, como os negócios definidos por TI, como a Quarta Revolução Industrial representam as diversas ênfases de uma mesma realidade. É fácil perceber que a tecnologia e a Internet compõem, em todas estas abordagens, o núcleo duro das mudanças econômicas. A Internet das coisas com os seus sensores e softwares está na raiz das novas estruturas econômicas e é a fonte da Quarta Revolução Industrial. A Internet das coisas é composta pela união em uma única plataforma da Internet das Comunicações com a Internet da Energia e com a Internet do Transporte.

O cerne da Quarta Revolução Industrial (QRI) está relacionado tanto com o decréscimo da importância do custo do hardware nos produtos (por isto é possível criar as situações de custo marginal unitário zero), como com o crescimento da importância da experiência do usuário. A Nestlé com a sua linha de cafeteira expresso Nespresso foi uma das empresas pioneiras na introdução da nova revolução industrial com o lançamento, em 2001, da Nespresso Concept Machine. Com a popularização da cafeteira expresso Nespresso, a experiência do usuário na degustação do café passou a ser definida pela qualidade do café das cápsulas vendidas pela Nestlé.

O mercado brasileiro de cápsulas de café, criado pela empresa multinacional Nestlé, cresceu tanto que em pouco mais de uma década é possível encontrar nos supermercados da cidade de São Paulo ofertas onde a compra de uma determinada quantidade de cápsulas permite que o consumidor ganhe uma cafeteira expressa. O tamanho do mercado nacional de monodoses (cápsulas de café) em 2019 é estimado em três bilhões de reais (para o ano de 2016 ele foi estimado em um bilhão de reais). Fonte: Veja o que levar em conta ao escolher uma máquina de café expresso (http://www1.folha.uol.com.br/comida/2016/02/1738173-veja-o-que-levar-em-conta-ao-escolher-uma-maquina-de-cafe-espresso.shtml, acessado em 10/02/2016). Claramente a estratégia do fabricante é vender cápsulas e tudo aquilo que facilite o consumo de monodoses será oferecido ao consumidor.

É possível considerar a cafeteira expressa como um dos marcos iniciais da Quarta Revolução Industrial, porque a cápsula de café ou chá tem funcionalidade similar ao software em um computador ou equipamento inteligente. Ela é capaz de reconfigurar de forma radical e rápida tanto o produto que é entregue, como a experiência do usuário. O consumidor tem à sua disposição centenas de sabores de cápsulas de café e chá que oferecem experiências diferentes. Ele pode customizar o seu café conforme o seu desejo em tempo real. Ele também pode oferecer uma experiência diferenciada para os seus amigos, clientes, empregados etc. através das cápsulas. Não é por acaso que os fabricantes estão oferecendo gratuitamente o hardware da cafeteira expressa. Esta ação faz parte de uma estratégia para assegurar um crescimento contínuo da venda de cápsulas de sabores diversos pela entrega de uma experiência prazerosa para o usuário. As séries especiais de cafés e chás que são oferecidas por um preço Premium asseguram a alta rentabilidade.

A lógica corporativa é quanto mais máquinas expressas estiverem no mercado, maior será a quantidade de cápsulas vendidas. As facilidades operacionais (todos conseguem operar as cafeteiras por cápsulas sem necessidade de treinamentos), em conjunto, tanto com a alta qualidade do café e do chá, como com o nível de customização do produto final asseguram uma alta demanda. Os ganhos de escala da produção em massa permitem a realização de um custo marginal unitário muito baixo ou nulo para a venda de um novo hardware. Esta característica habilita a estratégia de focar o lucro na venda de cápsulas de café. Neste caso, o hardware virou um acessório habilitador de vendas das cápsulas.

O exemplo das monodoses de café e chá explicitou o motivo pelo qual o software está alterando por completo a dinâmica das empresas na Quarta Revolução Industrial. Os sensores da Internet das coisas são ferramentas que vão mudar a lógica industrial de uma forma ampla e intensa. Apenas como referência de um dos impactos é possível destacar que o processo de auditoria e de governança corporativa será inevitavelmente automatizado em tempo real em pouco tempo. Através dos sensores nos estoques, dos relatórios disponíveis nos computadores e da computação cognitiva será possível automatizar uma grande parte do processo de auditoria. As informações da auditoria vão correr o mundo em tempo real revelando para investidores, comunidades, governos e cidadãos tanto os casos de extrema efetividade operacional, como as situações de fraudes em empresas públicas e privadas.

Foi revelado que no futuro um escritório de advocacia será estruturado com alguns poucos advogados altamente capacitados e experientes e vários cientistas de dados escrevendo algoritmos para buscar documentos, pareceres, jurisprudências e redigir as petições em vez do formato de 2016 onde 99% dos colaboradores são advogados. O escritório será uma empresa de tecnologia atuando na área advocatícia. Para os escritórios de contabilidade, é previsto o mesmo cenário. O grande desafio dos próximos anos será formar cientistas de dados em quantidade suficiente e realocar os advogados e contadores em novas funções.

Fonte: Tudo o que puder ser automatizado, será, http://cio.com.br/opiniao/2016/05/03/tudo-o-que-puder-ser-automatizado-sera/, acessado em 12/05/2016.

Até 2025 teremos uma lógica empresarial completamente diferente da existente em 2016. A indústria tradicional não será o único setor afetado em larga escala. A indústria da saúde será imensamente afetada pelos sensores da Internet das coisas e pela computação cognitiva. Em poucos anos, os médicos estarão trabalhando no seu dia a dia com os computadores auxiliando o diagnóstico de doenças. Com base nos sensores e nas informações fornecidas pelos pacientes os médicos poderão ampliar a sua capacidade de diagnosticar doenças com a computação cognitiva e estabelecer tratamentos mais efetivos e customizados para os pacientes. A tecnologia Big Data vai oferecer um conjunto de informações navegáveis de tal ordem que a precisão e a velocidade do diagnóstico vão crescer enormemente. A computação cognitiva não substituirá o médico, mas fará com que ele trabalhe muito melhor.

Diagnósticos remotos deixarão de fazer parte da ficção científica e serão realidade em regiões carentes de médicos. Novas profissões nascerão e algumas desaparecerão. Teremos um forte rearranjo do emprego em função do conhecimento. Apesar da alta capacidade dos computadores para processar os dados, eles não têm inteligência para transformá-los em informações úteis. Cada vez mais será preciso a inteligência humana para orquestrar as buscas digitais na direção de um resultado correto e concreto. Profissionais da era do conhecimento têm estas capacitações e serão altamente demandados. Muitos, em 2025, serão exportadores de serviços. Será preciso uma forte mudança no arcabouço jurídico brasileiro para contemplar as novas formas de trabalho.

Foi afirmado que a Indústria 4.0 exige o desenvolvimento de um novo papel das pessoas como orquestradoras dos processos industriais automatizados. É preciso que o Brasil inicie urgentemente o desenvolvimento de um novo perfil para os seus profissionais através de treinamentos nas empresas e nas escolas.

Fonte: Indústria 4.0: desafios e oportunidades, http://cio.com.br/tecnologia/2016/03/21/industria-4-0-desafios-e-oportunidades/, acessado em: 11/05/2016.

Aspectos Técnicos

Uma revolução silenciosa está acontecendo tanto em vários setores empresariais (fábricas, ferrovias, bancos etc.), como nas atividades humanas realizadas com o auxílio das máquinas (lavadoras de roupas ou pratos, geladeiras, escovas de dentes digitais etc.). As funcionalidades e facilidades de uma enorme gama de produtos e serviços estão sendo redefinidas pela Internet, sensores e softwares. Novas oportunidades estão sendo criadas pela combinação do trabalho intelectual, físico e mecânico.

A integração da Tecnologia das Informações e Comunicações (TIC) com a Tecnologia Operacional (TO) criou três novos caminhos que podem ser explorados para aumentar os lucros corporativos: (i) redução dos custos por causa da manutenção preditiva, (ii) crescimento da velocidade de resposta e (iii) evolução tanto da inteligência da comunicação de máquina para máquina, como da interação do ser humano com as máquinas. As aplicações desta integração podem ser vistas tanto nos sensores presentes na linha de produção dos aviões mais modernos que usam e comparam uma enorme quantidade de dados operacionais na construção das aeronaves, como nos sensores usados nos jogadores, bolas e equipamentos do esporte profissional.

A Alemanha está desenvolvendo um programa estratégico com foco no ano de 2020, chamado de Indústria 4.0. Os Estados Unidos estão trabalhando a viabilidade econômica do desenvolvimento de um novo ciclo industrial com base na automação fim a fim onde a infraestrutura da Internet vai ser utilizada para conectar todos os equipamentos e robôs. Os projetos dos fabricantes, provedores de serviços e clientes para manutenção, atualização e reuso dos equipamentos serão integrados através de processos que objetivam o aumento da eficiência e eficácia. Em outras palavras, a indústria mundial está convergindo para o modelo de fabricação digital, onde as organizações podem planejar e projetar o ciclo de vida dos produtos e das suas instalações.

As informações sobre o comportamento do corpo do ser humano capturadas pelos biossensores são a matéria-prima para o sistema de saúde, pois elas permitem que os médicos, clínicas, hospitais, farmácias e planos de saúde ofereçam serviços customizados e novos canais de comunicação. Os dados capturados dos armazéns e das empresas de logística sobre o nível de ocupação dos espaços e dos planos de distribuição dos produtos em tempo real habilitam o aumento da *taxa de ocupação e o faturamento.*
Fonte: A Internet das Coisas pode mudar a economia?, http://computerworld.com.br/internet-das-coisas-pode-mudar-economia, acessado em 12/05/2016.

A integração da TIC tanto com a TO como com a internet (infraestrutura básica operacional) está convergindo para um mesmo ponto quatro tipos diferentes de automações (automação dos processos de negócio, automação dos escritórios, automação dos processos industriais e a automação das fábricas). Em outras palavras, a somatória da internet das coisas com a tecnologia de informações e comunicações (automação dos processos de negócio e automação dos escritórios) com a tecnologia operacional (automação dos processos industriais e automação das fábricas) está gerando novos compromissos, novas capacidades de comunicação máquina para máquina e novos formatos de manutenção preditiva (Análise e medição de diversos parâmetros dos equipamentos industriais para monitorar as máquinas e equipamentos em uso, para prever falhas e descobrir alterações físicas para evitar indisponibilidades ou estragos maiores. Os objetivos são a redução dos impactos negativos dos procedimentos preventivos no resultado da operação, a eliminação das desmontagens e remontagens para inspeção, a não propagação dos danos e a maximização da vida útil dos componentes dos equipamentos).

A unificação do desenvolvimento econômico provocado pela TIC e pela TO através da análise preditiva dos dados, da mobilidade gerada pelos smartphones, da automação administrativa, da computação em nuvem, das redes sociais, das impressoras 3D etc. está iniciando uma revolução industrial, onde a Tecnologia Operacional é o hardware e software que descobre ou provoca uma mudança através do monitoramento ou controle dos dispositivos físicos, processos e eventos de uma empresa.

A comunicação máquina para máquina, envolvendo tanto as máquinas e os robôs nas fábricas, como os equipamentos e sistemas concebidos habilita o gerenciamento baseado em cartões SIM, sensores e Global Positioning System (GPS). A principal ideia da Internet Industrial (II) é a agregação de valor nas máquinas e equipamentos pela tecnologia digital. O aumento da quantidade de sensores nos motores, carros, trens, equipamentos médicos etc. está aumentando enormemente a efetividade dos serviços de transporte, de saúde (médicos) etc. Os atuais limites setoriais e de domínios estão sendo rompidos com enorme velocidade pelos novos modelos de negócios. Existem estimativas que o setor de aviação civil pode economizar 2 bilhões de dólares por ano e o setor de energia pode economizar 4 bilhões de dólares por ano com o aumento da quantidade de sensores e da inteligência administrativa.

Os sensores instalados nos leitos e equipamentos hospitalares estão permitindo um forte aumento na quantidade de pacientes atendidos com a utilização dos mesmos recursos. As maquinas, dispositivos, leitos, sistemas, prontuários e etc. estão comunicando uns com os outros através das tecnologias digitais, gerando alertas e alarmes para médicos e enfermeiros e com isto a produtividade do tratamento está sendo aumentada. A consequência é redução do tempo de internação dos pacientes e o aumento da disponibilidade dos leitos. A comunicação máquina a máquina está gerando um ambiente mais produtivo através de alertas e alarmes como: eu consigo aumentar a minha velocidade de trabalho em 18% caso a minha caixa de entrada de atividades fique sempre cheia, ou produzir 46 peças na última meia hora e três foram rejeitadas, ou eu posso reduzir meu consumo de energia em 10% se for programado para ir para o modo econômico enquanto espero por novas atividades, ou eu estou esperando por novas atividades por mais de 15 minutos, ou eu demorei 14 minutos para alcançar a minha temperatura ideal para trabalhar. Poderia verificar isto?

A comunicação máquina para máquina (machine to machine - M2M) em conjunto com a comunicação homem para máquina (Human-Machine Interfaces-HMIS) formam a espinha dorsal da fábrica inteligente da indústria pesada, alimentos, eletrodomésticos, alta tecnologia etc. A revolução industrial está acontecendo tanto na fabricação de produção máquinas pesadas, como de motores de carros, como de eletrodomésticos (máquina de lavar roupas, televisões, escova elétrica de dentes, termostatos, carros etc.). Já faz parte da nossa realidade, a situação em que a escova dental (ou dos filhos) alarma dizendo que não foi utilizada esta manhã, ou a máquina de café alerta que produziu 150 xícaras de café e precisa ser limpa, ou o automóvel informa que um aumento de 10% na pressão dos pneus, pode economizar 5% do combustível.

A comunicação máquina para máquina vem permitindo tanto a redução do trabalho humano, como a melhoria da eficiência e segurança das atividades, como a manutenção preditiva das máquinas e dispositivos com base nos seus relatórios internos e reparos remotos, como o engajamento e interação com os clientes através da análise individual da utilização dos produtos. Em outras palavras, a comunicação máquina para máquina oferece o aumento da eficiência e segurança em diversos setores produtivos que vão desde as fábricas até os estábulos de animais. O uso dos sensores nos estábulos permite a reorganização dos animais na fazenda em torno das máquinas alimentadoras aumentando assim a produtividade. Os sensores digitais também podem ser utilizados para enviar mensagens indicando, por exemplo, que a fêmea está em período fértil ou tem sintomas de alguma doença. As aplicações M2M usam chips e redes sem fio para o armazenamento e distribuição dos dados de utilização e diagnóstico em tempo real.

Um sistema M2M usa os sensores e medidores para comunicar pela rede, com e sem fio, os relatórios de uso e diagnóstico do equipamento, por exemplo, a sua temperatura operacional, para que a aplicação interprete os dados e os converta em informações relevantes para a gestão. As operadoras de telecomunicações têm a sua disposição um enorme espaço para crescer os seus lucros através da ampliação dos seus serviços pelo acesso aos aspectos operacionais dos seus clientes.

As empresas operadoras de saneamento e tratamento de água podem usar os sensores de chuva em conjunto com os sensores das bombas e canos para formatar um sistema de tratamento e distribuição de água controlado por software. Os esforços mecânicos, humanos e naturais podem ser otimizados pela análise (em um ponto central) do detalhadamento da monitoração e do controle da pressão do sistema. Através da rede de sensores, a empresa operadora de saneamento, tratamento e distribuição de água monitora o fluxo de água, a pressão nas tubulações, os componentes químicos e os vazamentos do sistema. Com base nas informações oferecidas pela operadora e dados capturados dos sensores que registram a quantidade de chuva e outros parâmetros, os computadores dos consumidores podem automatizar a irrigação da sua plantação. A operação automatizada da irrigação permite o aumento da sustentabilidade do uso da água, ao mesmo tempo em que otimiza o uso das bombas da operadora.

A manutenção e atualização preditiva aumenta a confiabilidade de uma grande gama de dispositivos que podem ser desde uma rede de máquinas de café expresso até motores e turbinas. A indústria da mineração que é um mercado de quase uma dezena de trilhão de dólares é uma das grandes beneficiadas pela comunicação máquina para máquina, pois equipamentos novos podem sofrer um grande desgaste prematuro pela utilização. A análise das atividades executadas permite o planejamento da manutenção.

Na indústria da mineração, a indisponibilidade de um equipamento pode gerar perdas de milhões de dólares diariamente. Os sensores que enviam pela Internet para os sistemas do usuário os dados sobre a utilização e desgaste dos componentes podem gerar um aumento acima de 10% na produtividade e no lucro das mineradoras através de intervenções mais adequadas e oportunas nos equipamentos. A correta análise das informações permite que o objetivo seja tempo ocioso igual a zero e produtividade máxima dos equipamentos. A evolução da manutenção corretiva e preditiva é o caminho para que o tempo de indisponibilidade caia dramaticamente e não ocorram gargalos ou defeitos que geram danos irreparáveis ao sistema.

Com a interação com o cliente e o seu engajamento é possível capturar e compartilhar as informações sobre a utilização e o desgaste dos componentes dos refrigeradores, escovas de dente, televisores, aspiradores de pó, fogões, chuveiros, carros etc. e, assim, criar novos valores agregados e provisionar a modelagem dos serviços oferecidos. Os clientes desejam mais facilidades operacionais nas diversas telas que eles têm acesso. Eles querem acesso via celular, tablet, televisão, óculos digitais etc. para as questões relacionadas com a segurança e configuração dos produtos. O usuário anseia por uma melhora nos serviços que ele tem a sua disposição. A integração da tecnologia de informações e comunicações com a tecnologia operacional permite que exista uma evolução dos serviços de transporte público (humano) pela combinação dos dados do bilhete digital com as informações do tráfego.

O bilhete digital de transporte permite que as pessoas paguem eletronicamente o acesso aos trens, metrôs, ônibus e taxis conforme a sua utilização. As informações operacionais do sistema de transporte público informam, em tempo real, os seus defeitos e atrasos permitindo que os usuários reprogramem os seus descolamentos para que o seu tempo de espera seja reduzido ao mínimo. Desta forma a administradora do sistema de transporte pode ressarcir automaticamente no bilhete digital do cliente, os casos onde o limite máximo de tempo de espera foi excedido. A análise dos dados dos sensores nas linhas de metrô e trem gera uma ferramenta que oferece para os usuários um mapa em tempo real do sistema completo com bandeiras que indicam os equipamentos que necessitam de atenção especial e estão gerando atrasos.

O conjunto formado pela comunicação máquina para máquina, manutenção e atualizações e interação com os clientes está provocando a Quarta Revolução Industrial, que é basicamente um mecanismo de realimentação do crescimento industrial através da sua automação. O tamanho estimado do mercado da Internet industrial das Coisas (IdC em português ou IoT em inglês) em 2016, é de 300 bilhões de dólares. As projeções do mercado total de IoT em 2022 são de 14 trilhões de dólares. A indústria provavelmente será responsável por 27% deste mercado (3,88 trilhões de dólares). A interação das empresas com os seus clientes e o seu respectivo engajamento deverá gerar 1,6 trilhões de dólares de benefícios. A manutenção inteligente vai desempenhar um importante papel na evolução do gerenciamento dos ativos e vai gerar benéficos de aproximadamente 675 bilhões dólares. Os especialistas acreditam que as organizações irão lucrar adicionalmente 1,5 trilhões de dólares pela redução dos desperdícios dos recursos (inclusive perdas de tempo). A comunicação M2M é um importante aliado para acabar com a perda inútil de tempo.

A Quarta Revolução Industrial está em 2016 em pleno desenvolvimento e vem provocando mudanças na sociedade e economia. A palavra "revolução" é usada para indicar que está ocorrendo, em um período curto, mudanças profundas na indústria. O atual estágio é chamado de Cyber-Physical Systems (CPS) onde o sistema produtivo é o resultado da integração do alcance ampliado da produção, com a sustentabilidade dinâmica de longo prazo, com a satisfação dos clientes. Estes três pilares compõem a base das redes inteligentes de sistemas e processos.

O novo chão da fábrica está cheio de dispositivos da Internet das Coisas. É um contexto onde os chips microprocessadores são o cérebro dos sistemas e dispositivos. Eles foram acoplados aos componentes convencionais como módulos de entrada e saída. Os dispositivos digitais como as câmeras de vídeo, como os leitores do Radio-Frequency IDentification (RFID), como os tablets, como os smartphones etc. melhoram rapidamente a qualidade, eficiência, e segurança dos processos operacionais de produção. A conexão na Internet dos dispositivos, máquinas, fábricas completas e outros ambientes e processos industriais é cada vez mais simples por causa dos padrões estabelecidos pelo Industrial IP Advantage consortium (http://www.industrial-ip.org, acessado em 20/07/2026). O IP Industrial (estabelecido em 2013) habilita a conectividade fim para fim da Internet para beneficiar a infraestrutura de rede e de aplicações industriais. Para unificar as comunicações, o Common Industrial Protocol (CIP) foi adicionado na conexão ethernet do IP Industrial.

O IP Industrial suporta a conexão de máquinas e equipamentos, os dispositivos pessoais, a análise e controle em tempo real, os dispositivos de segurança e os sensores e atuadores (acionadores). O IP Industrial permite o processamento e análise de grandes volumes de informações relevantes da produção e dos processos auxiliares para que a indústria trabalhe em um ambiente mais flexível e inovador. Como ainda existem várias aplicações que funcionam sem integração no universo da automação industrial é preciso tomar cuidado com as iniciativas de integração em rede, pois o hardware necessário para habilitar a comunicação destes aplicativos com a Internet exige um desenvolvimento de longo prazo com custo elevado devido ao nível de especialização da mão de obra. O custo cresce em função da complexidade da rede completa (quantidade de dispositivos e equipamentos conectados à Internet), pois quanto maior for a quantidade de componentes conectados, maior será o prazo de instalação, o custo da iniciativa e o nível da demanda por mão de obra especializada.

Para assegurar a viabilidade da escalabilidade e flexibilidade, é recomendável a utilização de um sistema integrado. A Internet das Coisas e dos Serviços conecta os mundos virtual e físico com os modelos de negócio. Os novos serviços de negócio estão sendo desenvolvidos com base na sua capacidade de conectar o mundo físico com o virtual. Na prática, estamos falando do casamento da Tecnologia Operacional (pode ser motores funcionando ou pessoas sendo transportadas ou pães sendo assados) com a Tecnologia de Informações e Comunicações que suporta os processos do negócio.

Atualmente, os robôs estão presentes em uma grande quantidade de indústrias. No entanto, eles ainda estão presentes apenas nas fábricas. Em geral, os robôs executam as atividades industriais que são sujas, perigosas e repetitivas ou enfadonhas. Eles trabalham incansavelmente com precisão e força previsível para assegurar a durabilidade e qualidade dos produtos (alimentos industrializados, aviões etc.). Assim como a chave de fenda elétrica, o martelo pneumático etc., os robôs são melhores que o ser humano em algumas atividades industriais.

Os robôs da produção são parte da automação industrial. As máquinas inteligentes que aprendem são flexíveis conforme as condições do ambiente e são capazes de colaborar com o trabalho dos seres humanos. Vários dos fabricantes tradicionais de robôs industriais estão desenvolvendo assistentes inteligentes digitais e virtuais com capacidade de comunicação em linguagem natural. Em pouco tempo, os seres humanos e as máquinas inteligentes estarão realizando tarefas em regime de cooperação nas fábricas inteligentes. Os sensores, câmeras, softwares e algoritmos de aprendizagem são componentes indispensáveis para que os processos funcionem corretamente. Em outras palavras, os robôs serão adaptados para trabalhar com os seres humanos. A nova geração de robôs industriais inteligentes estará apta para aprender com os seres humanos. As pessoas vão precisar apenas falar e mostrar quais são as ações necessárias.

Em 2015 existiam mais de 1,5 milhões de robôs em uso na indústria. Os especialistas estimam que entre 2013 e 2016 foram vendidos quase 100 mil robôs de nova geração, correspondendo ao valor de 14 bilhões de dólares. Os robôs inteligentes têm mobilidade nas pernas, braços, pescoço e pulsos, têm percepção visual, auditiva, olfativa e tátil, tem controle por um sistema nervoso e cérebro digital, tem fonte de energia autônoma, tem capacidade de comunicação por voz, por gestos e tem um sistema de audição. Veículos não tripulados inteligentes (terra, ar e água) são aplicações importantes para os robôs fora da indústria.

Os robôs modulares que estão sendo desenvolvidos podem trabalhar coletivamente. Está sendo desenvolvida uma Internet para robôs com base no Industrial IP Advantage para que a Internet de Coisas seja aceita pela indústria. Os robôs inteligentes trabalharão colaborando com os seres humanos em produtos como os carros autônomos. A Internet das Coisas acabou com o gerenciamento independente da tecnologia de informações e comunicações e tecnologia operacional. Ela é o fator de aceleração do desenvolvimento integrado dos sistemas operacionais. O controle da supervisão central da captura de dados e monitoração gerencia os sensores que medem a pressão, temperatura e outras variáveis da automação Industrial e apresenta a sua análise detalhada. Os dados das máquinas do ambiente industrial são capturados, transmitidos, processados e visualizados para que a rede formada pelas pessoas, processos e máquinas funcione corretamente.

O plano de convergência da tecnologia de informações e comunicações com a tecnologia operacional das organizações precisa endereçar as normas e os padrões industriais e deve representar a visão corporativa da análise do negócio, dos requisitos e dos objetivos. Os diversos cenários devem ser examinados antes que a estratégia de convergência seja desenvolvida. Em outras palavras é preciso criar uma visão comum da estratégia do negócio e da estratégia de tecnologia de informações e comunicações. A convergência acontecerá apenas quando todos os equipamentos e dispositivos da indústria forem acessados através de um endereço IP. Após a convergência da tecnologia de informações e comunicações com a tecnologia operacional é preciso integrar (todos os equipamentos podem ser acessados pela Internet e as informações e aplicações estão alinhadas no mesmo nível). Neste caso, é um fator crítico de sucesso o desenvolvimento de uma arquitetura onde as aplicações enxergam todas as informações necessárias. A redução dos custos e conquista de importantes vantagens competitivas é consequência direta do correto planejamento da integração. A integração das aplicações com todas as estruturas de informações é o principal objetivo do plano de convergência.

O objetivo da QRI é automatizar a manufatura pela criação das fábricas inteligentes (Smart Manufacturing). Elas têm elevada flexibilidade, eficiência e eficácia e integração com clientes e parceiros. A Internet das Coisas é o pilar que sustenta o modelo. Nos Estados Unidos a organização Smart Manufacturing Leadership Coalition (SMLC) está construindo a indústria informatizada. A SMLC reuniu em uma mesma estrutura os fornecedores das indústrias, as empresas de tecnologia, os engenheiros de produção, as universidades, os órgãos de governo, os consórcios e centros de pesquisa para desenvolver as regras, normas, regulamentos, plataformas e necessidades de infraestrutura para a criação de fábricas inteligentes.

Na Alemanha, uma nova indústria 4.0 está sendo formatada pela conexão com a Internet, onde os mundos virtual e real estão se fundindo através da Internet das Coisas. Após 2020, os produtos serão customizados individualmente em um ambiente de produção industrial flexível com elevado nível de integração com os clientes e demais membros da cadeia produtiva estendida. Cada um dos processos executados vai agregar valor ao conjunto formado tanto pela produção de bens, como pelos serviços de alta qualidade.

A indústria automatizada exigirá uma maior complexidade dos processos e da tecnologia. As ferramentas fundamentais para a fábrica inteligente serão os softwares e algoritmos. Eles vão construir os sistemas funcionais das indústrias e demandarão por uma infraestrutura de tecnologia de informações e comunicações que seja capaz de endereçar a sua demanda. Os robôs, dispositivos, equipamentos etc. das fábricas inteligentes serão conectados através de sensores RFID que vão ser utilizados por todos os setores para otimizar a produção e a logística. Através dos sensores, todos os objetos, pessoas e setores vão poder se comunicar em tempo real. A consequência da comunicação plena em tempo real será o aumento da eficiência da produção e a redução do custo marginal unitário.

No modelo Smart Manufacturing, o produto entregue com seu respectivo serviço é um componente que realimenta o processo de produção da fábrica. A convergência do mundo virtual com o real será realizada através de sistemas mecânicos e físicos e de tecnologia de informações e comunicações através das conexões transparentes de dados em todas as etapas do processo de produção. O ambiente fabril pós 2020 será muito diferente da realidade de 2016, pois a quantidade da força de trabalho industrial será menor e com perfil muito diferente da atual. Os softwares e algoritmos serão os agentes habilitadores dos avanços na produção. Em diversos setores, os computadores com teclado e mouse ou com interface de comunicação em linguagem natural vão substituir os martelos, alicates, chaves de fenda e outras ferramentas tradicionais do chão de fábrica. A inteligência será muito mais importante que a força.

Foi afirmado que a estimativa para o ano de 2020 será um excesso mundial de 90 milhões de trabalhadores pouco qualificados em relação às necessidades demandadas pelo mercado e uma falta de mão de obra qualificada de 85 milhões de trabalhadores em relação às vagas disponíveis.
Fonte: Como permanecer relevante em um mundo que se digitaliza exponencialmente? http://cio.com.br/opiniao/2016/05/02/como-permanecer-relevante-em-um-mundo-que-se-digitaliza-exponencialmente/, acessado em 12/05/2016.

O mercado de trabalho pós Quarta Revolução Industrial será muito diferente do que o existente em 2016. A substituição das ferramentas pelo computador vai exigir a atualização profissional dos funcionários. O novo modelo de produção industrial baseado em um custo marginal unitário muito baixo vai gerar uma infinidade de novas oportunidades de negócios. No entanto, estas oportunidades não serão distribuídas igualmente entre todos os países do mundo. Existe o risco de ser iniciado um ciclo de concentração da renda.

As previsões para a terceira década do século XXI para o trabalho revelam que mais da metade dos novos empregos que vão surgir com a Quarta Revolução Industrial exigem habilidades dominadas por menos de 20% da força de trabalho existente em 2016. É um desafio enorme que todos os países vão enfrentar em poucos anos. O risco de um novo ciclo de concentração de renda será intensificado, caso as previsões virem realidade e apenas os países mais avançados investirem na atualização da educação da força de trabalho.

Após 2020, ter capacidade financeira para comprar as novas tecnologias não será condição necessária e suficiente para manter uma indústria funcionando. Será preciso ter profissionais dentro da indústria que sejam capazes de interagir em tempo real com as máquinas para gerar benefícios para a corporação e sociedade. Ainda na terceira década do século XXI, as casas vão acordar, ou seja, o alarme do relógio vai despertar as pessoas conforme a configuração estabelecida, as luzes serão ligadas e desligadas sem a intervenção humana conforme a presença dos moradores, o chuveiro esquentará a água automaticamente em uma determinada temperatura conforme a programação definida pelo morador.

As pessoas vão usar roupas feitas sob medida, os carros vão ser ligados sem a intervenção humana e o celular vai mostrar a situação de cada uma das máquinas das fábricas e da linha de produção. As máquinas da linha de produção inteligente serão reprogramadas automaticamente em função tanto da capacidade total disponível, como das falhas apresentadas. Os técnicos da assistência técnica vão receber os relatórios dos defeitos automaticamente e realizarão os reparos remotamente na maioria dos casos. Praticamente, todos os objetos do dia a dia das pessoas serão fabricados conforme a customização desejada pelos clientes. A rede de comunicação das coisas será funcional o suficiente para que todos os objetos encontrem um caminho para informar a sua situação atual. A resolução dos problemas dos equipamentos, robôs, máquinas etc. ocorrerá através da estrada virtual estabelecida.

A Quarta Revolução Industrial ou Indústria 4.0 está sendo desenvolvida para aumentar a competitividade da indústria através da introdução dos sistemas de produção ciber-físico (Cyber-Physical Systems - CPS) ou Cyber-Physical Production Systems (CPPSs) aos processos industriais. Os CPPSs são a integração das máquinas inteligentes com a mão de obra humana. As indústrias estão criando uma nova linha de produção baseada em uma rede digital formada por dispositivos, equipamentos, robôs etc. Neste formato, a cadeia produtiva, estendida, trabalha em um sistema único que é programada para eliminar os erros, aumentar e flexibilizar a produção (é possível reconfigurar os parâmentos da linha de produção conforme os dados externos) e evoluir a eficiência. Na Indústria 4.0, todos os objetos, desde um simples termostato até uma turbina, estão conectados na Internet das coisas.

A eliminação do desperdício de energia elétrica que ocorre durante as pausas na produção é um dos principais fatores de motivação do desenvolvimento das fábricas inteligentes. A customização dos produtos, conforme as necessidades específicas do consumidor, é um dos benefícios tangíveis da quarta revolução industrial. Com o advento das impressoras 3D, sensores e equipamentos inteligentes, os consumidores vão usar as fábricas para criar seus próprios produtos. O potencial econômico deste novo formato da linha de produção é gigantesco. Internet Industrial que é o resultado da comunicação dos produtos inteligentes e das máquinas produzidas através da Internet das Coisas, permite a monitoração do uso e tempo de funcionamento dos produtos.

Um exemplo trivial deste novo mundo é a sua televisão diagnosticando, via manutenção preditiva, que ocorrerá uma falha grave e fatal em breve e ela vai enviar automaticamente este diagnóstico para o fabricante. A indústria, com base nas informações recebidas, poderá rever o fluxo de saída da linha de produção, revisar o seu estoque de televisores e trabalhar a logística dos produtos em trânsito para endereçar a necessidade sinalizada pelos televisores em uso. Em outras palavras, quando a falha grave e fatal ocorrer, já existirá uma televisão pronta para ser enviada. O prazo de entrega será reduzido.

Na realidade, é possível, na Indústria 4.0, ir além da redução do prazo de entrega. O equipamento no final do seu ciclo de vida poderá enviar para o fabricant, através de uma nuvem a sua configuração com aplicativos instalados, arquivos armazenados, favoritos, fotos, vídeos etc. e a linha de produção da indústria será capaz de fabricar uma nova e moderna televisão com a mesma customização do equipamento original.

As roupas sob medida, perfumes, shampoos, sabonetes e outros itens da higiene pessoal poderão ser personalizados conforme as necessidades e desejos dos consumidores sem custos adicionais. As personalizações vão além de cores e embalagens. Os produtos serão produzidos conforme as especificações dos clientes. Características como intensidade do aroma, cor, potencial hidrogeniônico (pH), embalagem, tamanho etc. serão entregues de forma individual. Em 2016, os produtos de várias empresas são manufaturados por linhas de produção automatizadas em diversos níveis. A produção integrada da Indústria 4.0 terá enorme impacto na rotina humana, pois as tarefas repetitivas serão executadas com maior eficiência pelos robôs.

A automatização da linha de produção vai permitir que os trabalhadores humanos sejam deslocados para os trabalhos mais criativos que podem ser realizados remotamente. Os CPPSs ou CPS são mais vantajosos para as pequenas e médias empresas do que para as grandes. Isto acontece porque a infraestrutura das empresas de grande porte é muito mais complexa do que as de pequenas. As micro, pequenas e médias indústrias podem desenvolver e implementar uma nova infraestrutura de tecnologia de informações e comunicações muito mais rapidamente e facilmente do que as empresas grandes e gigantes. Será uma ruptura no atual modelo de negócios.

A Quarta Revolução Industrial exige a completa integração dos vários níveis dos membros da cadeia produtiva corporativa para que os robôs falem a mesma língua. Um produto semiacabado que é entregue para o robô responsável pela sua finalização consegue paralisar a linha de produção se o robô não conseguir ler o seu chip RFID (esta falha pode ser causada pela utilização de uma frequência diferente no chip). Para evitar as falhas, é preciso que os padrões de robôs, máquinas e equipamentos sejam universalizados conforme os acordos dos fóruns mundiais. Através da padronização mundial, as máquinas de diversos fabricantes produzidas em vários países serão capazes de estabelecer um canal de comunicação pleno ente elas. O contexto da padronização mundial impede o surgimento de monopólios empresariais na Indústria 4.0.

Na era da comunicação padronizada, a segurança é virtual, é um aspecto de importância fundamental para a Internet dos Dados. A criação de uma rede universal segura é uma tarefa bastante difícil e trabalhosa, pois é preciso integrar os sistemas físicos com a Internet. As vulnerabilidades que permitem os ataques virtuais precisam ser rapidamente combatidas, pois as fábricas da Indústria 4.0 um ataque remoto vai afetar os processos produtivos das grandes cadeias estendidas. Os atacantes podem, por exemplo, alterar o protocolo de comunicação dos produtos produzidos ou paralisar a linha de produção.

Um outro desafio para as fábricas inteligentes são os empregos. É preciso evitar a criação de um espiral crescente de redundância da mão de obra humana por causa dos robôs e máquinas industriais. A indústria 4.0 vai automatizar muitos empregos após o ano de 2025. É preciso trabalhar com afinco para que não seja criada uma sociedade com milhões de trabalhadores desempregados. É preciso capacitar os trabalhadores para que eles sejam capazes de monitorar os robôs, as máquinas e computadores. É preciso evitar a armadilha onde as empresas aumentam expressivamente a sua produção sem a criação de novos empregos. Nos países de forte crescimento populacional, o desemprego pode criar um ambiente político explosivo.

Os países em desenvolvimento terão que enfrentar com sabedoria a eliminação dos postos atuais de trabalho para não serem prejudicados pelas fábricas inteligentes. Um dos principais catalizadores da Quarta Revolução Industrial é a necessidade dos países ricos de competir com a produção nos países em desenvolvimento. Existe uma elevada esperança pelos países ocidentais que a implementação dos sistemas de produção ciber-físico reverta o fluxo de deslocamento da mão de obra. Os cuidados políticos e econômicos devem ser intensos, pois caso toda a mão de obra humana seja substituída pelos robôs, inexistirão compradores. Não importa o volume e não importa o preço. É evidente que, caso a Indústria 4.0 consiga alcançar a produção com custo marginal unitário próximo de zero, pode ser estabelecido um novo equilíbrio econômico em um cenário de forte eliminação de postos de trabalho.

A única certeza que existe em 2016 é que a Quarta Revolução Industrial vai produzir fortes impactos no mercado de trabalho e na economia mundial. As atividades repetitivas serão eliminadas e os trabalhos mais criativos serão estimulados. As mudanças não ficarão restritas para o setor industrial. Nas fazendas inteligentes a tecnologia vai permitir que o agricultor monitore com maior efetividade os processos de preparo da terra, plantio, adubação, correção do solo, pulverização e colheita. O banco de dados formado pelas informações capturadas pelos sensores dos tratores e outros equipamentos agrícolas será integrado com os bancos de dados dos sistemas externos e com os bancos de dados do sistema de gestão da fazenda para aprimorar a tomada de decisões. Como consequência, teremos tanto uma forte redução nos custos dos alimentos, como um aperfeiçoamento na execução das tarefas realizadas nas fazendas.

As máquinas que fazem tudo, desde televisores até refeições, são o resultado do estado da arte da tecnologia. A Quarta Revolução Industrial está tornando as fábricas mais inteligentes. Os novos padrões para as fábricas que formam a internet das coisas da manufatura estão integrando milhares de computadores que estão dispersos geograficamente. Os sistemas de produção ciber-físico em conjunto com os sistemas mecânicos e eletrônicos vão conectar todos os equipamentos industriais em uma única rede. Este nível de integração permite que os módulos da linha de produção possam reprogramar as fábricas e alterar a linha de montagem. Em 2016, este nível de inteligência é realizado apenas pelos seres humanos.

Uma fábrica inteligente que está produzindo pequenas caixas plásticas azuis para um determinado tipo de sabonete, pode ser reprogramada automaticamente por um módulo. Neste caso, os demais equipamentos recebem a ordem para executar um novo conjunto de tarefas e a linha de produção passa a produzir, a partir deste instante, caixas grandes retangulares e transparentes para o armazenamento de pães e biscoitos. Em outras palavras, os módulos e equipamentos podem ser reorganizados para diversas tarefas diferentes e até mesmo voltar para a configuração inicial. Uma mesma fábrica inteligente pode produzir, em um determinado momento, celulares, em outro momento, um braço de um robô, e em outro uma caneta com um controle de qualidade bastante elevado. Novos módulos podem ser conectados a qualquer momento, garantindo a flexibilidade da linha de produção da fábrica. É uma linha de produção estilo lego onde módulos produtivos podem ser adicionados ou retirados conforme a necessidade.

O modelo plug and produce é uma das principais rupturas entre a fábrica tradicional e a inteligente. Os dados são enviados (através de rede cabeada ou sem fio) dos módulos instalados para a central de controle da fábrica inteligente. Os especialistas acreditam que em 2018, as primeiras fábricas inteligentes estejam totalmente operacionais e que em 2028 elas estejam globalmente difundidas.

É um avanço muito rápido, considerando que em 2016 as fábricas inteligentes estão ainda na fase de projeto. Claramente, existe muito trabalho para ser realizado. É preciso desenvolver e acordar um conjunto de padrões internacionais para as fábricas inteligentes. Os padrões vão permitir o desenvolvimento mais barato, rápido e confiável das tecnologias.

A padronização das tecnologias Radio-Frequency IDentification (RFID), Near Field Communication (NFC) e OPC Unified Architecture (OPC UA) que é um protocolo de comunicação industrial máquina para máquina (M2M) desenvolvido pela OPC Foundation vai permitir que os módulos desenvolvidos por diferentes fornecedores conversem através de uma rede única. Passa a existir neste contexto a interoperabilidade entre os vários módulos e o aumento da concorrência entre os fornecedores da indústria. Em outras palavras, para que as fábricas inteligentes virem uma realidade é preciso o desenvolvimento de protocolos de comunicação padronizados.

As fábricas inteligentes não virarão realidade, se os diferentes fabricantes dos módulos desenvolverem sistemas proprietários. O contexto político e legal também deve ser considerado na evolução da indústria 4.0. Um exemplo é o caso da indústria americana de alimentos e de medicamentos. Ela pode ser fortemente impactada pela concorrência oferecida pelas fábricas inteligentes, pois a agência reguladora US Food and Drug Administration (FDA) não permite a produção de alimentos e medicamentos utilizando sistemas modulares.

O crescimento da automação e das fábricas inteligentes pode fazer com que muitas pessoas percam os seus empregos. No entanto, isto não significa que os empregos vão desaparecer. Na prática, os trabalhadores vão ter que voltar para as escolas para serem educados em mecatrônica e tecnologia de informações e comunicações para trabalharem nos novos empregos que vão surgir com a Indústria 4.0. As linhas de produção menores e mais flexíveis vão permitir que as fábricas trabalhem em regime de cooperação com os seus clientes, possibilitando o renascimento da indústria nos países mais ricos. As fábricas voltarão a ser economicamente viáveis em diversos países ricos. Tanto a China como a Índia poderão sofrer perdas econômicas significativas caso não reavaliem a sua atual estratégia de oferecer mão de obra barata para os países ricos.

Impactos na sociedade

A Primeira Revolução Industrial usou a força da água e do vapor para mecanizar a produção. A Segunda Revolução Industrial usou o poder da eletricidade para criar a produção em massa. A Terceira Revolução Industrial usou o poder dos chips eletrônicos e da tecnologia de informações e comunicações para automatizar a produção. A Quarta Revolução Industrial está explorando a revolução digital para integrar as tecnologias que estão rompendo as divisórias do físico, digital e biológico.

A velocidade, escopo e impacto nos sistemas produtivos das mudanças causadas pela Internet das Comunicações, Internet da Energia e Internet do Transporte estão transformando a indústria. A velocidade da ruptura dos modelos de negócio tradicionais não tem precedente histórico anterior. A velocidade dos impactos e das mudanças da Quarta Revolução Industrial está crescendo exponencialmente. Até a Terceira Revolução Industrial, o crescimento era linear. A amplitude e a profundidade da transformação estão impactando os sistemas de produção, gerenciamento e governança.

As possibilidades de rupturas geradas por bilhões de pessoas conectadas através de celulares inteligentes são gigantescas. A mobilidade em conjunto com as tecnologias de inteligência artificial, robótica, Internet das Coisas, veículos autônomos, Impressão 3D etc. estão criando disrupções importantes nos modelos de negócio atuais. A inteligência artificial atualmente presente nos drones, assistentes virtuais e softwares de tradução e de investimentos revelam o progresso impressionante realizado nos últimos anos. O crescimento exponencial do poder de fogo dos computadores e do volume de dados permitiu o desenvolvimento de algoritmos para prever o resultado do uso de um novo remédio ou de uma mudança cultural na sociedade.

As tecnologias digitais estão interagindo com o dia a dia da biologia e os engenheiros estão projetando computadores capazes de sintetizar materiais orgânicos inteligentes. A Quarta Revolução Industrial pode aumentar e nivelar a renda mundial em um patamar tão elevado que a qualidade de vida de todas as pessoas na Terra vai melhorar significativamente. A tecnologia permite o desenvolvimento de produtos e serviços que aumentam a nossa eficiência e o nosso prazer. Já é possível solicitar um táxi, reservar um voo, comprar um produto, pagar uma conta, escutar uma música, ver um filme e jogar remotamente.

A Internet das Comunicações, Internet da Energia e Internet do Transporte vão aumentar a eficiência e a produtividade em tal ordem que os custos do transporte, logística, comunicação vão cair dramaticamente. O custo do comércio global vai cair em tamanha dimensão que será cada vez mais fácil abrir um novo mercado. No entanto, existe também a possibilidade da quarta revolução industrial aumentar a desigualdade pela destruição do atual mercado de trabalho. A automação pode substituir a força de trabalho de uma economia inteira. Neste caso, o deslocamento dos trabalhadores pode criar um abismo entre o retorno do capital e do trabalho. Os governos precisam agir com inteligência e firmeza para evitar tal efeito negativo. Políticas públicas inteligentes podem deslocar a força de trabalho para atividades gratificantes e aumentar a renda do trabalho.

Como existem muitas variáveis, não é possível prever qual cenário futuro será bem-sucedido. O histórico das outras revoluções industriais mostra que o resultado final será uma combinação dos aspectos positivos e negativos. O que é claro, neste momento é que o conhecimento ou capital intelectual será o principal fator crítico de produção de uma indústria inteligente. O mercado de trabalho será dominado pela exigência de elevado nível de capacitação. As habilidades intelectuais serão melhores remuneradas do que as habilidades físicas dos profissionais. Em países como o Brasil, isto pode significar um aumento das tensões sociais.

A desigualdade social causada pela desigualdade cultural e intelectual é um problema que o Brasil terá que enfrentar e corrigir na Quarta Revolução Industrial. Os grandes beneficiários da revolução serão os inovadores que forem capazes de aglutinar em um mesmo projeto o conhecimento dos intelectuais, acionistas e investidores. Este processo pode tanto reduzir a desigualdade pela distribuição da riqueza pela população de elevado saber e conhecimento, como pode aprofundar a desigualdade se a população não dominar os conhecimentos necessários. As políticas públicas de educação entram no jogo, pois a distribuição da riqueza gerada será feita com base no capital, no trabalho e no conhecimento.

A falta de conhecimento será a principal razão para a estagnação ou redução da renda, pois a demanda por trabalhadores do conhecimento e com maior nível educacional é crescente e a demanda por trabalhadores com menor nível de conhecimento e educação é decrescente. O resultado da forte demanda do emprego qualificado sem crescimento equivalente da sua oferta será o aumento da desigualdade da renda. A renda dos trabalhadores menos qualificados será reduzida por conta da grande oferta de profissionais menos qualificados em um ambiente de contração da quantidade de empregos mais simples.

Foi afirmado que a Uber atende uma demanda reprimida no Brasil que não usavam táxis antes da sua chegada.
Fonte: Uber não tira mercado de táxis no Brasil, aponta estudo do Cade, http://idgnow.com.br/mobilidade/2015/12/14/uber-nao-afeta-taxis-negativamente-no-brasil-aponta-estudo-do-cade/, acessado em 18/05/2016.

Foi revelado que centenas de motoristas se reuniram nas capitais brasileiras contra a regulamentação de serviços como o Uber.
Fonte: "Taxistas protestam contra Uber em SP e RJ; app dá desconto em corridas", http://idgnow.com.br/mobilidade/2015/11/11/taxistas-protestam-contra-uber-em-sp-e-rj-app-da-desconto-em-corridas/, acessado em 18/05/2016.

Foi afirmado que os sindicatos de taxistas da França entraram em greve em Paris contra a presença do Uber e outros serviços parecidos no país.
Fonte: Taxistas franceses promovem greve e quebra-quebra contra Uber em Paris, http://idgnow.com.br/mobilidade/2016/01/26/taxistas-franceses-promovem-greve-e-quebra-quebra-contra-uber-em-paris/, acessado em 18/05/2016.

Foi revelado que um grupo de taxistas abordou os carros pretos para impedir que os convidados de uma festa usassem os serviços do aplicativo Uber.
Fonte: Contra Uber, taxistas fazem tumulto em frente à festa de revista em SP, http://www1.folha.uol.com.br/cotidiano/2016/01/1734878-contra-uber-taxistas-fazem-tumulto-em-frente-a-festa-de-revista-em-sp.shtml?mobile, acessado em 18/05/2016.

No cenário de políticas públicas de educação ruins, muitos trabalhadores vão ficar com a sua renda real estagnada ou decrescente. A classe média ficará descontente e com sentimento de injustiça. É preciso que os governos sejam proativos para que não exista a chamada economia de vencedores e perdedores, onde os vencedores ganham tudo e a classe média fica com o sentimento de mal-estar e abandono.

É fácil perceber que a economia dos perdedores será resistente em relação às tecnologias digitais e ela vai usar o compartilhamento das informações nas redes sociais para inviabilizar ao máximo a revolução digital. Como a maior parte da população mundial usa as redes sociais para compartilhar informações existem bilhões de interações que podem gerar oportunidades para evolução educacional e cultural pela coesão de valores, ou divulgar e propagar expectativas pouco realistas sobre a quarta revolução industrial. Todos nós sabemos que as redes sociais oferecem valiosas oportunidades para ideologias e ideias extremistas.

O impacto da revolução digital nos negócios será diretamente proporcional à aceleração da introdução das inovações e a velocidade das disrupções. Como é muito difícil prever qual será o nível de entendimento das mudanças, é possível que existam surpresas constantes. Os profissionais com boas conexões e bem informados serão fortemente demandados para suportar a execução das principais estratégias dos negócios. As indústrias que enxergam a introdução das novas tecnologias como uma oportunidade para desenvolverem novas alternativas para endereçar as necessidades existentes e romper com as atuais cadeias de valor vão conquistar importantes vantagens competitivas. Os competidores ágeis e inovadores vão usar as plataformas digitais globais para pesquisar, desenvolver, divulgar, vender e distribuir os seus produtos. Estas empresas vão enfrentar as firmas bem estabelecidas nos mercados locais através da melhoria da qualidade, do aumento da velocidade das entregas e do crescimento do valor do que está sendo entregue para os consumidores.

As grandes mudanças que estão ocorrendo no lado da demanda (como o aumento da exigência de transparência das práticas comerciais das empresas, engajamento nas causas filosóficas dos consumidores, sustentabilidade e novos padrões de comportamento dos clientes) estão levando as companhias para a estrada da adaptação. As atividades empresariais de desenvolvimento dos projetos e de divulgação e entrega dos produtos e serviços precisam ser estabelecidas e realizadas através de uma jornada pautada pela ética corporativa e pela sustentabilidade de longo prazo ambiental.

A principal tendência da revolução digital é o desenvolvimento de plataformas de tecnologia que permitem a combinação da oferta e da demanda para romper com os atuais paradigmas da estrutura da indústria. Os modelos de negócio derivados da economia do compartilhamento ou Build To Order (BTO - conforme a demanda) estão em crescente evolução. As plataformas tecnológicas de fácil uso através do smartphone integram as pessoas, ativos e dados e criam novas alternativas e processos para o consumo de bens e serviços. Elas também eliminam ou reduzem as barreiras para que as empresas e os indivíduos criem riquezas pelas mudanças introduzidas no ambiente pessoal e profissional dos trabalhadores. Em outras palavras, as novas plataformas de novos negócios estão criando e multiplicando rapidamente novos serviços (lavanderias, lojas virtuais, execução de pequenas tarefas como passear com animais de estimação ou pessoas com restrições de mobilidade, estacionamentos automatizados, massagens, organização de passeios e viagens etc.).

Os quatro efeitos principais da Quarta Revolução Industrial nos negócios estão relacionados com as expectativas dos clientes, melhorias nos produtos, colaboração nas inovações e formatos da estrutura das organizações. O resultado final é que os consumidores estão sendo deslocados para o epicentro da economia (melhor oferta de serviços). Os produtos físicos e serviços estão sendo aprimorados e evoluídos através das novas capacidades digitais que aumentam o seu valor. As novas tecnologias tornam os ativos mais duráveis e resilientes, pois os dados e a sua respectiva análise estão transformando a manutenção dos produtos. A revolução digital está revelando um mundo onde a experiência do consumidor é baseada em serviços de dados (o desempenho dos produtos é consequência da análise das informações do seu uso e da colaboração).
A colaboração é em particular um aspecto de enorme relevância para o sucesso, pois a velocidade das inovações está transformando os mercados locais. O cres-

cimento das plataformas digitais globais e os novos modelos de negócio estão fazendo com que as organizações façam uma revisão na sua cultura interna, estabeleçam novos parâmetros para o formato organizacional corporativo e revejam as suas políticas para a conquista e retenção dos talentos.

A inovação baseada na combinação de tecnologias gerou um reexame do formato como as firmas fazem negócios. Os líderes empresariais e executivos precisam entender que existe um novo meio ambiente de negócios que é variável e volátil e mudaram os paradigmas das metas para as equipes operacionais na direção das inovações como parte da rotina do dia a dia das pessoas.

A convergência do mundo físico e digital está gerando novas tecnologias e plataformas que estão permitindo tanto o engajamento dos cidadãos nas causas públicas, como a expressão das opiniões individuais, como a coordenação dos esforços para otimizar a supervisão das autoridades públicas. Os governos também serão beneficiados pelas novas tecnologias de vigilância inteligente universal e controle digital da infraestrutura. Será possível aumentar o controle. No entanto, os governos serão pressionados para mudar a sua abordagem tanto em relação ao engajamento público, como em relação ao seu papel de formulador de políticas públicas. As novas fontes de competição habilitadas pelas novas tecnologias redistribuem e descentralizam o poder.

Em diversos países, a sobrevivência dos sistemas de governo e autoridade pública estará condicionada com a sua capacidade de adaptação para uma nova realidade. Os governos que forem capazes de abraçar as mudanças da disrupção mundial alterando a estrutura pública para níveis de transparência e eficiência elevados, conseguirão manter as suas vantagens competitivas e permanecerão no poder. Os que não conseguirem desenvolver soluções públicas adequadas sofrerão níveis crescentes de incômodo.

As normas e regulamentações dos atuais sistemas de políticas públicas que foram desenvolvidas na abordagem de cima para baixo terão que ser reestudadas e revistas para responder as demandas da nova sociedade conectada. Os processos deixarão de ser lineares e mecânicos e passarão a ser exponenciais e automáticos na Quarta Revolução Industrial. Existe uma clara tendência de elevada velocidade para as mudanças e amplo espectro de amplitude para os impactos. Os legisladores e reguladores terão que enfrentar desafios de alta complexidade na maior parte do seu tempo no exercício das atividades.

Será preciso encontrar um ponto de equilíbrio (ele será dinâmico) que preserve os interesses dos consumidores e do público em geral, ao mesmo tempo em que exista suporte para as inovações e desenvolvimento tecnológico. O governo ágil precisa encontrar respostas rápidas para o desenvolvimento dos negócios e operações. Em outras palavras, os legisladores e reguladores precisarão adaptar continuamente as normas, regulamentos e leis para um ambiente de mudanças rápidas. Em alguns casos, eles precisarão se reinventar para entender o que eles estão regulando. O governo e as agências reguladoras precisarão de colaboração intensa dos negócios e da sociedade civil.

A Quarta Revolução Industrial vai impactar profundamente a segurança nacional e internacional em termos de probabilidade e natureza de conflito. Os conflitos internacionais estarão cada vez mais relacionados com a inovação tecnológica. As disputas pós-revolução digital serão travadas em campos virtuais de batalha. Muitas pessoas terão dificuldades sobre o entendimento do que é guerra, paz, combate e violência. As novas tecnologias de veículos autônomos ou armas biológicas de fácil uso permitirão que indivíduos e pequenos grupos sejam capazes de causarem malefícios para uma grande quantidade de pessoas. As vulnerabilidades digitais gerarão novos medos e temores. No entanto, a mesma tecnologia utilizada nos ataques poderá ser utilizada na defesa e reduzir a escala e impacto do ataque. O desenvolvimento de novos modos de proteção vai aumentar a precisão do combate à violência.

A Quarta Revolução Industrial vai afetar o sentido de privacidade, noção de propriedade individual e de bens comuns, padrão de consumo, tempo dedicado ao trabalho e lazer, desenvolvimento da carreira profissional, habilidades e relacionamentos, políticas públicas e pessoais de saúde e evolução individual e coletiva das pessoas. A integração das tecnologias também vai afetar a capacidade humana de compaixão e cooperação. O relacionamento das pessoas com os smartphones pode ser tão intenso que pode privar as pessoas do tempo para descansar, refletir e conversar em regime de dedicação exclusiva.

As novas tecnologias vão impactar o conceito de privacidade, pois a rastreabilidade do deslocamento e o compartilhamento das informações será parte integrante fundamental da nova conectividade. Os debates sobre questões como o impacto da perda do controle das informações e dados pessoais serão intensificados exponencialmente nos próximos anos. As revoluções da biotecnologia e inteligência artificial vão redefinir o significado da expressão "ser humano" pelos novos limiares do conhecimento sobre a saúde, a cognição e as habilidades e capacidades humanas. Os limites éticos e morais serão impactados.

Para que a revolução digital e a disrupção ocorram é preciso que as forças externas ao sistema capitalista, controláveis pelas pessoas estejam presentes. Serão as decisões das pessoas, dos consumidores e dos investidores que vão direcionar o ritmo e rumo da evolução digital. As pessoas podem e devem moldar o formato da Quarta Revolução Industrial e direcionar as ações para que o futuro seja uma consequência dos seus objetivos e valores comuns.

É preciso existir um desenvolvimento de uma visão abrangente e globalmente compartilhada do impacto da tecnologia na vida das pessoas e na reformatação da economia, sociedade, cultura e ambiente humano. Existe tanto a promessa de um futuro ótimo como a previsão do crescimento da quantidade de perigos contra a sociedade. Os tomadores de decisão não podem cair na armadilha do pensamento linear ou ficarem envolvidos apenas nas diversas crises econômicas. É preciso pensar estrategicamente sobre as forças disruptivas e inovadoras que moldarão o futuro. O futuro projetado precisa colocar as pessoas em primeiro lugar. A natureza humana de criatividade, empatia e gerenciamento devem ser utilizados para levar a humanidade para um novo conceito coletivo de consciência moral baseado no compartilhamento. A missão não será fácil, mas se todos trabalharmos em torno dos objetivos e bens comuns será possível assegurar que a revolução digital vai fazer com que os melhores valores humanos triunfem.

Principais características das fábricas inteligentes

A indústria 4.0 é o próximo estágio da evolução dos processos da cadeia completa de valor da indústria. A revolução digital está modificando os métodos de produção e manufaturação das empresas. Os processos industriais vêm utilizando cada vez mais as soluções eletrônicas e de Tecnologia de Informações e Comunicações (TIC) para automatizar a linha de produção. A adoção ampla das soluções de Tecnologia de Informações e Comunicações nas operações de produção tradicionais da indústria está derrubando as fronteiras que existem entre o mundo real e virtual. A integração das tecnologias físicas e virtuais da indústria gera os Cyber-Physical Production Systems (CPPSs) ou Cyber-Physical Systems (CPS) que são os sistemas de produção cibernético físico.

Os Cyber-Physical Production Systems são redes sociais em tempo real das máquinas. A integração dos sistemas de tecnologia de informações e comunicações com os componentes mecânicos e eletrônicos é feita através de uma rede de comunicação. A tecnologia de Radio Frequency Identification (RFID) é utilizada para permitir a comunicação plena entre todos os membros da rede social de máquinas.

As máquinas inteligentes compartilham continuamente as informações sobre o tamanho do estoque, os problemas operacionais, as falhas ocorridas na linha de produção e o nível da demanda ou das solicitações. Os processos de produção e os prazos de entrega dos produtos são organizados e orquestrados com base no plano de otimização da produção (aumento da eficiência do tempo de processamento da produção, crescimento do nível de utilização da capacidade industrial e elevação do nível de qualidade nos processos de compras das matérias-primas e os insumos e nas atividades de desenvolvimento, produção e comunicação e divulgação dos produtos e serviços).

Os CPPSs são uma rede inteligente formada pelas máquinas, facilidades industriais, estruturas produtivas, sistemas de tecnologia de informações e comunicações, produtos e serviços inteligentes e pessoas. A rede é o alicerce central que permeia todos os processos e atividades executadas pela cadeia produtiva completa durante o ciclo de vida inteiro dos produtos e serviços. A plena comunicação da indústria 4.0 com a mobilidade inteligente, com as redes inteligentes, com a logística e transporte inteligente e com as casas e edifícios inteligentes é um dos principais fatores críticos de sucesso da quarta revolução industrial. É a comunicação com as redes sociais e empresariais que habilita a transformação digital da indústria. Na prática, estamos falando da internet das coisas, serviços, dados e pessoas.

O crescimento exponencial da impressão 3D, tecnologia dos sensores, inteligência artificial, robótica, drones etc. está mudando radicalmente os processos industriais pela grande velocidade do seu desenvolvimento e do elevado nível de crescimento da sua flexibilidade. O estímulo massivo para o aumento da capacidade de processamento e armazenamento dos computadores em conjunto com a redução dos custos e a miniaturização dos componentes está viabilizando o uso intensivo de equipamentos digitais nas fábricas. A aceleração exponencial do desenvolvimento e utilização das novas tecnologias está gerando uma onda de oportunidades disruptivas na indústria, pois a internet das coisas está aumentando consideravelmente a previsibilidade da manutenção das máquinas industriais e dos produtos.

As atuais condições de controle e monitoração estão adicionando valor para as fábricas inteligentes. A primeira das principais características da fábrica inteligente é o sistema de produção inteligente em rede vertical. A rede vertical usa os Cyber-Physical Production Systems para habilitar a rápida reação (em função da demanda, níveis de estoque e falhas) das linhas de produção das indústrias inteligentes.

As fábricas inteligentes são organizadas autonomamente e permitem a viabilidade econômica da produção individual conforme as especificações do consumidor. Os CPPSs habilitam o gerenciamento autônomo tanto da produção como da manutenção, pois os recursos, produtos, matérias-primas e produtos semiacabados são membros de uma mesma rede onde eles podem ser armazenados em qualquer lugar do mundo. Todos os estágios dos processos de produção são registrados e armazenados automaticamente (inclusive as falhas, erros e as discrepâncias). O sistema automático de registro permite que as mudanças realizadas nos pedidos, as variações na qualidade e as interrupções na linha de produção sejam tratadas rapidamente. Estes processos automatizados habilitam um maior nível de monitoramento e aumentam a eficiência e eficácia da manipulação e utilização da matéria-prima (por exemplo, cortes de uma peça grande de tecido para a produção de calças com nível mínimo de perdas e desperdícios). As perdas e desperdícios da matéria-prima e dos produtos semiacabados são minimizadas e eliminadas.

A adoção em larga escala da impressão 3D vai fazer com que os clientes prefiram baixar o arquivo e imprimir eles mesmos, na quantidade desejada, o produto ou os seus componentes internos. Os consumidores não vão querer mais esperar para receber o produto em casa. Da mesma forma em que as pessoas preferem comprar música através do iTunes da Apple ou livros pelo Kindle da Amazon, elas vão preferir receber o arquivo Computer Aided Design (CAD) e imprimir o produto. É claro que esta característica vai levar a indústria 4.0 para o caminho do gerenciamento dos direitos digitais ou Digital Rights Management (DRM). Nesta estrada, a indústria caminha tanto para a monetarização do conhecimento, como para o custo marginal unitário zero. Este caminho exige o aumento contínuo da eficiência do uso dos recursos (matéria-prima, energia e pessoas). No caso dos recursos humanos, as exigências para as tarefas operacionais de produção, armazenamento, logística e manutenção estão sofrendo profundas mudanças em termos das habilidades necessárias para trabalhar com os sistemas de produção Cyber-Physical (CPPSs).

Este novo ambiente produtivo exige que a indústria deixe de focar nos produtos e passe a focar na real experiência do usuário. Este aspecto leva a indústria para a direção da integração horizontal em rede global da cadeia de valor. Esta é a **segunda das principais características da indústria inteligente**. A criação de valor de uma rede em tempo real ocorre através da integração da transparência. Como as informações sobre os problemas e as falhas estão disponíveis para todos os membros da rede em tempo real, existem ganhos de flexibilidade. As respostas aos desafios são rápidas e é possível conquistar otimizações globais.

A rede local e global permite a comunicação inteligente bidirecional (através dos CPPSs) da logística de entrada (matéria-prima e produtos semiacabados), do armazenamento dos produtos, da produção, das vendas e divulgações e da logística de saída (produtos e serviços de valor agregado). O histórico do comportamento e uso (componentes e produtos) é registrado em uma nuvem e pode ser acessado em qualquer momento. Existe, em outras palavras, a rastreabilidade completa. Este atributo é conhecido como memória do produto ou Product Memory (PM). O resultado final destas práticas empresariais é a criação da real transparência e flexibilidade ao longo da cadeia de processos (compras, produção e vendas). Os clientes conhecem os fornecedores da empresa. Neste caso, é fácil fazer as adaptações desejadas pelo consumidor.

As mudanças que podem ser feitas na produção, no desenvolvimento, nas compras, no planejamento, na composição e distribuição dos produtos permitem o tratamento e ajuste em tempo real em todos os estágios da cadeia de valor da qualidade, do prazo de entrega, dos riscos envolvidos na operação, do preço e do ambiente de sustentabilidade de curto, médio e longo prazo. A integração horizontal com os clientes e empresas parceiras gera novos modelos de negócio e de colaboração. Os aspectos jurídicos e as questões de responsabilidade e de proteção da propriedade intelectual ganham neste cenário enorme importância.

A **terceira principal característica da indústria inteligente** é a engenharia em completa integração com a cadeia inteira de valor durante todo o ciclo de vida dos produtos e dos clientes. A engenharia está presente em todas as fases e etapas do desenvolvimento e produção dos novos produtos e serviços, pois os sistemas de produção precisam ser adaptados para a nova realidade. As atividades de desenvolvimento e de produção dos novos produtos, serviços e sistemas devem ser realizadas em um ambiente onde o principal pilar é a integração orquestrada com o ciclo de vida do produto, serviço e cliente.

O ambiente deve habilitar novas sinergias entre os sistemas de desenvolvimento e de produção. Em outras palavras, as informações e dados são disponibilizados em todas as fases, etapas e estágios do ciclo de vida para permitir o estabelecimento de processos mais flexíveis. Os novos processos são definidos depois de terem sido modelados, prototipados e testados (todas as informações e dados disponíveis podem ser utilizados).

A integração horizontal da indústria com os consumidores e com os parceiros de negócio gera tanto novos modelos de negócio, como novos modelos de cooperação. Os desafios envolvidos são gigantescos e compensadores. Este novo universo empresarial tem como principal característica o forte crescimento da importância dos aspectos jurídicos nos negócios e das questões relacionadas com as responsabilidades, obrigações e proteções da propriedade intelectual.

A **quarta principal característica da indústria 4.0** é o inter-relacionamento da engenharia com todas as disciplinas atuantes na cadeia inteira de valor durante todo o ciclo de vida do produto e dos clientes. Isto significa que os dados e as informações disponíveis em todas as etapas do ciclo de vida dos produtos estão habilitando processos mais flexíveis que são definidos pelos dados e informações que foram gerados tanto durante a modelagem do protótipo, como no ciclo de vida da maturidade do produto. Em outras palavras, a evolução da tecnologia está criando uma nova onda onde o referencial está migrando do produto para a experiência do usuário. A impressão 3D está revolucionando a linha de produção ao quebrar o ciclo de dependência da indústria com os fornecedores especializados. A quantidade de componentes complexos presentes nos produtos é reduzida com a impressão 3D. Como consequência da simplificação dos componentes, o número de fornecedores envolvidos na cadeia produtiva é menor e os custos do gerenciamento da cadeia produtiva também são menores. Como a impressão 3D permite a criação de projetos únicos que não podem ser realizados pela indústria tradicional existe um novo universo de oportunidades empolgantes para a indústria do conhecimento.

A **quinta das principais características da indústria 4.0** é a aceleração exponencial do crescimento da empresa habilitada pela tecnologia. As soluções individualizadas para os processos industriais em conjunto com o aumento da flexibilidade e a redução dos custos da linha de produção estão catapultando os níveis de crescimento da indústria para patamares cada vez mais elevados.

As soluções para os processos industriais estão sendo desenvolvidas com tecnologias cognitivas que elevam os patamares da automação para níveis até então inimagináveis. As tecnologias de inteligência artificial, robótica e de sensores oferecem soluções economicamente viáveis para a automação da linha de produção com aumento da individualização dos produtos e ganhos de flexibilidade.

A inteligência artificial é capaz de criar uma dinâmica nova para a logística. Os veículos autônomos permitem o desenvolvimento de rotas nas fábricas e armazéns que reduzam o tempo e custo do gerenciamento da cadeia de suprimentos ao mesmo tempo em que existe aumento do nível de flexibilidade. A consequência da nova dinâmica da logística é o aumento do nível de confiabilidade da produção. A análise das informações através da tecnologia Big Data permite a descoberta de novas soluções para o desenvolvimento e execução dos projetos. Também é possível com a tecnologia Big Data evoluir a cooperação entre pessoas e máquinas e criar novos serviços.

Os nanomateriais e nanosensores podem ser utilizados para controlar as funções da produção para tornar o gerenciamento da qualidade dos produtos produzidos mais eficiente. Também é possível melhorar a integração do trabalho das pessoas e das máquinas com estas tecnologias. Os drones permitem tanto a manutenção aérea dos robôs de produção, como o inventário do nível do estoque dos armazéns, como a entrega 24 horas de componentes de reposição dos produtos e máquinas em situação de superação das dificuldades climáticas (por exemplo, chuva ou neve intensa) ou de trânsito.

O membro do diretório da fabricante de máquinas industriais 3D, Jean-Camille Uring, revelou que a impressão 3D não necessita de ferramentas, pois a matéria--prima é moldada digitalmente por um feixe de laser ou de elétrons, ou seja, com o material e o projeto correto é possível ter processos de fabricação extremamente flexíveis e que a manufaturação tradicional consome 100 kg de matéria-prima para produzir uma peça de 15kg, enquanto a manufaturação aditiva da impressora 3D necessita de apenas 15kg de matéria-prima. O Thierry Thomas, diretor do centro de fabricação aditiva da Safran afirmou que um programa aeronáutico tem duração de 40 anos e que ocorrem muitas mudanças na cadeia produtiva durante o prazo, por isso é difícil manter um correto nível de estoque de peças de reposição (as peças de elevada durabilidade têm giro baixo) e a impressão 3D resolve o problema de acesso às peças que estão fora de fabricação, pois o pó metálico ou filamentos são matérias--primas fáceis de armazenar.

Fonte: A indústria se rende à impressão 3D, http://noticias.uol.com.br/internacional/ultimas-noticias/le-monde/2016/03/21/a-industria-se-rende-a--impressao-3d.htm, acessado em 11/05/2016.

A tecnologia de impressão 3D com manufaturação aditiva permite a produção de produtos complexos com redução dos custos. As soluções aditivas habilitam novos modelos de negócios para a cadeia produtiva pela desintermediação dos processos produtivos e integração da linha de produção com os consumidores. As principais consequências da tecnologia aditiva são a redução do custo do estoque e inventário e o aumento da velocidade das entregas.

No futuro breve, não será preciso, por exemplo, levar um estoque de peças sobressalentes para as estações espaciais, pois com a matéria-prima e o arquivo digital será possível imprimir as peças necessárias. A proximidade geográfica da fabricação poderá ser utilizada dentro do planeta Terra para que os fabricantes de veículos fiquem cada vez mais perto dos seus clientes, pois as mudanças nos projetos podem ser incorporadas nos veículos novos em 24 horas com a impressão 3D. A fabricação de joias e próteses dentárias será profundamente impactada com a impressão 3D. Os prazos de entrega serão cada vez menores e o nível de customização será elevado para patamares inimagináveis.

Os processos de fabricação e de negócios dos artigos esportivos serão profundamente alterados com a manufaturação aditiva. Os clientes poderão imprimir nas suas casas ou nas lojas dos fabricantes os tênis completamente adaptados às suas necessidades específicas (preferências pessoais e anatômicas). Os consumidores terão que ir às lojas do fabricante na primeira vez para escanear o pé e sairão de lá com um calçado esportivo personalizado. Das outras vezes, eles poderão imprimir em casa. Como a fabricação de um tênis esportivo exige centenas de trabalhos manuais e a impressão 3D reduz drasticamente (quase dois terços) o volume de atividades manuais na fabricação de um calçado esportivo, existe uma grande simplificação da logística da cadeia de valor produtiva. O custo de fabricação é fortemente reduzido e passa a ser viável a sua realização nos países com mão de obra mais cara. A impressão vai impactar fortemente os processos de logística e vai reduzir fortemente a demanda mundial de transporte aéreo e marítimo de carga.

Apesar das inegáveis vantagens provocadas pela impressão 3D para a gestão da qualidade dos produtos entregues (evolução do gerenciamento da cadeia de suprimentos e da logística de armazenamento pela impressão de componentes sobressalentes) é preciso entender que existem espinhos nas rosas. As questões relativas com a propriedade intelectual, confiabilidade do produto, impostos e taxas locais e de importação precisam ser corretamente endereçadas neste novo ambiente de negócio. Estes temas são importantes demais e não podem ser ignorados. Em 2016 os insumos disponíveis para a impressão 3D são metais, plásticos, cerâmicas etc. Não são todos os insumos que atendem às exigências da indústria.

Como as pequenas e médias empresas podem desenvolver os processos da indústria 4.0 sem grandes preocupações com os seus legados, elas estão em posição vantajosa em relação às grandes indústrias que precisam trabalhar com cuidado a estrutura organizacional existente. As empresas dos setores eletroeletrônicos, mecânicos e químicos têm um volume de novas oportunidades muito maior em 2016 do que as firmas dos setores da construção civil e metalurgia.

As soluções da indústria 4.0 que reduzem os custos da manufatura estão reduzindo a realocação da mão de obra para países de menores salários ao mesmo tempo em que está organizando uma nova estrutura global de produção. São dois movimentos com forças diferentes que estão rearranjando o formato da produção industrial no planeta Terra em 2016. A pressão para a realocação da produção permanece mesmo após o crescimento dos salários dos países em desenvolvimento porque os novos mercados consumidores estão pressionando a indústria para produzir os produtos em locais próximos.

As aplicações da indústria inteligente estão criando um mercado geograficamente disperso e diversificado por causa da rede de fornecedores. As inovações estão sendo tratadas neste novo cenário como consequência do desenvolvimento das operações e das pesquisas. Neste caso, os novos produtos são focados nas necessidades individuais dos consumidores. Em outras palavras, a demanda pela customização tem curva de crescimento exponencial.

O novo ambiente de negócios está estimulando e instigando o aumento da eficiência e da qualidade através das oportunidades de integração dinâmica entre a indústria e os clientes. As empresas estão integrando aos seus processos de produção as necessidades e preferências dos consumidores.

Quer seja por preferência pessoal, quer seja por sustentabilidade ambiental, quer seja por valores como a eliminação do trabalho escravo, quer seja por motivações religiosas ou outras, os clientes querem ser ouvidos e também influenciar sobre como os produtos são desenvolvidos e produzidos. Eles não aceitam mais serem ouvidos apenas no balcão de vendas das lojas. Os consumidores querem participar de todos os estágios produtivos.

As empresas sobreviventes serão aquelas que entenderem que precisam atender as necessidades do mercado regional com maior eficiência, inteligência e flexibilidade sem perder a amplitude global do negócio. A gigantesca quantidade de dados gerada pelos produtos inteligentes precisa ser analisada e coordenada para revelar as tendências dos mercados. A análise dos dados das máquinas e sensores para identificar os defeitos na produção de remédios é uma poderosa ferramenta para melhorar a qualidade, reduzir os custos, ganhar confiabilidade e conquistar novos mercados.

O monitoramento em tempo real é muito importante para a impressão 3D, porque ele permite o registro e a correção dos problemas durante os processos de manufatura. Em outras palavras a manufatura dos produtos ocorre sem falhas. Os riscos de segurança digital não são necessariamente maiores com a indústria 4.0. Novas soluções de segurança serão introduzidas nas aplicações industriais através do desenvolvimento da tecnologia dos sistemas.

A análise do Big Data das informações da cadeia completa de valor vai permitir que os administradores tanto identifiquem os defeitos, falhas e fraquezas dos processos de produção nos estágios iniciais, como otimizem os processos automatizados, como conduzam análises de tendências, como usem os recursos com maior eficiência, como conduzam manutenções preditivas. A internet das coisas, serviços, dados e pessoas abre uma nova estrada para o roubo de informações, espionagem industrial e ataques virtuais. Os vírus podem impactar a linha de produção através de um ataque na rede de sistemas inteligentes de produção. Os sistemas podem ser paralisados pelo ataque. O custo pode ser gigantesco.

Por causa do perigo dos ataques virtuais, é preciso que a cadeia produtiva completa tenha um plano integrado de gerenciamento do risco e uma estratégia consolidada de segurança digital. O acesso aos sensores deve ser controlado e monitorado em tempo real. Novos padrões de segurança precisam ser desenvolvidos. As empresas precisam aprender como tratar e responder os ataques cibernéticos.

A integração do banco de dados dos sistemas de produção e de informações dos consumidores é uma condição obrigatória para o endereçamento das necessidades dos clientes e adição de valor real aos produtos. Neste contexto, a coordenação da adaptação dos sistemas legados é um desafio empresarial de grande proporção. A indústria 4.0 exige novos tipos de infraestrutura de TIC. Vários sistemas precisam trabalhar em rede, em regime de plena comunicação entre eles. É uma rede em formato de barramento onde todos os elementos usam um protocolo padrão para a comunicação. Em outras palavras, é preciso identificar uma abordagem relevante para a adaptação dos sistemas atuais. É preciso integrar o banco de dados e padronizar o protocolo de comunicação dos seguintes sistemas:

- Pesquisa
- Desenvolvimento
- Aprovisionamento (Procurement)
- Compras
- Produção
- Armazenamento dos produtos acabados e semiacabados
- Logística
- Divulgação dos produtos, serviços e marca
- Vendas
- Serviços

O gerenciamento das mudanças necessárias nos sistemas é sem sombra de dúvida o grande desafio que a indústria vai enfrentar até o ano de 2025. As grandes empresas e as corporações transacionais terão que orquestrar as mudanças demandadas para a sua infraestrutura de TIC com enorme habilidade, pois os seus sistemas legados são fundamentais para o seu negócio. Não é possível para a maioria das empresas de grande porte organizar uma ruptura através da inauguração de novos sistemas e esquecimento dos legados. Apenas em alguns casos específicos as tecnologias exponenciais vão criar as condições ambientais para a troca pura e simples do sistema de Enterprise Resource Planning (ERP). Na maioria das situações o esforço demandando é gigantesco e os riscos envolvidos são enormes. As grandes empresas precisam planejar e executar a transição dos sistemas com cautela e pragmatismo.

As pequenas e médias empresas estão em situação mais favorável, pois podem trocar os seus sistemas sem grandes preocupações com o legado. No entanto, o custo envolvido com as mudanças pode ser extraordinariamente elevado para estas firmas se não existir um bom planejamento. A indústria 4.0 demandará cada vez mais habilidades criativas dos profissionais. As pessoas capazes de desenvolver as atividades relacionadas com o planejamento estratégico, com a pesquisa e o desenvolvimento serão fortemente disputadas pelas empresas. Os funcionários criativos serão chamados para identificar, introduzir e implementar as novas oportunidades de negócio.

Os novos modelos de negócio e de colaboração serão utilizados para adicionar valor real aos produtos e serviços oferecidos pela indústria. No Brasil, o desafio será enorme, pois é preciso estabelecer um espaço para a criatividade, para o trabalho coletivo colaborado e para o conhecimento nas empresas. Este será o grande desafio dos executivos nacionais. As firmas precisam explorar as novas oportunidades geradas pelas inovações. Será preciso trabalhar em um modelo bimodal, onde de um lado da moeda estão os desafios do dia a dia do negócio e do outro lado estão as novas oportunidades geradas pelas inovações. O desafio será trabalhar com os dois lados da moeda ao mesmo tempo.

Como a digitalização aumenta a demanda por novos conhecimentos técnicos e é preciso investir em capacitação profissional, as atividades dos processos de produção, compras, armazenamento do estoque e logística serão realizadas através dos sistemas computacionais. Elas serão cada vez mais virtuais. Os trabalhadores precisarão trabalhar com as novas aplicações automatizadas. As atividades analíticas serão parte do dia a dia dos funcionários. Muitos funcionários precisarão desenvolver novas capacitações de análise nos próximos anos.

A necessidade de desenvolvimento de novas capacitações revela que o melhor estratagema para a fábrica inteligente é introduzir as novas soluções da indústria 4.0 em um ambiente ou processo controlado e restrito, e somente após conquistar todas as capacitações necessárias é que a solução deve ser replicada para os outros ambientes, segmentos e processos de negócio. Os processos de pesquisa e desenvolvimento são os candidatos naturais para serem os pioneiros das novas soluções. Na sequência, a solução pode ser replicada para os processos de aprovisionamento (procurement) e compras. Somente após a consolidação destas etapas, é que a solução deve chegar aos processos relacionados com a produção, armazenamento, logística, divulgação, vendas, serviços e gerenciamento do negócio.

A demora no desenvolvimento dos padrões para a indústria 4.0 é, certamente, o grande desafio que deve ser enfrentado nos próximos anos. Existe uma urgente necessidade de padronizar os protocolos das interfaces de comunicação das máquinas inteligentes. O compartilhamento dos dados entre as máquinas (robôs) e a infraestrutura inteligente composta pela Internet das coisas, serviços, dados e pessoas é o fator habilitador da mobilidade plena (rede, logística, casa e edifício inteligente).

O atual momento de mudanças exponenciais exige um elevado nível de proatividade. A organização baseada no trabalho, nos ativos e na eficiência está perdendo espaço para as organizações de crescimento exponencial baseadas na proatividade da transformação digital, no gerenciamento do conhecimento interno e externo, na experiência do consumidor e no aprendizado contínuo.

A impressão 3D oferece a oportunidade de reduzir os custos da cadeia produtiva entre 40% e 60% pelas melhorias nos projetos, pela redução da quantidade de estágios de manufaturação, pela redução do prazo de entrega e pela produção global no mercado local. É provável que até 2025 a impressão 3D seja capaz de produzir produtos com velocidade dez vezes maior do que a existente em 2016.

As tecnologias exponenciais são capazes de acelerar as mudanças e estimulam o foco no consumidor, na produção individualizada, na flexibilidade e na redução dos custos. A manufaturação aditiva da impressão 3D permite a produção de objetos pela adição de materiais. Ela oferece uma enorme redução de custo quando é comparada com o custo de produção usando as técnicas atuais de remoção mecânica ou desgaste do material de um bloco sólido.

A polimerização pela luz de um polímero, a extrusão aditiva, a composição de materiais granulares e a laminação em camadas são exemplos de novas tecnologias exponenciais para a impressão 3D. Apesar das oportunidades oferecidas por estas tecnologias, é preciso ter em mente que na manufaturação tradicional, o custo de cada unidade é alto no começo e cai conforme a quantidade de unidades produzidas, ou seja, o investimento inicial é elevado e a produção em massa faz com que ele seja recuperado com o passar do tempo e que na manufaturação aditiva o custo das ferramentas é muito menor (o investimento inicial ainda pode ser elevado) e o custo unitário de cada unidade produzida é bastante similar ou é igual ao longo do tempo. Em outras palavras, o custo unitário de cada unidade produzida é independente da quantidade produzida. Neste caso não existem as vantagens de redução de custo da produção em massa.

Apesar da nítida vantagem do menor custo unitário por produto produzido da manufatura convencional na fabricação de uma grande quantidade do mesmo produto (ganho de escala) em relação à impressão 3D, é preciso destacar que muitas empresas não têm demanda suficiente para operar neste nível tão elevado. Para a maioria do mercado, o custo da impressão 3D é menor que a manufatura tradicional porque inexiste a necessidade de investir em ferramentas. Como a impressão 3D exige o redesenho dos processos da cadeia produtiva completa é possível alcançar reduções de custos adicionais através da sua otimização e eliminação de redundâncias.

A curva do custo unitário de uma peça em relação à quantidade manufaturada, mostra que a produção tradicional é representada por uma curva de custo unitário decrescente e a impressão 3D é representada por uma quase reta em relação à quantidade (custo unitário é praticamente igual independentemente da quantidade produzida). Estas duas curvas cruzam em um ponto onde naquela quantidade específica, o custo unitário da manufatura tradicional é igual ao custo da impressão 3D.

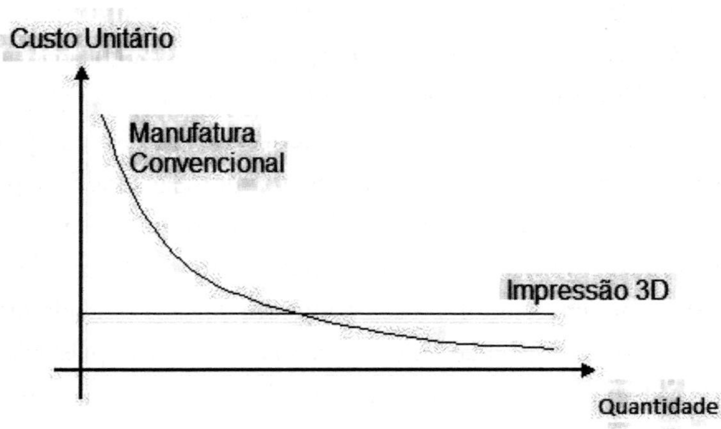

Existem casos onde a individualização da produção é tão intensa que a produção só é economicamente viável através da impressão 3D. A grande vantagem da impressão 3D em relação à manufaturação tradicional está na introdução de processos enxutos repetíveis. Através dos novos processos da impressão 3D é possível desenvolver com viabilidade econômica e redução de desperdícios (processos de produção mais eficientes) produtos complexos. Os produtos podem ser ofertados ao mercado rapidamente, pois poucas ferramentas são necessárias para a sua manufaturação.

Em resumo, a impressão 3D é vantajosa em relação à produção tradicional tanto na manufaturação dos protótipos, como na produção de pequenas e médias quantidades de um produto, como na rápida introdução no mercado de um produto, como na produção de produtos especificados individualmente pelo consumidor. A impressão 3D é desvantajosa em relação à manufaturação tradicional, tanto na produção em massa, como na produção de vários tipos de materiais (em geral as impressoras imprimem polímeros, metais e cerâmicas), como no tamanho do produto (existem limitações de tamanho para os produtos impressos).

Existem empresas que estão usando a impressão 3D para produzir alguns componentes da primeira produção de um novo produto. Elas estão trabalhando neste modelo para que o seu lançamento no mercado alvo seja o mais rápido possível e também para testar a sua aceitação. Após a análise da penetração e aceitação do produto é que são desenvolvidos os moldes e a linha a produção tradicional. Este é um formato de modelo de negócio interessante para produção em massa, pois os riscos são minimizados e as oportunidades são maximizadas.

A indústria de serviços e de peças sobressalentes pode crescer enormemente com a impressão 3D por causa da forte tendência de aumento de custo do transporte das peças. A qualidade das peças sobressalentes impressas precisa ser, no mínimo, igual a das peças produzidas pela manufaturação convencional em termos da porosidade, durabilidade, temperatura operacional e resistência mecânica. Algumas pequenas e médias empresas adotaram para a impressão 3D o modelo de negócio de parceria com empresas iniciantes, universidades e laboratórios de pesquisa. As grandes empresas optaram pela internalização da impressão 3D.

Como tendência futura da indústria 4.0 é possível acreditar que o foco empresarial será a produção local para o mercado global. Como consequência deste cenário, o aprovisionamento será otimizado com visão global e as economias emergentes crescerão. A oferta dos serviços agregados aos produtos será local. Os serviços de manutenção e atualização dos produtos usarão peças sobressalentes impressas localmente. Os serviços de negócios serão o foco das empresas da cadeia produtiva que atendem diretamente ao consumidor.

A competição empresarial vai fazer com que as empresas façam esforços significativos para reduzir os prazos de produção e de entrega. O marketing vai trabalhar os novos canais de comunicação com os clientes. Os canais de distribuição dos produtos e serviços serão ampliados para que as cadeias produtivas tenham elevada eficiência energética.

A evolução da manutenção preventiva será a principal meta de várias empresas. Elas vão explorar as oportunidades geradas tanto pela automação da logística de entrada das matérias-primas e produtos semiacabados, como pela miniaturização, como pela análise dos dados individuais e coletivos da utilização do produto. Neste último quesito as empresas vão capturar a criatividade dos usuários na utilização dos seus produtos (em alguns casos, o uso dos produtos dos concorrentes também será capturado e analisado).

A principal tendência futura da indústria 4.0 é o desenvolvimento de uma abordagem holística para responder às necessidades dos consumidores. Para endereçar estes desafios é preciso que as soluções de redes verticais sejam desenvolvidas para trabalhar de forma integrada. Os fabricantes de sensores, módulos, sistemas de controle, redes de comunicação, aplicações de negócio e, para os usuários, precisam trabalhar em conjunto para que as soluções permitam a análise e o gerenciamento dos dados. A gigantesca quantidade de informações que serão geradas nos próximos anos precisa ser capturada e transformada em conhecimento para que as novas ideias e as decisões empresariais criem vantagens competitivas.

As aplicações baseadas na computação em nuvem oferecem excelentes oportunidades para o armazenamento dos dados e para o aumento da eficiência do uso dos dados armazenados. Os sistemas de produção inteligente em rede descentralizada permitem a criação de uma extraordinária capacidade de processamento computacional que habilita na prática o acesso universal (em qualquer lugar e local) para as principais informações da cadeia produtiva. Todos os membros desta rede podem capturar, monitorar, distribuir e analisar os dados das fábricas da cadeia global de produção em rede.

A análise da eficiência operacional através da avaliação dos dados capturados dos sensores permite uma rápida tomada de decisão tanto para melhorar a segurança operacional, como para evoluir o trabalho com os processos. A indústria de serviços e de manutenção pode crescer a sua eficiência em grandes saltos. A transparência dos dados em rede permite que os processos de produção e de desenvolvimento sejam mais eficientes e possibilitem grandes reduções dos custos operacionais para os clientes. Os trabalhos de manutenção orientados às necessidades dos consumidores criam vantagens competitivas de longo prazo em termos de confiabilidade e preço.

A indústria 4.0 não oferece um modelo de negócio onde as mudanças são incrementais. A maioria das abordagens é disruptiva com mudanças radicais. As empresas precisam, portanto, desenvolver novas capacitações corporativas. Os seus funcionários também precisam ser recapacitados. Muitas empresas vão comer pelas bordas e atacar em primeiro lugar os novos segmentos de negócio. Elas vão trabalhar o crescimento do novo negócio até que ele vire o principal negócio da firma.

As cadeias produtivas inteligentes vão habilitar os novos modelos de negócio que permitam tanto a customização dos produtos, como o foco nas necessidades dos consumidores. Os modelos de negócios colaborativos serão desenvolvidos para atender as novas demandas. A transformação digital vai unificar os bancos de dados para aumentar tanto a inteligência da cadeia produtiva, como o seu nível de transparência. Estas duas características vão evoluir a eficiência de cada um dos estágios produtivos em relação às customizações solicitadas pelos consumidores.

As funções relacionadas com as atividades de pesquisa, desenvolvimento, aprovisionamento, compras, produção e vendas serão o alvo inicial da transformação digital. As habilidades de comunicação terão importância dramática na indústria 4.0, pois todas as ações de criação de valor necessitarão da integração em tempo real dos fornecedores e consumidores. A logística inteligente vai aparecer no despertar da digitalização, pois os processos vão ficar cada vez mais inteligentes nas novas gerações da cadeia produtiva global em rede. As mudanças vão acontecer tanto na logística de entrada, como na logística interna, como na logística de saída. As principais mudanças serão consequência da integração das tecnologias isoladas, do aumento da flexibilidade dos sistemas de logística, dos novos serviços, dos novos tipos de armazenamento e dos modelos distribuídos que conectam e integram a produção interna, a pré-montagem e os provedores externos de serviços.

A rede estendida da cadeia produtiva global exige um elevado nível de compartilhamento dos dados e informações. O gerenciamento da segurança de TIC é uma disciplina de vital importância para indústria 4.0. Existem demandas vigorosas para a segurança dos dados. As firmas vão precisar customizar os seus sistemas de gerenciamento de riscos e de segurança estratégica em curto prazo. A segurança cibernética vai precisar mudar de patamar para melhorar a segurança operacional e a proteção dos ativos materiais e imateriais contra os ataques virtuais na cadeia produtiva global em rede. O atraso atual da segurança digital da indústria em relação ao sistema financeiro vai ser superado em poucos anos.

Os novos produtos, dados, propriedades intelectuais etc. precisam ser protegidos contra o uso não autorizado e os abusos. As novas soluções de segurança vão contemplar todos os equipamentos e fábricas conectadas na rede. Os novos modelos de impostos criados pela impressão 3D precisarão endereçar as questões relacionadas com as vendas entre estados, países e mercados comuns. Como não existirão transportes de mercadorias através das fronteiras, os impostos e taxas alfandegárias de importação e exportação precisarão responder as demandas dos impostos de valor agregado intelectual.

O gerenciamento da Propriedade Intelectual (PI) ou Intellectual Property (IP - não confundir com IP de Internet Protocol) vai ser severamente impactado pelas transformações da indústria 4.0. Os novos modelos de negócio e de colaboração que estão surgindo exigem novas soluções individuais para as questões relacionadas com a propriedade intelectual.

A grande amplitude das aplicações para a impressão 3D vai gerar enormes demandas sobre a propriedade intelectual. As questões não serão apenas sobre os produtos impressos. O futuro reserva uma grande demanda sobre os questionamentos de propriedade intelectual relacionados com a tecnologia de impressão, materiais utilizados, sistemas automatizados e planos de negócio. Os advogados especializados em propriedade intelectual terão um enorme crescimento tanto no seu volume de trabalho, como nas exigências de capacitação profissional. Eles serão desafiados o tempo todo pela evolução da tecnologia de impressão 3D.

As soluções através da engenharia da indústria 4.0 são habilitadas pela integração e interdisciplinaridade da engenharia tanto na cadeia de valor, como no ciclo de vida dos produtos e clientes. As aplicações da indústria 4.0 serão desenvolvidas para assegurar que as inovações não fiquem limitadas apenas ao campo da inovação dos produtos. Tradicionalmente as inovações estão relacionadas com os produtos. No entanto, elas também devem focar a estrutura da organização, os processos, as redes e os modelos de lucros. As inovações precisam trabalhar em conjunto com as funções de negócio relacionadas com os consumidores, por exemplo, os canais de distribuição, os serviços de valor agregado, o engajamento do consumidor, o valor percebido da marca etc.

O gerenciamento eficiente da inovação impacta todos os processos realizados pela empresa. A disciplina abrange a estratégia, a organização, o gerenciamento do portfólio de projetos e o desenvolvimento dos produtos. O aprendizado individual é consequência de um currículo de atividades interativas e personalizadas. O aprendizado individual e coletivo acelera a implementação da estratégia e do desenvolvimento da organização. O gerenciamento do portfólio de projetos da indústria 4.0 facilita tanto a identificação dos riscos pela comparação dos dados globais das monitorações, das correções e dos ajustes dos projetos, como o rastreamento do retorno do investimento (ROI - Return on Investment).

No desenvolvimento dos produtos, a tecnologia de informações pode ser usada para acelerar a pesquisa e o desenvolvimento. O compartilhamento das informações através das tecnologias por todos os membros da cadeia produtiva cria uma comunidade em rede global que é capaz de desenvolver as informações internas e externas e transformá-las em produtos viáveis.

O gerenciamento eficiente do ciclo de vida dos produtos e clientes da indústria 4.0 é uma das consequências da transformação digital. Os dados dos usuários e do uso dos produtos e serviços permitem identificar os indicadores que antecipam as mudanças dos hábitos dos consumidores. O uso da inteligência artificial para analisar as informações permite que as conclusões sejam verificadas globalmente e asseguram a sua plausibilidade. Desta forma as empresas podem entender melhor as necessidades dos consumidores e estabelecer um canal de comunicação mais estreito e próximo aos consumidores para melhorar a customização do ciclo de vida dos produtos e serviços.

As soluções de tecnologias exponenciais que são financiadas pelo capital de risco permitem o investimento nas oportunidades das novas tendências no seu estágio embrionário. Os investidores e consumidores são os principais beneficiários das tecnologias disruptivas. O investimento nas empresas iniciantes habilita tanto o desenvolvimento das inovações, como a sua sustentabilidade de longo prazo. Esta prática assegura a liberdade intelectual para os desenvolvedores que podem assim trabalhar com olhos no futuro do produto ou serviço. As novas áreas de negócios criadas pelas tecnologias exponenciais podem virar, no futuro, os novos centros de negócios. Estes centros poderão garantir a sobrevivência de diversas empresas.

As empresas que aprendem são capazes de usar completamente o potencial das tecnologias exponenciais para conquistar a transformação digital da indústria 4.0. Tanto o uso como a integração da tecnologia exponencial precisa ser gradual e contínuo. Neste contexto, a capacidade de aprendizado é o principal fator crítico de sucesso para a sustentabilidade de longo prazo da organização. As mudanças estão ocorrendo em uma velocidade muito grande. As empresas que são capazes de assimilar as mudanças através do aprendizado estão se posicionando vários passos à frente dos seus concorrentes.

As novas ideias, processos e segmentos de mercado são melhores sucedidas quando são introduzidas inicialmente em um nicho de mercado, pois é possível aprender e evoluir com a experiência do usuário. Conforme o entendimento pela empresa do uso do produto ou serviço pelos consumidores é possível promover a sua evolução e crescimento e deslocar de forma gradual o seu eixo para o centro de negócios da organização. Desta forma, a promoção de uma solução de tecnologia exponencial para o principal segmento de negócio da firma vai acontecer em conformidade com a sua aceitação pelos consumidores e nível de penetração no mercado.

O futuro do emprego

Os evangelizadores de governança de Tecnologia de Informações e Comunicações apresentaram os seguintes números sobre o emprego:

Foi afirmado que a probabilidade de automação do trabalho de um contador é de 95%. Foi revelado que 47% das ocupações existentes em 2016 poderão ser redundan-

tes nos próximos anos. Foi dito que em 2020 haverá um excedente mundial de 90 milhões de trabalhadores pouco qualificados e um déficit de 85 milhões de trabalhadores altamente qualificados. Foi informado que mais de 500 milhões de novos postos de trabalho serão criados até o ano de 2020.
Fonte: Você aceitaria conselhos de uma máquina? http://cio.com.br/tecnologia/2016/06/22/voce-aceitaria-conselhos-de-uma-maquina/, acessado em 19/07/2016.

> *Foi revelado que os robôs, máquinas inteligentes e sistemas de machine learning substituirão 16% dos trabalhadores norte-americanos. Foi dito que serão criados nos Estados Unidos 13,9 milhões de novos postos de trabalho. Foi afirmado que os postos de trabalho dos funcionários de suporte administrativo e de escritórios serão destruídos rapidamente entre 2016 e 2020 e que os funcionários de vendas e outros cargos relacionados serão afetados. Foi informado que as profissões que exigem conhecimento ou pensamento criativo (físicos, financistas e planejadores) não serão atingidas fortemente.*
> Fonte: Máquinas inteligentes absorverão 7% dos empregos humanos até 2025, diz Forrester, http://cio.com.br/noticias/2016/06/24/maquinas-inteligentes-absorverao-7-dos-empregos-humanos-ate-2025-diz-forrester/, acessado em 19/07/2016.

> Foi revelado que em 1990 as três maiores montadoras de automotivas tinham valor de mercado de US$ 36 bilhões com faturamento anual de 250 bilhões de dólares e empregavam 1,2 milhão de pessoas. As três maiores empresas do Vale do Silício tinham um valor de mercado em 2014 de 1 trilhão de dólares com faturamento anual de aproximadamente 250 bilhões de dólares e empregavam apenas cerca de 140 mil funcionários.
> Fonte: A realidade já é exponencial, http://cio.com.br/opiniao/2016/02/29/a-realidade-ja-e-exponencial/, acessado em 08/06/2016

> *Foi revelado que a probabilidade média de ter o trabalho auto-*

matizado é de 31% para quem recebe entre US$ 20 e US$ 40 por hora. Para quem recebe US$ 20 por hora a probabilidade sobe para 83%.
Fonte: Robôs também deverão roubar os empregos mais bem pagos, prevê EUA, http://idgnow.com.br/ti-corporativa/2016/02/24/robos-tambem-deverao-roubar-os-empregos-mais-bem-pagos-preve-eua/, acessado em 08/06/2016

> *Foi revelado que o estudo "The Future of Employment: How susceptible are Jobs to Computerisation?", estimou que 47% dos atuais empregos nos Estados Unidos. As profissões de motoristas de caminhões, táxis e ônibus, estagiários de advocacia, jornalistas, auditores, desenvolvedores de software, administradores de sistemas de computação etc. estão ameaçadas.*
> Fonte: Quarta Revolução Industrial aniquilará milhões de empregos, inclusive o seu, http://computerworld.com.br/quarta-revolucao-industrial-aniquilara-milhoes-de-empregos-inclusive-o-seu, acessado em 08/06/2016.

> *Foi afirmado que aproximadamente 30% das auditorias corporativas serão realizadas por sistemas inteligentes em vez de auditores humanos.*
> Fonte: É hora de olhar para 2025 e para os pontos de inflexão da sociedade digital, http://cio.com.br/opiniao/2016/02/15/e-hora-de-olhar-para-2025-e-para-os-pontos-de-inflexao-da-sociedade-digital/, acessado em 08/06/2016.

O artigo "Do We Need Doctors or Algorithms?" afirmou que os sistemas inteligentes e robôs substituirão 80% dos médicos americanos. Também foi revelado que o

artigo "Armies of Expensive Lawyers, Replaced by Cheaper Software" estimou que serão necessários menos advogados, pois as funções de fazer buscas nos documentos ou analisar casos similares serão realizados por algoritmos. Também foi revelado que algumas reportagens financeiras foram escritas por robôs como afirmado no artigo "AP's "robot journalists" are writing their own stories now". Também foi revelado que as funções de Programming by Optimisation e depuração automática de código poderão ser automatizadas.
Fonte: Alerta em Davos: A Quarta Revolução Industrial já chegou, http://cio.com.br/opiniao/2016/01/25/a-quarta-revolucao-industrial-ja-chegou/, acessado em 08/06/2016.

Foi revelado que a otimização do uso de tecnologias e competências digitais pode injetar US$ 2 trilhões na produção econômica mundial até 2020. Também foi revelado que um aumento de 10 pontos na densidade digital resultaria em um aumento de US$ 368 bilhões no PIB de 2020 dos Estados Unidos (1,8% acima que as previsões atuais).
Fonte: Digital pode injetar US$ 2 trilhões na economia global até 2020, http://computerworld.com.br/digital-pode-injetar-us-2-trilhoes-na-economia-global-ate-2020, acessado em 08/06/2016.

São números eloquentes, mas eles não são suficientes para explicar o fenômeno do emprego na QRI. O autor Jeremy Rifikin apresentou no livro "Sociedade com Custo Marginal Zero" (M.Books do Brasil, 2016), números que somados aos revelados anteriormente são capazes de explicar as mudanças nos empregos.

- Foi afirmado que a venda de robôs aumentou 43% nos Estados Unidos e na Europa em 2011 (página 151).
- Foi afirmado que o novo sistema automatizado se for bem-sucedido vai eliminar 50 mil empregos para produzir uniformes militares (páginas 151 e 152).

- Foi afirmado que o emprego nas fábricas que respondia por 163 milhões de postos de trabalho em 2003 deverá encolher para alguns milhões em 2040 (página 152).
- Foi afirmado que existem atualmente 2,7 milhões de caminhoneiros nos Estados Unidos e que em 2040 os veículos sem motoristas podem eliminar grande parte dos caminhoneiros (página 153).
- Foi afirmado que com o novo software de busca (e-discovery) um único advogado pode fazer o trabalho de 500 colegas com maior precisão (página 157).
- Foi afirmado que trabalhadores do conhecimento como radiologistas, contadores, gerentes, designers gráficos e profissionais de marketing estão com os seus empregos ameaçados por causa dos softwares de reconhecimento de padrões (página 157).
- Foi afirmado que um software compara a estrutura de uma música com as músicas já gravadas e avalia o seu potencial para chegar no topo da parada (página 157).
- Foi afirmado que um software avalia os roteiros de filmes para prever os sucessos de bilheteria da indústria cinematográfica (página 157).

Não é difícil perceber que a revolução dos sensores está alterando a lógica do emprego e do perfil profissional. Atividades de marketing, auditoria, saúde etc. vão ser realizadas por computadores até o ano de 2020. É evidente que vários perfis profissionais vão ser eliminados do mercado em um prazo razoavelmente curto. Apesar do aspecto negativo, o fenômeno do emprego é positivo. Empregos ligados aos aspectos mais intelectuais do ser humano vão ser criados em grande quantidade. As pessoas vão poder usar as suas melhores potencialidades nas suas atividades profissionais. Um exemplo bem simples desta mudança será visto com a popularização das impressoras 3D. Um designar de cadeira vai poder oferecer o seu trabalho para o mundo todo. Se a sua economia local está degringolando em uma depressão como a brasileira, o profissional será menos afetado. Com a internet ele pode exportar o seu conhecimento para países em crescimento e com alta demanda. Este mesmo profissional poderá formar cadeias produtivas ao se associar a um engenheiro para desenvolver cadeiras mais resistentes com design inovador.

As redes sociais vão cada vez mais abrir espaços para que os talentos da 'era do conhecimento' criem estruturas virtuais para concorrer em condições de igualdade com fabricantes locais. Olhando para o outro lado da moeda, é possível também desmentir nesta revolução que as lojas e os vendedores físicos estão condenados à extinção. Certamente teremos impactos como consequência da indústria abrir lojas virtuais para a comercialização dos seus produtos. No entanto, as lojas generalistas físicas não estão fadadas à falência. Será cada vez maior a tendência das pessoas experimentarem os produtos nas lojas físicas e comprarem nas lojas virtuais.

Um dos motivos desta tendência é o menor preço das lojas virtuais para o mesmo produto. Alguns comércios físicos estão reagindo ao oferecer a compra do produto na loja virtual e a sua entrega na loja física. Em pouco tempo o mercado vai estabelecer um ponto de equilíbrio onde o preço na loja física será o mesmo da loja virtual. É claro que tal solução não resolve todos os problemas, pois existirá igualdade de preços apenas entre os produtos iguais de uma mesma loja virtual e presencial.

O vendedor da loja presencial, que utiliza apenas o estratagema de oferecer descontos para convencer os consumidores, vai perder espaço neste novo mundo. Ele vai precisar fazer mais do que um algoritmo digital e demonstrar paixão pelos produtos que vende. Muitas vezes, o vendedor terá que comparar produtos semelhantes, explicar objetivamente as diferenças de preços e até mesmo falar das suas preferências pessoais com honestidade. Estes aspectos vão diferenciar os vendedores das lojas presenciais dos algoritmos das lojas físicas.

A concorrência entre as lojas dos fabricantes e as do varejo vai acontecer na comparação entre os produtos e na inteligência do vendedor. Quanto maior for a sua capacidade de escutar o seu cliente e respectivos influenciadores, maior será a capacidade profissional do vendedor e a sua diferenciação. Existem pessoas que são influenciadas por amigos e parentes na sua decisão de compra. Muitas levam os seus influenciadores nas suas compras. Os algoritmos das lojas virtuais ainda não conseguem capturar estes casos, por isso, os vendedores preparados das lojas presenciais têm esta vantagem a seu favor.

Na área da saúde, muitos empregos também vão mudar de perfil. Os algoritmos da computação cognitiva são uma importante ferramenta para os médicos. A computação cognitiva pode comparar milhares de casos similares em segundos e entregar um relatório navegável ao profissional de saúde. Os médicos podem analisar as informações, fazer comparações e gerar hipóteses que podem ser pesquisadas pelos computadores. A interação dinâmica e amigável em diversas interfaces permite que o médico faça uma pesquisa complexa em alguns minutos e ofereça diagnóstico e opção de tratamento com enorme precisão. O acompanhamento em tempo real do tratamento e da evolução do paciente permite que o médico ajuste os procedimentos conforme as reações individuais do paciente.

O sistema de saúde aumenta o seu nível de integração com a computação cognitiva, pois o controle de estoque (medicamentos e insumos hospitalares) e de solicitações é realizado e acompanhado em tempo real. A efetividade do sistema aumenta enormemente e os custos podem ser reduzidos dramaticamente. A integração dos algoritmos entre todos os membros da cadeia produtiva com projeções preditivas da demanda futura de curto, médio e longo prazo melhora a logística e reduz o tempo de permanência dos pacientes nos estabelecimentos de saúde.

A união da computação cognitiva com os sistemas de hospedagem dos hospitais e instituições similares permite um melhor planejamento até mesmo das emergências inesperadas. É possível distribuir os pacientes conforme a disponibilidade em tempo real do sistema e prever rapidamente a capacidade de curto prazo. A computação cognitiva vai poder informar aos atendentes de campo, como policiais, paramédicos, bombeiros, defesa civil etc., o melhor local para levar os acidentados em tempo real e em conformidade com o diagnóstico inicial do paciente. Tudo isto será feito para que as pessoas sejam atendidas no menor tempo possível conforme a sua necessidade de cuidados. A logística de transporte e de intervenções nos sinais de trânsito são dois dos aspectos considerados nos algoritmos.

É fácil perceber que o momento de transição que estamos vivenciando vai tornar várias profissões redundantes até o ano de 2020. Muitos empregos sumirão e muitas atividades que até agora eram realizadas por seres humanos serão realizadas por máquinas nos próximos dez anos. Estas projeções não devem ser motivo de desespero, pois muitos empregos novos serão criados pelas tecnologias entrantes. No entanto, estes empregos exigem um perfil diferente. É preciso estar preparado para a nova década.

A Era das Máquinas Inteligentes

Thomas Hayes Davenport e Julia Kirby autores do livro «Only Humans Need Apply: Winners and Losers in the Age of Smart Machines» afirmaram que o trabalho realizado pelas máquinas inteligentes pode aumentar em vez de diminuir o mercado de trabalho para o ser humano. Muitas pessoas entendem que a Quarta Revolução Industrial vai gerar um nível elevado de desemprego. É preciso entender que as máquinas inteligentes vão mudar o estilo de vida das pessoas.

A Suíça votou uma lei para garantir um nível mínimo de renda para todos os seus cidadãos (no domingo, dia 05/06/2016, os eleitores suíços rejeitaram a Renda de Base Incondicional (RBI) para toda a população). Neste novo contexto de 2026, as pessoas vão poder trabalhar fazendo o que elas gostam. Muitos estarão trabalhando em atividades onde é difícil conquistar uma renda de sobrevivência segundo os parâmetros vigentes em 2016. Eles serão artistas, escritores etc. e vão beneficiar a sociedade e oferecer um conhecimento que até agora estava aprisionado dentro da cabeça das pessoas. O sistema de renda mínima pode ser muito mais barato que os atuais sistemas de aposentadoria pela ampliação do conhecimento da sociedade.

É evidente que as escolas e estudantes também terão que se adaptar para este novo mundo. Apesar da atual aparência de elevado grau de empregabilidade futura, muitas das atividades profissionais relacionadas com o Big Data e análise analítica poderão ser automatizadas e realizadas por máquinas. Em tempos de mudanças é preciso trabalhar as incertezas e explicitar que várias atividades profissionais realizadas pelos formados em ciência dos dados estão ameaçadas pelas máquinas inteligentes. Elas podem desenvolver modelos quantitativos mais rapidamente e, em muitos casos, melhores que os seres humanos.

É preciso ser realista com a nova formatação do mundo e do emprego. Estar na frente de batalha contra as máquinas não é uma boa escolha para a sua carreira profissional. Apesar da ênfase que muitos fazem para o crescimento da quantidade de programadores é preciso ser claro e dizer com todas as letras que dentro de poucos anos as máquinas vão estar desenvolvendo programas. Atualmente já existem softwares que são geradores de códigos como o GeneXus (http://www.genexus.com/global/inicio?pt, acessado em 08/06/2016) ou MIT App inventor (http://appinventor.mit.edu/explore/, acessado em 08/06/2016). O artigo "O software que escreve código, seu futuro e seu impacto nos negócios" (http://cio.com.br/tecnologia/2016/03/17/o-software-que-escreve-codigo-seu-futuro-e-seu-impacto-nos-negocios/, acessado em 08/06/2016) ilustra bem as perspectivas futuras dos geradores de códigos.

A linguagem natural chegará com força na era das máquinas inteligentes. As máquinas vão interpretar as ordens e gerar os códigos necessários. Os programadores vão precisar sair da atual zona de conforto e terão que aprender a gerar ideias. As ideias vão ser a mina de ouro. As escolas e estudantes vão ter que trabalhar na ciência das ideias e não mais na ciência dos dados. Nem mesmo profissões tradicionais como médicos, dentistas e advogados estão livres das mudanças da era das máquinas inteligentes. As incertezas para estas carreiras também são intensas. Aqueles que encontrarem os caminhos onde os seres humanos e máquinas trabalharão juntos, estarão salvos das incertezas profissionais, pois esta será a estrada do aumento do trabalho. Os profissionais com carreiras de futuro vão trabalhar em conjunto com as máquinas inteligentes. Elas vão complementar as suas atividades. Também terão carreira promissora, os profissionais que se especializam nas suas atividades com tamanha profundidade que as máquinas inteligentes não consigam competir com eles.

Quem for trabalhar em conjunto com as máquinas no seu dia a dia vai ter que enxergá-las como um colega (a interação do George Jetson com o seu computador Referential Universal Differential Indexer (R.U.D.I.) no desenho The Jetsons é um excelente exemplo de como será este relacionamento cotidiano). Ao enxergar a máquina inteligente como um colega de trabalho é possível identificar o que ela faz bem e o que não faz bem. Desta forma o ser humano poderá intervir sempre que necessário na execução das tarefas.

Os gerentes vão supervisionar o trabalho realizado pelas máquinas inteligentes em regime de colaboração com os seres humanos. É preciso avaliar continuamente a performance do portfólio dos projetos, produtos e processos. É de fundamental importância a avaliação se é preciso aumentar ou diminuir o atual nível de automação. É preciso avaliar as necessidades e soluções em função dos diferentes tipos de automação disponíveis no mercado.

Também é de vital importância a avaliação dos próximos passos do emprego pós- automação, pois é preciso desenvolver, instalar, manter e comercializar os sistemas. As empresas de tecnologia estão contratando milhares de pessoas para realizar estas atividades.

Neste contexto, os empregos para trabalhadores menos qualificados entrarão em decadência. O sistema educacional precisa ser ajustado para refletir as diferenças de formação. Em 2016 já existe uma grande desigualdade salarial entre os formados nas universidades e os não formados. Nos próximos anos, este nível de desigualdade vai ser acelerado. No entanto, não deve ser ignorado que algumas profissionais vocacionais que não exigem o ensino superior serão valorizadas. Por exemplo, os empregos dos técnicos de manutenção não sofrerão grandes perdas nos próximos anos. Os empregos de outras profissões vocacionais como humoristas, cantores, artistas plásticos etc. também não serão impactados nos próximos anos.

Isto significa que o sistema educacional precisa melhorar a orientação para as profissões vocacionais no Brasil. É fundamental manter a mente aberta para as profissões vocacionais. No entanto, não deve ser ignorado em momento algum que muitos dos trabalhadores menos qualificados terão um final infeliz se não participarem de programas de requalificação.

Um exemplo importante de necessidade de requalificação são os empregos dos motoristas de ônibus, caminhões, carros de empresas, táxis etc. A maioria destes empregos será varrida do mapa com os veículos autônomos (Em 2035, 21 milhões de veículos autônomos vão estar nas ruas, http://idgnow.com.br/ti-pessoal/2016/06/08/em-2035-21-milhoes-de-veiculos-autonomos-vao-estar-nas-ruas/, acessado em 08/06/2016). São milhões de pessoas que precisam ser urgentemente requalificadas aqui no Brasil. O desenvolvimento dos veículos autônomos no mundo está ocorrendo à plena velocidade. Estas pessoas precisarão de um novo sistema educacional para serem requalificadas.

O currículo escolar básico precisa mostrar para os estudantes de todas as idades os impactos que as máquinas inteligentes estão causando nos empregos. Este assunto deve ser tratado com especial consideração nas faculdades. Ainda não chegou às faculdades de direito o ensino do e-discovery ou código preditivo ou outras tecnologias digitais. Estes temas já fazem parte do dia a dia dos advogados, mas não são mencionados na maioria das faculdades de direito. Temos um caso muito similar em termos de ignorar as tecnologias inteligentes nas faculdades de medicina. A construção civil brasileira vem perdendo muitos degraus na escala da competitividade por causa da escolha das faculdades de arquitetura e engenharia de ignorarem o BIM (Building Information Modeling ou Building Information Model) no seu currículo básico. O artigo "Baixa produtividade da construção compromete remuneração do trabalho" (http://www.fiesp.com.br/observatoriodaconstrucao/noticias/baixa-produtividade-da-construcao-compromete-remuneracao-do-trabalho/, acessado em 08/06/2016) revelou o tamanho da perda da competitividade da construção civil brasileira nos últimos anos.

Os profissionais jovens ou experientes devem ter o direito de fazer as escolhas com plena consciência das suas opções. Eles precisam conhecer quais são as condições reais dos papéis que eles vão desempenhar nas empresas para trabalhar em regime de colaboração com computadores. Caso os profissionais prefiram trabalhar sem a colaboração das máquinas inteligentes é preciso que eles conheçam quais são as possibilidades viáveis que estão disponíveis no mercado.

O sistema educacional deve encorajar permanentemente as pessoas para que elas persigam as suas paixões. As mensagens das escolas para os estudantes precisam revelar com toda a clareza que existem atividades em que o desempenho dos computadores é superior ao dos seres humanos, ou seja, não é conveniente desenvolver uma carreira profissional nestas atividades.

O conhecimento deve pautar a agenda educacional, por isto mesmo diante de um cenário onde em menos de dez anos os geradores de códigos estarão extremamente evoluídos é importante que os alunos entendam o funcionamento dos computadores e da lógica de programação (O software que escreve código, seu futuro e seu impacto nos negócios, http://cio.com.br/tecnologia/2016/03/17/o-software-que-escreve-codigo-seu-futuro-e-seu-impacto-nos-negocios/, acessado em 08/06/2016).

Para quem vive na sociedade ocidental é importante aprender línguas orientais como o Chinês e Japonês. No entanto, este conhecimento não pode ser visto como um fim nele mesmo. Aprender uma língua deve significar aprender uma cultura. A maioria dos profissionais pós 2020 vão precisar de conhecimentos em estatística, línguas e culturas. Nem todas as pessoas vão escrever algoritmos, alguns vão escrever músicas, outros roteiros de comédias, filmes e assim sucessivamente. No entanto, o uso da estatística e dos algoritmos para medir o que deu certo ou não vai ser uma constante para várias categorias profissionais.

O momento da transição entre o modelo atual e o das máquinas inteligentes precisa ser bem planejado e acordado com os trabalhadores. É preciso definir com clareza os papéis que os seres humanos vão ter que desempenhar nas oportunidades de automação para que a criatividade seja encorajada. Se a conversa for sobre cortes e demissões por conta das máquinas inteligentes, os trabalhadores vão criar resistências e medos e as melhores oportunidades serão perdidas. É evidente que o objetivo da empreitada é reduzir o custo unitário dos itens produzidos. Esta meta pode ser alcançada com o aumento da produtividade.

Em 2016 existirão posições relacionadas com a área de automação e cognição. São exemplos de novas profissões para onde os profissionais pré-máquinas inteligentes podem ser deslocados. Nunca devemos esquecer que as decisões tomadas pelas máquinas inteligentes precisam ser avaliadas pelos seres humanos em termos de desempenho. Os computadores não alcançarão uma performance ótima sem a intervenção humana. Em outras palavras, milhões de empregos vão surgir por conta da análise cognitiva. Os trabalhadores precisam ser treinados para assumirem estas posições. Máquinas erram e falham. Será papel dos seres humanos a realização das correções.

Na área da saúde, os profissionais vão desempenhar o papel de supervisor das tecnologias automatizadas. O papel dos médicos anestesistas não será eliminado, no entanto, eles terão que supervisionar várias salas de cirurgia totalmente monitoradas que são operadas por máquinas. O médico anestesista desempenhará o papel de diretor de produção de uma espécie de fábrica do anestesiamento operada por robôs. Este cenário será realidade em diversas outras áreas da medicina.

Os médicos clínicos gerais terão mais capacitações. Eles poderão, por exemplo, acessar o conhecimento do melhor psicólogo através de um software cognitivo. Eles vão poder interpretar a imagem de um exame de radiologia e analisar a lesão apresentada com auxílio da inteligência cognitiva de uma máquina. Com base no exame, o médico clínico geral poderá indicar a probabilidade da lesão ser um tumor canceroso e recomendar a realização de uma biópsia. Em 2016, apenas os médicos especialistas têm capacidade para fazer este tipo de avaliação. De uma forma ou de outra, a medicina vai experimentar com as máquinas inteligentes uma mudança na atual direção de necessidade crescente de especialização. A tecnologia vai nivelar o conhecimento médico no âmbito da clínica geral e vai mudar o patamar para os especialistas. Os novos especialistas ou superespecialistas vão ocupar um espaço mais abrangente e profundo que eles ocupam atualmente. Por exemplo, um radiologista vai ser um radiologista intervencionista onde ele vai exercer o papel de radiologista e cirurgião.

É evidente que a tecnologia não pode assumir todos os papéis humanos e deixar o ser humano dependente da confiabilidade dos softwares. É importante que os sistemas sejam desligados em algum momento para que as pessoas saibam trabalhar sem os computadores. As máquinas inteligentes devem colaborar com os seres humanos e não os substituírem. De um modo ou de outro, os sistemas operacionais das máquinas vão carregar valores éticos e morais dos seus desenvolvedores, especialmente quando as aplicações de inteligência cognitiva estiverem sendo executadas. Isto significa que os computadores não conseguirão responder de forma inequívoca as questões dúbias. A tradução disto é que para alguns, as máquinas vão parecer gentis, para outros, elas parecerão intrometidas e, para outro grupo, elas parecerão egocêntricas. As máquinas vão, por exemplo, insistir para que os humanos trabalhem na visão delas de mundo (mais precisamente na visão de mundo dos seus desenvolvedores). Elas vão aprender e ficar mais inteligentes dentro dos parâmetros definidos pelos desenvolvedores. Ou seja, alguns poucos desenvolvedores vão estabelecer para a sociedade o comportamento das máquinas. Pode ser um futuro brilhante para a humanidade, como também pode ser uma grande ameaça para as pessoas e empregos. É preciso ter consciência que a inteligência cognitiva vai tirar a característica de neutralidade na utilização das máquinas pelos seres humanos.

Bibliografia do Capítulo

DAVENPORT, T.H., KIRBY, J. Only Humans Need Apply: Winners and Losers in the Age of Smart Machines. Harper Business, 2016

RIFIKIN, J. The Zero Marginal Cost Society. Palgrave Macmillan, 2014

SCHWAB, K. The Fourth Industrial Revolution. World Economic Forum, 2016

http://www1.folha.uol.com.br/comida/2016/02/1738173-veja-o-que-levar-em-conta-ao-escolher-uma-maquina-de-cafe-espresso.shtml, "Veja o que levar em conta ao escolher uma máquina de café expresso", acessado em 10/02/2016

http://cio.com.br/tecnologia/2016/03/21/industria-4-0-desafios-e-oportunidades/, "Indústria 4.0: desafios e oportunidades", acessado em 11/05/2016

http://noticias.uol.com.br/internacional/ultimas-noticias/le-monde/2016/03/21/a-industria-se-rende-a-impressao-3d.htm, "A indústria se rende à impressão 3D", acessado em 11/05/2016.

http://cio.com.br/opiniao/2016/05/03/tudo-o-que-puder-ser-automatizado-sera/, "Tudo o que puder ser automatizado, será", acessado em 12/05/2016

http://computerworld.com.br/internet-das-coisas-pode-mudar-economia, "A Internet das Coisas pode mudar a economia?", acessado em 12/05/2016

http://cio.com.br/opiniao/2016/05/02/como-permanecer-relevante-em-um-mundo-que-se-digitaliza-exponencialmente/, "Como permanecer relevante em um mundo que se digitaliza exponencialmente?", acessado em 12/05/2016

http://idgnow.com.br/mobilidade/2015/12/14/uber-nao-afeta-taxis-negativamente-no-brasil-aponta-estudo-do-cade/, "Uber não tira mercado de táxis no Brasil, aponta estudo do Cade", acessado em 18/05/2016

http://idgnow.com.br/mobilidade/2015/11/11/taxistas-protestam-contra-uber-em-sp-e-rj-app-da-desconto-em-corridas/, "Taxistas protestam contra Uber em SP e RJ; app dá desconto em corridas", acessado em 18/05/2016

http://idgnow.com.br/mobilidade/2016/01/26/taxistas-franceses-promovem-greve-e-quebra-quebra-contra-uber-em-paris/, "Taxistas franceses promovem greve e quebra-quebra contra Uber em Paris", acessado em 18/05/2016

http://www1.folha.uol.com.br/cotidiano/2016/01/1734878-contra-uber-taxistas-fazem-tumulto-em-frente-a-festa-de-revista-em-sp.shtml?mobile,

"Contra Uber, taxistas fazem tumulto em frente a festa de revista em SP", acessado em 18/05/2016

http://cio.com.br/opiniao/2016/02/29/a-realidade-ja-e-exponencial/, "A realidade já é exponencial", acessado em 08/06/2016

http://idgnow.com.br/ti-corporativa/2016/02/24/robos-tambem-deverao-roubar-os-empregos-mais-bem-pagos-preve-eua/, "Robôs também deverão roubar os empregos mais bem pagos, prevê EUA", acessado em 08/06/2016

http://computerworld.com.br/quarta-revolucao-industrial-aniquilara-milhoes-de-empregos-inclusive-o-seu, "Quarta Revolução Industrial aniquilará milhões de empregos, inclusive o seu", acessado em 08/06/2016

http://cio.com.br/opiniao/2016/02/15/e-hora-de-olhar-para-2025-e-para-os-pontos-de-inflexao-da-sociedade-digital/, "É hora de olhar para 2025 e para os pontos de inflexão da sociedade digital", acessado em 08/06/2016

http://cio.com.br/opiniao/2016/01/25/a-quarta-revolucao-industrial-ja-chegou/, "Alerta em Davos: A Quarta Revolução Industrial já chegou", acessado em 08/06/2016

http://computerworld.com.br/digital-pode-injetar-us-2-trilhoes-na-economia-global-ate-2020, "Digital pode injetar US$ 2 trilhões na economia global até 2020", acessado em 08/06/2016.

http://www.genexus.com/global/inicio?pt, acessado em 08/06/2016

http://appinventor.mit.edu/explore, acessado em 08/06/2016

http://cio.com.br/tecnologia/2016/03/17/o-software-que-escreve-codigo-

-seu-futuro-e-seu-impacto-nos-negocios/, "O software que escreve código, seu futuro e seu impacto nos negócios", acessado em 08/06/2016

http://idgnow.com.br/ti-pessoal/2016/06/08/em-2035-21-milhoes-de-veiculos-autonomos-vao-estar-nas-ruas/, "Em 2035, 21 milhões de veículos autônomos vão estar nas ruas", acessado em 08/06/2016

http://www.fiesp.com.br/observatoriodaconstrucao/noticias/baixa-produtividade-da-construcao-compromete-remuneracao-do-trabalho/, "Baixa produtividade da construção compromete remuneração do trabalho", acessado em 08/06/2016

http://cio.com.br/tecnologia/2016/06/22/voce-aceitaria-conselhos-de-uma-maquina/, "Você aceitaria conselhos de uma máquina?", 19/07/2016

http://cio.com.br/noticias/2016/06/24/maquinas-inteligentes-absorverao-7-dos-empregos-humanos-ate-2025-diz-forrester/, "Máquinas inteligentes absorverão 7% dos empregos humanos até 2025, diz Forrester", acessado em 19/07/2016.

http://www.industrial-ip.org, "Industrial IP Advantage consortium", acessado em 20/07/2016

Capítulo 12

Exponential Organizations (ExOs)

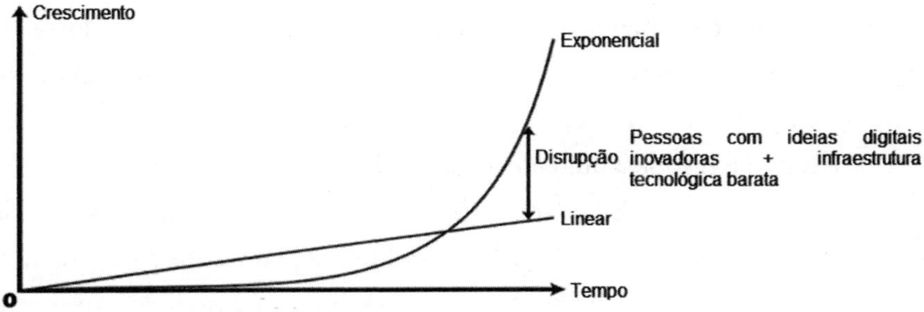

As Exponential Organizations (ExOs) ou Organizações Exponenciais (OExs) estão mudando radicalmente a forma como os negócios são realizados. As Organizações Exponenciais estão catalisando a reavaliação da gestão corporativa. As ExOs usam as metodologias enxutas tanto para desenvolver uma estrutura organizacional dinâmica, como para habilitar o crescimento rápido e sustentável. As empresas exponenciais crescem com velocidade dez vezes maior que a empresas tradicionais, por causa do uso de estratégias escaláveis, tecnologias exponenciais e soluções geradas pela multidão (crowdsourcing - termo criado em 2006 no artigo "The Rise of Crowdsourcing" publicado na revista Wired pelo Jeff Howe, http://www.wired.com/2006/06/crowds/?pg=1&topic=crowds&topic_set=, acessado em 27/06/2016).

O termo "Organização Exponencial" apareceu pela primeira vez no livro "Why New Organizations Are Ten Times Better, Faster, Cheaper Than Yours (and What to Do About It)" dos autores Salim Ismail, Michael S. Malone e Yuri Camionete Geest publicado em 2014 pela editora Diversion Books. As empresas Coca Cola e GE aplicaram os princípios das firmas exponenciais e conquistaram resultados excelentes. Até o ano de 2006, a maioria das empresas era estruturada em uma hierárquica tradicional e estável. O foco era a previsibilidade. Em 2016, a estabilidade da estrutura hierárquica rígida das empresas tradicionais não estava oferecendo o nível de competitividade e flexibilidade exigido pelo mercado e elas estavam perdendo clientes.

As Organizações Exponenciais que nasceram na segunda década do século XXI não foram estruturadas em hierarquia estável. Elas organizaram a sua estrutura de poder em um sistema plano e circular. Esta estrutura distribuiu o poder de decisão e responsabilidades entre todos os colaboradores (metodologia enxuta para empresas iniciantes). Em outras palavras, os funcionários das OExs tomam decisões autônomas e assumem riscos planejados para encontrar soluções para os desafios específicos da empresa. Por causa do foco corporativo em um problema específico, existe o encorajamento para a independência do colaborador. Neste contexto, melhores e mais rápidas decisões são tomadas. Este formato estimula tanto a criação de alternavas inovadoras, como o desenvolvimento de novos caminhos para resolver os problemas.

As empresas exponenciais não têm gerentes e não têm medo de todos os seus funcionários assumirem projetos e correrem riscos planejados. Estas organizações sabem que o fracasso é uma oportunidade de aprendizado. Este perfil empresarial sabe que não existe um manual pronto do conhecimento do negócio. As organizações exponenciais vivem uma aventura empresarial sem medo de assumir que elas estão fazendo o que estão fazendo porque não existe ninguém capaz de dizer para elas o que elas devem fazer. São empresas em constante aprendizado. Para a maioria das empresas brasileiras estas mudanças são gigantescas. Os resultados alcançados mostram que o sistema plano e circular de poder corporativo funciona. Os funcionários das organizações exponenciais geraram mais lucro individual do que as empresas Google e Apple. Mais ainda, o resultado alcançando pelas ExOs está crescendo em cerca de 200 por cento ao ano. Estas empresas estão escalando as suas operações para patamares cada vez mais elevados, contribuindo para que a economia digital alcance, em um prazo curto, o valor de 300 bilhões de dólares nos Estados Unidos.

Para as organizações exponenciais a necessidade de inovar está relacionada com o ambiente externo. Os institutos de pesquisas sinalizam que até o ano de 2017 mais da metade dos produtos destinados aos consumidores serão desenvolvidos em um ambiente de crowdsourcing. Nos próximos anos, mais de 75% das inovações (inclui os trabalhos de pesquisa e desenvolvimento) entregues para os consumidores serão realizadas em ambiente de crowdsourcing.

Para as empresas exponenciais, o posicionamento corporativo, as respostas às necessidades dos consumidores e usuários e o engajamento das pessoas são os recursos que alavancam o desenvolvimento de uma comunidade e multidão vibrante. O canal de comunicação de mão dupla permite que a empresa valide as suas ideias junto à comunidade e promova melhorias. É importante destacar que estes novos métodos de trabalho alavancam tanto as ideias e comunidades, como os recursos físicos e financiamentos. A loja de roupas Gustin (https://www.weargustin.com/howitworks, acessado em 31/05/2016) produz apenas as roupas que alcançaram o desempenho desejado na campanha de crowdfunding (financiamento coletivo).

Neste ambiente, a empresa garante o seu faturamento, pois os clientes pagam antes de receber os produtos (os consumidores pagam pelos produtos apenas quando a meta de financiamento é alcançada). Caso a campanha de financiamento coletivo de um item fracasse, ou seja, não alcance a meta desejada, a mesma é cancelada e não ocorre a arrecadação dos valores.

Em outras palavras, estamos falando da economia do compartilhamento na sua essência mais pura. As organizações exponenciais não possuem ativos. Elas alugam os ativos necessários conforme a demanda ou terceirizam a produção. Este estratagema faz com que os custos fixos sejam mínimos. Por exemplo, uma empresa iniciante com poucos recursos financeiros pode contratar a fabricação do protótipo do seu produto sem a necessidade de investir em uma linha de produção. A empresa iniciante Square (https://squareup.com/global/en, acessado em 31/05/2016), que desenvolveu várias inovações para o ponto de venda [Point Of Sale (POS)] contratou a fabricação dos protótipos dos seus dispositivos junto à empresa Techshop e em 2016 vale mais de cinco bilhões de dólares.

A AirBnB é uma organização exponencial impressionante. Ela não possui um único quarto de hotel e oferece acomodações em mais de 190 países. A empresa cresceu 750% desde 2009. A companhia começou como um pequeno negócio, quando o Brian Chesky e o Joe Gebbi decidiram desenvolver um portal de Internet para ganhar um dinheiro extra, alugando o seu sótão em São Francisco para as pessoas que trabalhavam nos congressos e eventos. Eles forneciam um lugar para dormir e café da manhã por US$ 80. Depois de receber três inquilinos, eles receberam pedidos sobre o mesmo serviço em outras cidades do mundo. A empresa cresceu do valor de US$ 240 em 2007 para US$ 10 bilhões em 2016. Duas pessoas, um site de Internet e uma ideia escalável foram o suficiente para criar um dos negócios mais rentáveis do século XXI.

A GE criou o programa bem-sucedido chamado FastWorks, que é uma estrutura para o empreendedorismo baseada nos princípios da empresa enxuta. O objetivo do programa é projetar e entregar, rapidamente, produtos que endereçam os requisitos dos clientes. A equipe da engenharia que trabalha no programa FastWorks tem permanente comunicação bidirecional com os clientes. Os demais colaboradores que trabalham nas atividades relacionadas com o negócio têm autorização para tomar decisões de forma autônoma. É um formato operacional bem diferente do tradicional onde a gestão do negócio estabelece um canal de comunicação bidirecional com os clientes apenas no final do processo de produção. Este novo enfoque mantém os projetos alinhados com as expectativas dos clientes e melhora a eficiência e a velocidade do desenvolvimento e das entregas dos produtos e serviços. O resultado da GE com o programa FastWorks é impressionante. Ela vendeu o dobro de unidades dos produtos, aumentou para o dobro a velocidade do desenvolvimento e das entregas e reduziu os custos pela metade.

O objetivo da Coca-Cola com a implementação dos princípios da empresa enxuta era facilitar a inovação para conquistar o crescimento exponencial. Até o início do programa, a taxa de crescimento da companhia era incremental. O resultado final era bom, mas poderia ser melhor. A firma criou a Coca-Cola Founders (http://coca-colafounders.com/blog/, acessado em 01/06/2016), um movimento criado com base nos princípios da empresa enxuta para ajudar a criação e lançamento de empresas iniciantes como a Home Eat Home (https://www.home-eat-home.de/, acessado em 01/06/2016), Tobuy (http://www.tob.uy/#/, acessado em 01/06/2016) e Truu Mobile (http://truumobile.com/, acessado em 01/06/2016).

As organizações que caem na armadilha de gastar mais energia e recursos defendendo a sua posição no mercado, em vez de crescerem e evoluírem, perdem o espírito de empresa iniciante e em pouco tempo serão varridas do mercado. Muitos especialistas acreditam que 40% das empresas presentes na lista da Fortune em 2016 vão desaparecer até o ano de 2026. As mudanças necessárias para transformar uma organização tradicional em exponencial exigem muito trabalho. A boa notícia é que as empresas tradicionais como a Coca-Cola e a GE conseguiram trabalhar os princípios exponenciais para criar vantagens competitivas.

As empresas iniciantes crescem rapidamente dispondo de recursos limitados, por isso, é importante avaliar a influência do crowdsourcing para o negócio. O engajamento em experimentos inovadores como o programa Fastworks da GE pode fazer com que os processos de produção sejam revitalizados pela tomada de decisão autônoma por todos os colaboradores. A autonomia dos empregados para tomar decisões sobre os projetos fez as coisas acontecerem no dobro da velocidade. A criação de canal de comunicação bidirecional com os clientes dobrou, tanto a velocidade do processo de desenvolvimento e produção, como a quantidade de unidades vendidas. As tecnologias exponenciais podem alavancar vários aspectos dos problemas empresariais. A tecnologia pode aumentar a eficiência dos funcionários, resolver os problemas do fluxo de trabalho e criar novos caminhos para a produção e entrega das soluções. As tecnologias de máquinas inteligentes, impressão 3D, drones e algoritmos podem revolucionar o formato do trabalho nas empresas.

A operação em rede é, sem sombra de dúvida, uma obrigatoriedade para as companhias iniciantes inovadoras. Elas precisam da agilidade como modelo de desenvolvimento para alcançar o sucesso. A agilidade está diretamente relacionada com a competividade corporativa. Este é o principal motivo pelo qual as empresas iniciantes não têm medo de competir em setores dominados por corporações gigantescas (nota do autor: As ExOs não seguem a lógica descrita na estratégia do oceano azul). As empresas iniciantes sabem que os seus concorrentes são grandes, mas são pesados e lentos para reagir. A General Electric é uma das exceções da regra, pois adotou rapidamente as metodologias enxutas para assegurar a sua competitividade

As chamadas empresas tradicionais e lineares limitam o seu crescimento aos requisitos da escassez. Estes negócios operam trabalhando apenas com os recursos disponíveis que eles têm controle e domínio. São firmas que ainda não visualizaram a economia do compartilhamento. Estas companhias têm como meta o controle e domínio total da produção e distribuição através da posse dos ativos e recursos. A economia de abundância está relacionada com a economia do compartilhamento. Ela é a chave para organizações exponenciais. As ofertas de recursos infinitos permitem que as empresas conquistem vantagens estratégicas no mercado atual. Em resumo, enquanto as organizações lineares trabalham com a suposição de recursos limitados, as organizações exponenciais trabalham com a suposição de recursos ilimitados.

As redes hoteleiras Hyatt e Starwood são exemplos de organizações lineares bem-sucedidas. Elas possuem milhares de hotéis em centenas de países. Estas redes hoteleiras são conhecidas no mundo inteiro. Para estas redes a abertura de um novo empreendimento significa ou construir um novo hotel ou comprar um que já exista. Para cada hotel estas empresas mantém uma equipe interna para cozinhar, limpar e administrar o estabelecimento. Eles precisam pagar as taxas e impostos e investir na manutenção do local. Existem claros gargalos para o crescimento deste negócio.

A empresa Airbnb é uma empresa que oferece acomodações de curta estadia e foi projetada para crescer rapidamente, explorando os recursos abundantes existentes no mercado. Ela é uma organização enxuta com potencial gigantesco de crescimento. A empresa não possui um único quarto de hotel, mas consegue oferecer acomodações em mais de 34.000 cidades e 190 países. Em 2016 ela valia mais de 25 bilhões de dólares. A Airbnb é uma empresa exponencial, porque ela alavanca a abundância dos recursos disponíveis (no caso abundância de lugares para hospedagens). Ela não é exponencial por causa das suas receitas ou curva de crescimento. Ela é exponencial por causa da sua orientação pela abundância dos recursos. Ela é exponencial pela sua capacidade de multiplicar a sua proposta de valor.

A escalabilidade de uma empresa iniciante é definida pelo formato da sua organização básica, ou em outras palavras, a escalabilidade é um dos resultados naturais da empresa exponencial. Ser uma organização exponencial é uma escolha empresarial. O custo das novas tecnologias de disruptura está caindo abruptamente nos últimos anos. O custo de uma impressora caiu para um valor quatrocentas vezes menor entre 2009 e 1016. Os robôs industriais custam menos do que um vigésimo que eles custavam em 2011. Os drones custam em 2016 um valor quase cento e cinquenta vezes menor do que eles custavam em 2010. O sequenciamento do genoma humano custou um valor dez mil vezes menor do que estava previsto em 2009. Todas estas gigantescas reduções de custos ocorreram porque o fator de redução cresce de forma exponencial e não linear.

As tecnologias disponíveis em 2016 podem precisar ainda de muita pesquisa, desenvolvimento e testes para alcançarem um patamar de maturidade elevado. No entanto, já é possível explorar estas tecnologias e conquistar vantagens competitivas. A abundância de tecnologias poderosas relativamente baratas permite que os pequenos times altamente capacitados com o foco apropriado consigam realizar empreendimentos de grande porte, de forma mais rápida e eficaz que governos e grandes companhias. Até o ano de 2010 tal tarefa era praticamente impossível.

Através da correta exploração de ferramentas de negócio como o crowdfunding e análise do Big Data é possível ampliar exponencialmente os resultados. A empresa Uber é um exemplo clássico da exploração comercial da alavancagem da disponibilidade dos motoristas e do poder do algoritmo de fixação do preço dinâmico conforme a oferta e a procura. O serviço da limousine de custo baixo, da empresa Uber, está derrotando as frotas tradicionais que pagam custos e obrigações recorrentes. A fábrica de logística urbana da empresa Uber está gerando a disruptura logística de várias indústrias. O lançamento do serviço de entrega de comida nas cidades de Chicago e New York mudou a lógica dos motoristas e dos restaurantes.

As organizações exponenciais são mais competitivas em um curto prazo e geram vantagens competitivas que asseguram a sobrevivência de longo prazo. Apesar de as capacidades tecnológicas crescerem exponencialmente, as demandas da revolução digital também crescem em igual velocidade. A contínua penetração dos telefones móveis inteligentes, dos aplicativos móveis e da Internet das Coisas na sociedade, gera uma gigantesca quantidade de informações que precisam ser analisadas pelas máquinas e seres humanos. O desafio da análise do Big Data dos clientes é enorme. A abundância de dados pode facilmente virar uma escassez de avaliações de negócio e transformar a empresa exponencial em linear. As organizações exponenciais verdadeiras são aquelas que são estruturadas em um formato em que elas percebem o potencial do negócio digital. Em outras palavras, o desenvolvimento de um negócio como uma organização do exponencial é mais uma necessidade do que uma escolha. As pesquisas de desempenho empresarial revelam que já existe em 2016 uma grande diferença de performance corporativa a favor das empresas que desenvolvem os seus softwares rapidamente e com efetividade. Os melhores resultados financeiros foram alcançados por firmas que criavam os seus softwares com velocidade três vezes maior que os seus concorrentes. O desenvolvimento de software é um assunto para todos os Chief Executive Officers (CEOs) antenados que queiram manter o seu negócio relevante nos próximos anos. O software é, em todos os setores da economia, o fator crítico de sucesso para a diferenciação e criação de valor dos produtos e serviços.

O "tipping point" ou ponto de inflexão é o instante onde uma nova tecnologia alcança um volume significativo de penetração e causa um impacto. Para as empresas exponenciais, o crescimento da penetração é exponencial. É importante destacar que um crescimento de 1% dobrando anualmente resulta em taxa de crescimento acima de 100% em 7 anos. Em 2006, a maioria das pessoas usava computadores (desktop ou laptop) para enviar e-mails, navegar nos sites, desenvolver planilhas eletrônicas etc. Em 2016, apenas nove anos após o surgimento do iPhone em 2007, a maioria das pessoas usa os seus computadores de bolso para expressar as suas ideias e opiniões nos Apps de redes sociais como Facebook, Twitter, Instagram, WhatsApp etc. Os Apps estão presentes em praticamente todas as nossas atividades diárias.

Mais da metade da população mundial terá um smartphone em 2017. Em Singapura e Coreia do Sul 90% das pessoas usam smartphones. O crescimento da capacidade de processamento dos smartphones é intenso. O iPhone de 2007 tinha capacidade de processamento maior que a maioria dos computadores fabricados em 2004. A capacidade de memória e de armazenamento vem crescendo de forma exponencial e com forte redução do custo unitário. Provavelmente antes de 2030, o espaço disponível para armazenamento será praticamente infinito e o custo marginal unitário será muito próximo ao zero.

Isto significa que os novos modelos de negócios baseados no acesso serão vencedores nos próximos anos. As empresas não terão mais interesse na venda ou aluguel dos smartphones. O real valor será o acesso. Como o volume de informações geradas pelas empresas está dobrando a cada 1,2 anos, os serviços de computação em nuvem estão virando uma commodity (em breve estará presente nas bolsas de mercadorias). Até 2030, as casas, objetos e cidades inteligentes vão eliminar a necessidade de produtos como os faróis de trânsito, pois os veículos inteligentes farão parte do dia a dia das pessoas.

As organizações exponenciais são valorizadas pelos seus ativos imateriais, ou seja, a sua capacidade de criar conexões com pessoas que são ao mesmo tempo produtores e consumidores (prosumidores) O termo prosumer (inglês) ou prosumidor (português) foi criado pelo Alvin Toffler (Toffler A. The Third Wave, Bantam Books, 1980) e significa consumidor que gera conteúdo. A empresa tradicional enxerga os seus clientes apenas desempenhando o papel de consumidores de seus produtos e como consequência é organizada em silos com hierarquia e modelos de governança rígidos. A tecnologia suporta as operações e as inovações disruptivas são entendidas como um problema. A missão da empresa é focada ou no seu setor de mercado ou nos produtos e serviços produzidos.

A organização exponencial enxerga os seus clientes como cocriadores. A empresa não quer fazer a mesma coisa sempre e realizar apenas mudanças incrementais. A firma busca ideias revolucionárias, pois entende que este é o caminho para ela ser relevante em longo prazo. Por causa disso, a empresa não investe os seus recursos nos mesmos negócios ou produtos ou serviços todos os anos apenas porque eles são os mais lucrativos. A organização redesenha periodicamente a sua estratégia através de mudanças. Na firma exponencial, as lideranças estão engajadas com a transformação do modelo e exercem o papel de facilitadores. A empresa precisa realizar as mudanças na velocidade necessária para ter espaço no novo universo dos negócios digitais.

Uma ExO é formada por um pequeno grupo de colaboradores que usa intensamente as tecnologias disponíveis e os recursos externos existentes para executar várias mudanças rápidas. Em vários setores da economia mundial as ExOs estão substituindo as empresas dominantes. Quando a General Motors (GM) investiu 500 milhões de dólares na empresa Lyft ela declarou que o futuro da mobilidade humana está relacionado com o acesso aos carros e com a conectividade e autonomia dos veículos. Para a GM as montadoras de automóveis serão transformadas em empresas de mobilidade humana e animal. Toda a cadeia produtiva que gira em volta das montadoras será impactada por conta desta mudança do modelo de negócio.

A automação dos processos internos é uma característica comum nas organizações exponenciais. As lojas virtuais App Store (Apple), Google Play (Android) e Microsoft têm milhões de Apps e centenas de bilhões de downloads e as empresas fazem isto com uma equipe de alguns poucos funcionários que avaliam, aprovam ou reprovam os Apps e com as recomendações dos outros funcionários da empresa. Os algoritmos são usados para escolher os Apps que vão aparecer na página principal, ou seja, é uma operação baseada na automação e no crowdsourcing.

A organização exponencial realiza a gestão do seu negócio em tempo real. Os painéis de controle são utilizados pelos executivos para gerenciar o negócio. Ou em outras palavras, a gestão do crescimento exponencial é baseada em objetivos e resultados. Os objetivos expressam aonde a empresa quer chegar e os resultados principais mostram o caminho que está sendo trilhado, e se o progresso do negócio está ocorrendo na direção certa. Os objetivos traduzem em números os sonhos da empresa. Cada objetivo é composto por quatro ou cinco resultados principais que revelam o progresso da corporação por dia, semana, mês e ano. Isto significa que o painel de controle, em tempo real, expressa um resultado dinâmico e transparente e permite o estabelecimento de ações reais de controle.

As organizações exponenciais são empresas preparadas intelectualmente para conviver harmoniosamente com os riscos calculados. Elas experimentam novos caminhos e correm riscos calculados para aprenderem a fazer o que é certo e correto. As corporações que têm aversão ao risco correm o grande risco de virarem redundantes pelo simples fato delas não correrem risco algum. As firmas que viraram ExOs são agora empresas enxutas que revisitaram todos os seus processos internos. Todos os processos empresariais precisam passar periodicamente por ciclos de modernização por causa das inovações tecnológicas. Muitas vezes, as empresas adicionam camadas extras de processos na realização das suas tarefas operacionais e se esquecem de eliminar as camadas que ficaram redundantes por causa dos novos hábitos, costumes, normas, regras, leis e tecnologias.

Nas organizações exponenciais existe o empoderamento dos clientes e funcionários para que eles usem as tecnologias disponíveis para obterem informações em tempo real e, por exemplo, comparar os preços e a qualidade das ofertas da empresa em relação aos concorrentes. Como a integração do mundo digital permite que uma única pessoa realize o ciclo completo de uma transação comercial complexa envolvendo várias empresas (por exemplo, compra de uma viagem para outro país, ou seja, processo de aquisição da passagem aérea, de check-in e de transação financeira de conversão cambial das moedas) é preciso que a interação do cliente com a empresa seja totalmente automatizada. As redes sociais como o Facebook são exploradas pelas ExOs para gerar conexão, estimular o engajamento, aumentar a confiança e maximizar a transparência.

A estrutura organizacional das empresas enxutas é plana para evitar o desgaste dos processos tanto pela lentidão das respostas, como pelas dificuldades de mudanças. A autonomia das pessoas evita o engessamento da organização e incentiva o desabrochar dos talentos ocultos. As organizações exponenciais que crescem em saltos anuais de pelo menos 20% por 3 anos seguidos estão sedentas por talentos. Por isso, existe uma grande preocupação para a retenção dos talentos nas organizações. Quando uma ExO perde um talento ela recebe o impacto negativo do investimento realizado tanto no tempo de contratação e treinamento, como no aumento do risco do retorno do investimento.

A gestão de talentos é, portanto, um fator crítico de sucesso durante o ciclo de crescimento exponencial, pois é preciso escalar as barreiras com elevada velocidade. Isto significa que o talento não é um fator em oposição com a experiência. É preciso contratar os perfis profissionais adequados para alcançar os resultados planejados dentro da cultura corporativa. Logo, o perfil escolhido para os profissionais contratados deve levar em conta o histórico de permanência das pessoas nos seus empregos anteriores. Para alcançar uma elevada retenção de talentos contratados é preciso avaliar concretamente as entregas realizadas pelos profissionais nos seus empregos anteriores. Quanto mais rica for a experiência profissional, mais fácil é a previsibilidade do comportamento futuro do talento contratado. É um processo de seleção mais robusto do que meramente escolher os candidatos pelo critério de idade.

A análise da trajetória profissional do candidato (quais foram as conquistas dos candidatos, como elas estão relacionadas com os treinamentos e cursos regulares realizados pelo profissional, se realizações são frutos de trabalho árduo ou de mero acaso etc.) é uma atividade de fundamental importância para identificar os talentos com o perfil adequado. Para o sucesso na contratação e retenção dos talentos, é preciso que a análise do histórico dos candidatos seja realizada em regime de completa isenção dos títulos e nomes dos cargos ocupados.

A meta é entender o que foi feito, em que o profissional colocou as suas mãos e como ele contribuiu para o crescimento contínuo da iniciativa. As habilidades de comunicação e persuasão dos candidatos são qualidades importantes, mas são insuficientes para o sucesso dos projetos. Os profissionais escolhidos precisam ser executores também. A geração chamada de Millennials tem como característica geral, um baixo nível de lealdade e engajamento com os empregadores, pois mudam de emprego em curto prazo. A contratação em larga escala de profissionais da geração Millennials eleva o risco de alto turnover na empresa.

Na cultura brasileira, existe o entendimento de que o profissional só está crescendo na carreira quando ele é promovido para os cargos de liderança, pois apenas os cargos de gerentes e diretores têm salários elevados. Nas organizações exponenciais com estrutura linear, o foco é a meritocracia, onde as entregas realizadas nos projetos, a colaboração com o time são os fatores determinantes para o desenvolvimento e crescimento dentro da organização.

A transformação em organização exponencial é uma necessidade para várias empresas. A tarefa não é simples e é essencial para diversos negócios. O modelo mental da estrutura hierarquizada é o principal paradigma a ser quebrado. A exponencial revolução tecnológica vem transformando as indústrias e criando novos e poderosos concorrentes pela eliminação das fronteiras que existiam entre os vários setores da economia. As cadeias produtivas estabelecidas estão sendo dissolvidas e novas cadeias de valor estão sendo criadas pelos novos entrantes. São empresas estruturadas em menor custo das empresas enxutas que escalam com enorme velocidade o mercado.

A matriz competitiva dos mercados está sendo alterada para um modelo que é desconhecido pelos jogadores. O emprego está mudando e estão sendo criadas novas profissões a cada dia. É improvável que uma pessoa trabalhe durante 30 anos na mesma profissão, pois o final da segunda década do século XXI está sendo marcado por inúmeras disrupções. Os hábitos das pessoas e a cultura da sociedade estão sendo transmutados para novos comportamentos por causa da mobilidade oferecida pelos Apps.

Os aplicativos transformam o smartphone em várias ferramentas profissionais. O dia a dia das pessoas está sendo simplificado pela integração dos softwares. É possível tanto encontrar lojas, farmácias, restaurantes etc. usando um telefone celular, como entrar em um estabelecimento comercial físico e pesquisar no smartphone o preço e a condição de entrega do produto demonstrado pelo vendedor da loja física e tomar a melhor decisão de compra possível. A conexão com as redes sociais está criando canais de comunicação com pessoas, fabricantes, órgãos fiscalizadores etc. que está alterando o relacionamento entre consumidores, produtores e influenciadores. Estas mudanças rápidas estão fazendo parte da nossa vida diária. Desde o primeiro iPhone em 2007 até os poderosos celulares de 2016, foram geradas mudanças que alteraram a nossa estrutura de vida e a nossa forma de utilizar o tempo.

Com a transformação digital, a sociedade está saindo da lógica separatista de consumidores e produtores e está entrando na era dos prosumidores. É um momento quase mágico que estamos trilhando a jornada do custo marginal unitário próximo a zero. Ou em outras palavras, o custo para entregar mais uma unidade de um produto ou serviço é quase zero. É a chamada economia do compartilhamento. São novos modelos de negócios que ameaçam a estrutura estabelecida. No mundo inteiro, temos taxista brigando com a empresa Uber, operadoras de telecomunicações tentando minar de todas as formas os avanços da empresa WhatsApp e as televisões pagas contestando a empresa Netflix. As empresas digitais Uber, WhatsApp e Netflix têm valores de mercado muito maiores que os seus concorrentes tradicionais. É evidente que pode estar sendo criada uma nova bolha de mercado para as empresas de Internet.

O Exponential Quotient (ExQ) ou Quociente Exponencial (QEx) da lista Fortune das 100 maiores empresas do mundo revela que muitas delas terão de superar diversos desafios para sobreviver em um futuro próximo. Acabou o modelo de empresas muito grandes para quebrar. Mesmo no setor financeiro este modelo está sendo enterrado. Já não existe o temor de crises econômicas mundiais, por causa da disrupção causada pelas Fintechs (empresa financeira e de tecnologia). O paradigma da escassez está sendo paulatinamente substituído pela abundância do custo marginal unitário zero. Ou seja, na transformação digital o crescimento nulo ou próximo ao zero significa a morte da corporação. É preciso mudar para o pensamento exponencial nas decisões estratégicas para sobreviver.

As mudanças e transformações estão apenas começando. As tecnologias dentro em breve vão convergir exponencialmente em função dos vetores da impressão 3D, computação cognitiva e em nuvem inteligente e Internet das Coisas (Internet da energia, da comunicação e dos transportes). Os modelos de negócio que vão surgir com os prosumidores e custo unitário marginal zero vão destruir setores econômicos consolidados como o segmento financeiro e de logística (os ativos digitais do conhecimento impressos em uma impressora 3D na casa do consumidor não necessitam do transporte físico dos produtos via trens, caminhões, aviões e navios operados por motoristas, pilotos, maquinistas etc.).

No instante em que todas as pessoas tiverem acesso a um assistente pessoal digital baseado na inteligência artificial (não estamos longe disto) vai ser possível descrever uma necessidade específica usando apenas voz, desenhos e imagens. As especificações serão definidas com base nas informações apresentadas pelo usuário e o produto será manufaturado em uma impressora 3D localizada ou na casa do cliente ou em uma loja do fabricante. Com o crescimento exponencial da quantidade de pessoas conectadas na Internet e nas redes sociais existirá nos próximos anos uma explosão da quantidade de novas ideias e negócios inovadores. A velocidade será explosiva. Muitas empresas vão desaparecer sem perceber o que as derrubou.

Uma inovação desenvolvida através dos conceitos de Massive Transformative Purpose (MTP) gera mudanças em diversos setores da sociedade pela criação de novos negócios e hábitos. Como as empresas tradicionais não entendem determinadas mudanças, elas resistem aos concorrentes aprofundando os seus atuais modelos de negócio. Os celulares inteligentes das empresas Apple e Samsung impactaram, por exemplo, diversos segmentos da indústria de Global Positioning System (GPS), câmeras digitais de fotografia e leitores de livros digitais. As empresas Nokia e BlackBerry que lideravam as vendas de celulares nos seus respectivos segmentos de mercado foram praticamente varridas do mapa em poucos anos pelos celulares da família iPhone da Apple e Galaxy da Samsung. A revolução da indústria de software pelos Apps e lojas virtuais permitiram a alavancagem de vários novos negócios exponenciais.

O grande motivo da derrocada das empresas Nokia e BlackBerry foi que estas empresas não perceberam que o mundo mudou com os novos smartphones e elas mantiveram a sua estratégia de pensamento linear para o crescimento da concorrência. No caso da tecnologia GPS, a derrocada da empresa Nokia que era líder do segmento até o ano de 2007, começou com a fundação em 2008 da empresa Waze que usava as pessoas e os seus smartphones como instrumentos de captura da situação do trânsito. Como a empresa dependia muito mais da colaboração coletiva do que de recursos intensos de capital para comprar sensores automatizados, a Waze cresceu exponencialmente e engoliu os seus competidores que investiram bilhões de dólares em sensores.

A transformação digital foi tão intensa na indústria de smartphones que o valor de mercado da Nokia alcançou uma queda profunda em junho de 2012 (o valor de mercado caiu de aproximadamente 140 bilhões de dólares para 8,2 bilhões de dólares). Enquanto a empresa Nokia adotava as ultrapassadas estratégias lineares e investia bilhões de dólares em ativos físicos, a empresa Waze usava a colaboração coletiva através da captura das informações oferecidas gratuitamente pelos seus usuários no App. A empresa simplesmente destruiu o modelo de negócios em vigor do segmento de mapas.

O conceito de posse da era industrial está sendo substituído pelo conceito de acesso da era do conhecimento, pois o capital social vale mais que o capital financeiro. Em um passado recente, o poder político, financeiro e intelectual era exercido pelas pessoas que possuíam bem materiais como fábricas, equipamentos, imóveis e automóveis. Neste modelo, as estruturas corporativas são organizadas por silos e hierarquias. É um modelo de crescimento linear, pois os resultados alcançados são uma expressão dos insumos disponíveis em formato de curva em linha reta. Por exemplo, se um equipamento automatizado (robô) substitui 50 funcionários, então para substituir 300 funcionários são necessários seis robôs. Em outras palavras, a fabricação de um produto exige uma quantidade fixa de recursos (se um produto consome 4 recursos, então dois produtos necessitam de 8 recursos).

A estrutura linear é hierárquica e em alguns casos matricial, ela é gerenciada no formato de determinações e controle, e é orientada pelos resultados econômicos alcançados de curto prazo. O planejamento estratégico do futuro é baseado na extrapolação linear dos resultados conquistados no passado. A organização tem aversão aos riscos e em muitos casos às inovações. Os processos são imexíveis e praticamente não existem mudanças organizacionais. No caso das grandes empresas, existe um grande número de funcionários que controlam apenas os ativos próprios da firma. Os investimentos (elevados) são direcionados para a manutenção das vacas leiteiras (produtos que vendem mais) e as mudanças no comportamento do mercado são vistas como ameaças, ou seja, eles são realizados para resistir às mudanças externas.

Foi afirmado que as operadoras perderam mais de US$ 13,9 bilhões em 2011 por causa dos aplicativos.

Fonte: Operadoras perderam US$ 13,9 bilhões devido ao WhatsApp, Facebook Messenger e similares, https://tecnoblog.net/91908/operadoras-whatsapp-facebook/, acessado em 21/06/2016.

Foi revelado que o presidente da Vivo, Amos Genish, afirmou que a operadora nunca fará parcerias com a empresa WhatsApp.
Fonte: Na contramão de rivais, Vivo detona WhatsApp e descarta promoções, http://idgnow.com.br/mobilidade/2015/08/06/na-contramao-de-rivais-vivo-detona-whatsapp-e-acusa-app-de-pirataria/, acessado em 21/06/2016.

Foi revelado que o Amos Genish, presidente da Vivo, é contra o App do Facebook e pediu que as outras operadoras acordem.
Fonte: Vivo, TIM e Claro divergem sobre papel do WhatsApp, http://computerworld.com.br/vivo-tim-e-claro-divergem-sobre-papel-do-whatsapp, acessado em 21/06/2016.

Foi revelado que depois de perder aproximadamente 1 milhão de assinantes desde 2014, as operadoras de televisão a cabo decidiram atacar a empresa Netflix que oferece filmes e programas pela Internet.
Fonte: Operadoras perdem quase 1 milhão de assinantes e estudam 'ataque' à Netflix, http://tvefamosos.uol.com.br/noticias/ooops/2016/01/24/operadoras-perdem-quase-1-milhao-de-assinantes-e-estudam-ataque-a-netflix.htm, acessado em 21/06/2016.

Foi afirmado que as emissoras abertas faturaram menos, a TV paga perdeu assinantes em 2015 e a Netflix cresceu.
Fonte: Netflix fatura R$ 1,1 bi no Brasil e ultrapassa o SBT, http://tvefamosos.uol.com.br/noticias/ooops/2016/01/11/netflix-fatura-r-11-bi-no-brasil-e-ultrapassa-o-sbt.htm, acessado em 21/06/2016.

Muitas das corporações não entendem as consequências das inovações de ruptura sobre os modelos de negócios. As operadoras de telecomunicações e de televisão a cabo brasileiras adotaram clara posição de resistência contra os Apps como WhatsApp e Netflix, pois a sua estrutura organizacional hierárquica impede que elas executem mudanças radicais e rápidas. Nestas empresas uma inovação deve ser avalizada pelo departamento jurídico, ser suportada pela organização de tecnologia, ser apoiada monetariamente e economicamente pelo departamento financeiro e ser suprida de capital humano pelo departamento de recursos humanos. É um quadro onde as mudanças são difíceis, lentas e graduais.

Não existem reações contra as rápidas mudanças no mercado de negócios. A grandeza destas superorganizações faz com que cada departamento tenha objetivos próprios, ou seja, tanto o jurídico avalia a questão legal desconsiderando os aspectos de urgência e relevância da demanda (os indicadores de desempenho dos profissionais da área não levam em conta o impacto no negócio da demanda avaliada), como a organização de Tecnologia de Informações e Comunicações (TI) não consegue priorizar adequadamente os seus investimentos, pois, em geral, atende em primeiro lugar os negócios que são vacas leiteiras (principais lucros).

Nota do autor: O fenômeno TI invisível (Shadow IT) surgiu porque a prioridade estabelecida pela organização de TI não era compatível com as necessidades e urgências das áreas de negócio em relação aos Apps, nuvens, Big Data etc.

Em resumo, a evolução exponencial da tecnologia e seus respectivos impactos não são entendidas pelas organizações lineares. As organizações exponenciais trabalham com um grupo pequeno de funcionários e usam intensamente as tecnologias disponíveis e os recursos externos para produzirem mudanças rápidas. Em poucos anos as empresas exponenciais de diversos segmentos do mercado vão substituir as empresas que são dominantes em 2016. Uma organização é considerada como exponencial quando o impacto ou resultado proporcional gerado por ela é, no mínimo, dez vezes maior que o impacto ou resultado gerado pelos seus concorrentes tradicionais. As empresas exponenciais alcançam este nível superior de impacto, por causa do uso de novas técnicas organizacionais que alavancam exponencialmente as tecnologias utilizadas.

As principais características das organizações lineares estão relacionadas com os seguintes aspectos:

- Organização hierárquica baseada em ordens de cima para baixo através de determinações e controles
- Direcionamento estratégico baseado nos resultados financeiros em curto prazo
- Pensamento estratégico baseado em modelo cascata (sentido linear com ordem sequencial. Requisitos [ponto de partida], Desenvolvimento [dos produtos e serviços], Implementação, Verificação e Manutenção [dos produtos e serviços])
- Inovações são desenvolvidas na maioria dos casos internamente sem o envolvimento dos clientes e das comunidades
- Planejamento estratégico futuro baseado na extrapolação do histórico dos últimos cinco anos
- Aversão aos riscos
- Império dos processos inflexíveis
- Todos ou a maioria dos funcionários com dedicação de tempo integral para a operação do negócio
- Tem propriedade, controle e domínio dos ativos utilizados na operação do negócio
- Investimento total ou fortemente majoritário nos produtos atuais de elevado faturamento e lucro (produto tipo vaca leiteira ou cinco estrelas)

As principais características das Organizações Exponenciais estão relacionadas com os seguintes aspectos:

- Estrutura organizacional plana com pouco ou nenhum nível hierárquico, onde o foco é auto-organização com autonomia decisória ou autoridade distribuída (holocracia) através do uso intenso das tecnologias sociais
- Direcionamento estratégico do negócio baseado tanto no propósito transformativo massivo, como na transparência dos painéis de controle
- Pensamento estratégico baseado tanto no propósito transformativo massivo, como nas descobertas da ferramenta de crescimento adicional, como no plano operacional de um ano
- As inovações são desenvolvidas pelos profissionais da empresa que trabalham conforme a demanda em conjunto com as comunidades e multidões para alavancar a utilização dos recursos e ativos, ou seja, uma grande parte ou a maioria das inovações vem do ambiente externo à empresa
- Planejamento estratégico futuro é consequência da experimentação e do ciclo de realimentação formado pelas ideias, codificações e dados (Os códigos são desenvolvidos com base nas ideias, os dados são os resultados da mensuração dos códigos e as ideias são o resultado do aprendizado com base nos dados)
- São aceitos os riscos decorrentes da experimentação das soluções, pois os fracassos são comemorados de forma inteligente (eles são usados como fonte de aprendizado e evolução das ideias e práticas)
- Os processos são flexíveis por causa da autonomia distribuída e da experimentação
- Os algoritmos, comunidades e multidões são utilizados para que as operações corporativas sejam realizadas por funcionários que trabalham conforme a demanda
- Os equipamentos utilizados não são, na maioria dos casos, ativos corporativos. A firma alavanca a utilização de recursos e equipamentos externos para as suas operações comerciais e empresariais
- Investimento total ou majoritário com base, tanto no propósito transformativo massivo, como na transparência dos painéis de controle, como na experimentação

As organizações Exponenciais Massive Transformative Purpose (MTP) ou Propósito Transformativo Massivo (PTM) são baseadas nos acrônimos IDEAS (Interfaces, Dashboards, Experimentation, Autonomy e Social) e SCALE (Staff on Demand, Community & Crowd, Algorithms, Leveraged Assets e Engagement), por isso elas são mais eficientes, atraentes e rentáveis do que as organizações lineares. A transformação causada pela modernização da contextualização dos processos, pela gestão de equipes heterogêneas adequadamente capacitadas e pela exploração inteligente das tecnologias físicas e sociais está gerando uma geração de empresas vencedoras.

As organizações exponenciais são novas empresas que criaram novos modelos de negócios e crescem com muita velocidade em um curto período de tempo durante um longo período em relação aos seus concorrentes. São firmas que escalam o mercado com velocidade dez vezes maior que os seus competidores pela melhor interpretação do valor do capital intelectual coletivo.

Entre 2011 e 2016 a empresa Google cresceu duas vezes e meia alcançando valor de mercado de US$ 400 bilhões, a empresa Airbnb cresceu dez vezes alcançando valor de mercado de US$ 20 bilhões, a empresa GitHub cresceu catorze vezes alcançando valor de mercado de US$ 7 bilhões, a empresa Uber cresceu quase vinte e uma vezes alcançando valor de mercado de US$ 41,2 bilhões, a empresa Quirky cresceu quarenta vezes alcançando valor de mercado de US$ 2 bilhões e a empresa Snapchat cresceu mais de dezenove mil vezes alcançando valor de mercado de US$ 19 bilhões.

Nos Estados Unidos, as firmas tradicionais levaram aproximadamente vinte anos para alcançar o valor de mercado de um bilhão de dólares. As organizações exponenciais alcançaram o valor de mercado de um bilhão de dólares em um prazo bem menor. A empresa Google levou 8 anos, a empresa Facebook gastou aproximadamente seis anos e as empresas Uber e WhatsApp alcançaram esta marca em dois anos.

As organizações tradicionais e consolidadas são lineares em relação ao gerenciamento das suas atividades e têm enorme apego tanto em relação a hierarquia e silos de autoridade, como a concentração do poder e conhecimento. São empresas que buscam a economia de escala e desejam um ambiente econômico e social de negócios estável com poucas mudanças. As empresas exponenciais carregam dentro delas o sentimento não linear com descentralização da autoridade, onde a gestão é pautada pela transparência e inovação. Estas características catapultam as possibilidades de crescimento e sucesso no atual contexto socioeconômico.

A tecnologia é uma poderosa aliada para os negócios em organizações exponenciais como Google, Waze, LinkedIn, Uber, Airbnb, Instagram etc. Estas empresas enxergam a Internet como a ferramenta mais efetiva para dar visibilidade ao negócio com baixo custo. A comunidade de usuários e colaboradores engajados na causa é o principal instrumento para sedimentar o modelo de negócio e expandir exponencialmente a base de consumidores ao redor do mundo. Os problemas resolvidos pelas ExOs não são novos. Elas apenas inovam e oferecem novas soluções e alternativas para questões velhas.

As firmas lineares estão vivenciando um elevado nível de risco corporativo nas seguintes dimensões: Digitalization, Deception, Disruption, Demonetization, Dematerialization e Democratization (Six Ds of Exponentials). O conceito seis Ds não é aplicável para a maioria das grandes corporações estruturadas, pois o seu pensamento corporativo é hierárquico.

Digitalization. É o princípio, onde a cultura é o resultado dos progressos cumulativos. A inovação é o resultado tanto das trocas intelectuais entre os seres humanos, como da permuta das ideias, ou seja, as pessoas desenvolvem as ideias concebidas por outras pessoas. Este mecanismo de troca só ganha a correta dimensão com a digitalização, onde as ideias são armazenadas e trocadas através dos computadores. Tudo o que pode ser digitalizado pode ser comunicado e divulgado na elevada velocidade da Internet sem custo algum para a sua reprodução e compartilhamento.

Deception. A dissimulação está relacionada com o período de tempo no qual o crescimento exponencial passa totalmente despercebido, gerando a ilusão que a digitalização é um engano. Durante um bom período, a duplicação dos números pequenos dos resultados das empresas iniciantes resulta em números minúsculos e o crescimento linear é visto como um progresso mais relevante. O resultado inicial de empresas como o Facebook foi tão pequeno que muitos observadores liam o lucro na época como zero. No entanto, assim que o resultado chega aos números inteiros (1, 2, 4, 8, 16, 32 e etc.) são necessárias apenas vinte dobradas para alcançar a casa do milhão e trinta para a casa do bilhão. O crescimento exponencial tem começo inexpressivo e por isto é dissimulado, no entanto em pouco tempo ele é altamente visível e disruptivo.

Disruption. Uma inovação é uma tecnologia disruptiva quando ela cria um novo mercado e destrói os existentes. Uma disrupção tecnológica sempre é precedida pela etapa de dissimulação na qual a tecnológica embrionária é vista como uma ameaça insignificante. A Kodak que era uma empresa dominante foi derrubada do mercado de fotografia pela inovação que ela mesma criou (câmera digital). Ela nunca considerou a sua invenção como uma ameaça ao seu negócio.

Demonetization. É a eliminação do dinheiro na equação do lucro do negócio linear. A Kodak quebrou quando as pessoas pararam de comprar filme para as câmeras fotográficas analógicas. O fluxo de receitas do negócio da Kodak de filme fotográfico zerou com o armazenamento digital de graça da câmera digital (este segmento de negócio foi inatacável durante várias décadas).

Dematerialization. A desmaterialização é a eliminação física dos bens e serviços. No caso da câmera digital em relação à analógica, a desmaterialização do produto foi a eliminação do filme e a do serviço foi a eliminação da revelação das fotos. No entanto, o ciclo não parou por aí. Com a invenção do smartphone, o produto câmara digital foi desmaterializado.

Democratization. É a mudança da escassez para a abundância dos recursos. Ocorre quando o acesso é mais importante do que a posse. Com a democratização das inovações todos têm acesso aos mesmos recursos e podem explorá-los considerando a sua abundância e o custo marginal unitário zero.

Os seis Ds das Exponenciais mostram que durante o período das mudanças rápidas e profundas as empresas grandes e lentas não conseguem competir contra as companhias pequenas e ágeis. Para ser pequeno e ágil é preciso expandir a escala de impacto das inovações. É preciso dominar tecnologias físicas como computação infinita, sensores e redes inteligentes, impressão 3D, inteligência artificial, robótica e biotecnologia e tecnologias sociais como crowdfunding (financiamento coletivo), crowdsourcing (colaboração coletiva), concursos, competições e programas de recompensas [(Google pagará mais para quem descobrir falhas no Android, http://idgnow.com.br/internet/2016/06/17/google-pagara-mais-para-aqueles-que-reportarem-falhas-no-android/, acessado em 23/06/2016) e (InfoWorld oferece premiação para as organizações que responderem a sua pesquisa sobre o armazenamento digital dos dados, http://v2.decipherinc.com/survey/selfserve/1ee1/160611?list=6e, acessado em 11/07/2016)] e construção de comunidade própria.

O Massive Transformative Purpose (MTP) ou Propósito Transformativo Massivo (PTM) está presente em todas as Organizações Exponenciais. Existem atributos de elementos de criatividade (SCALE) e de controle (IDEAS) que estão presentes nas empresas exponenciais. Nem sempre uma empresa reúne todos os atributos. No entanto, todas as ExOs têm consistentemente pelos menos quatro atributos.

Todas as Organizações Exponenciais com Propósito Transformador Massivo pensam grande. O Massive Transformative Purpose é uma declaração de propósito da organização de grande escala. O MTP da empresa Google é organizar todas as informações do mundo. Como as propostas são grandiosas, elas são capazes de engajar as pessoas e movimentar a organização para impactar o ambiente externo.

O custo das funcionalidades das tecnologias está caindo dramaticamente e exponencialmente nos Estados Unidos. O custo médio da impressão 3D caiu de US$ 40 mil em 2007 para US$ 100 em 2014, ou seja, quatrocentas vezes em sete anos. O custo médio do robô industrial caiu de US$ 500 mil em 2008 para US$ 22 mil em 2013, ou seja, redução de quase vinte e três vezes em cinco anos. O custo médio dos drones caiu de US$ 100 mil em 2007 para US$ 700 em 2013, ou seja, redução de quase cento e quarenta e três vezes em seis anos. O custo médio da energia solar caiu de US$ 32 por kWh em 1984 para US$ 0,16 kWh em 2014, ou seja, redução de duzentas vezes em vinte anos. O custo médio dos sensores 3D LIDAR (Light Detection And Ranging) caiu de US$ 20 mil em 2009 para US$ 79 em 2014, ou seja, redução de mais duzentas e cinquenta e três vezes em cinco anos. O custo da biotecnologia (sequenciamento completo do DNA humano) caiu de US$ 10 milhões em 2007 para US$ 1 mil em 2014, ou seja, redução de dez mil vezes em sete anos. O custo da neurotecnologia (dispositivos Brain–Computer Interface [BCI]) caiu de US$ 4 mil em 2006 para US$ 90 em 2011, ou seja, redução de mais de quarenta e quatro vezes em cinco anos. O custo da medicina de escaneamento completo do corpo humano caiu de US$ 10 mil em 2000 para US$ 500 em 2014, ou seja, redução de vinte vezes em quatorze anos.

A lei da aceleração dos retornos vem revelando que as informações são o combustível do crescimento empresarial, pois o seu fluxo habilita o desempenho superior das tecnologias que são capazes de dobrar anualmente a relação entre o faturamento e a performance corporativa. Uma vez iniciado este ciclo, ele vira tendência em longo prazo, pois o melhor resultado financeiro derivado do fluxo de informações alavanca os novos projetos de informações gerando uma espiral exponencial de crescimento da relação faturamento e desempenho.

Em outras palavras, mais recursos investidos em computadores mais rápidos melhoram o fluxo de informações e geram mais recursos para investir em computadores mais rápidos ainda e assim sucessivamente.

As tecnologias de inteligência artificial, robótica, biotecnologia (sequenciamento completo do DNA humano) e bioinformática, medicina, neurotecnologia (Brain–Computer Interface), ciência dos dados e das informações, impressão 3D, nanotecnologia e produção e distribuição de energia elétrica através de painéis solares estão evoluindo exponencialmente e estão gerando oportunidades de negócios cada vez mais intensas. A humanidade está saltando de oito bilhões de dispositivos conectados à Internet em 2015 para cinquenta bilhões em 2025. É um salto gigantesco em apenas uma década.

Este crescimento espetacular dos recursos digitais disponíveis permitiu o nascimento das organizações exponenciais. Estas empresas descobriram que no mundo digital a regra é a abundância de recursos, não a sua escassez. É um novo formato para o capitalismo. A empresa Waze percebeu que tinha a sua disposição uma infinidade de recursos sobre GPS através do compartimento das informações geradas pela contribuição colaborativa dos seus usuários e passou a competir contra uma empresa gigante como a Nokia que investia bilhões de dólares em sensores. O crescimento da Waze foi exponencial e em poucos anos ela desbancou as empresas dominantes do seu segmento de negócio.

Foi um caso onde ficou claro o valor da informação relevante e confiável como ativo corporativo. Como informações quentes são abundantes, elas têm o potencial de dobrar o seu valor material continuamente. A real riqueza das nações e das corporações não está mais na acumulação de ativos materiais. A chave para o enriquecimento está no acesso às informações existentes. Este fenômeno ocorre porque o custo marginal para acessar mais uma informação é zero. As empresas Google, LinkedIn e Facebook são exemplos de organizações que essencialmente manipulam as informações disponibilizadas pela colaboração colaborativa e digitalização do relacionamento. Elas cresceram exponencialmente e valem centenas de bilhões de dólares em 2016. Todas elas desbancaram as empresas dominantes no seu setor.

O Propósito da Transformação Massiva (PTM) ou Massive Transformative Purpose (MTP) é a célula embrionária das organizações exponenciais. É o chamado pensamento grande e ousado. As empresas que pensam minusculamente, sem ousadia, raramente conseguem seguir a sua estratégia empresarial. Elas simplesmente não sabem o que fazer diante de um crescimento rápido. As organizações exponenciais espalham aos quatro ventos o valor das ideias para organizar e orquestrar o mundo das informações com o objetivo de gerar disrupturas e beneficiar a humanidade através de inovações acessíveis que impactem positivamente bilhões de pessoas.

Em outras palavras, não é relevante a situação atual destas empresas, o que realmente importa é o que elas vão realizar nos próximos anos. As aspirações não podem ser tímidas ou específicas para uma determinada tecnologia. Os desejos e sonhos precisam conquistar o coração e a mente das pessoas para que as ambições sejam apoiadas dentro e fora da organização. Alguns querem mudar o mundo, outros querem transformar apenas um segmento de mercado. Nos dois casos, a transformação radical é o nome do jogo.

O resultado de um correto Propósito da Transformação Massiva é a criação de um movimento cultural. Em outras palavras, o MTP é uma causa tão inspiradora que a comunidade formada em torno da Organização Exponencial espontaneamente colabora com a sua operação. Empresas Exponenciais como Facebook, Instagram, Waze etc. alcançaram tanto sucesso que criaram a sua própria comunidade e cultura. As cinco características externas que definem uma Organização Exponencial são explicitadas nos acrônimos SCALE (Staff on Demand, Community & Crowd, Algorithms, Leveraged Assets e Engagement) e IDEAS (Interfaces, Dashboards, Experimentation, Autonomy e Social).

Staff on Demand. As empresas exponenciais precisam de muita velocidade e agilidade operacional, por isso elas usam força de trabalho externa que trabalha conforme a demanda. Com as tecnologias disponíveis é desnecessário e improdutivo contratar uma grande e cara equipe interna permanente. As ferramentas de gestão de projetos e tarefas facilitam o gerenciamento das equipes externas. A produtividade corporativa é aumentada, pois as pessoas que trabalham nos projetos estão cada vez mais preocupadas com a atualização e evolução do seu conhecimento.

Como qualquer pessoa conectada à Internet pode ser um colaborador da empresa, isto significa que o potencial do capital intelectual coletivo dos mais de 2 bilhões de habitantes conectados ao redor do mundo é praticamente infinito. Atualmente é possível identificar profissionais capazes de encontrar soluções para praticamente todos os problemas e desafios corporativos. O capital intelectual coletivo pode ser também explorado pelos concursos, competições e programas de recompensas. É possível, com eles, maximizar os resultados da empresa pela captura das melhores ideias da coletividade.

A realidade de acesso aos recursos humanos em 2016 indica que a manutenção de um grande time interno permanente é desnecessária para a operação do negócio, é contraproducente em termos de alta produtividade e é cara em relação ao custo unitário marginal zero. A plataforma Gigwalk (http://www.gigwalk.com/, acessado em 13/07/2016) oferece centenas de milhares de trabalhadores com inúmeras habilidades que podem realizar atividades conforme a demanda das empresas. Isto significa que uma empresa pode, por exemplo, receber em algumas horas, um relatório sobre a efetividade de uma campanha de marketing. Ela pode facilmente contratar através das plataformas de trabalho uma grande quantidade de funcionários temporários que vão avaliar a exposição e as vendas dos seus produtos nos pontos de vendas no país inteiro. Com um gasto muito menor do que um time permanente, é possível saber, em tempo real, o que deu certo e errado na campanha de marketing e fazer os devidos ajustes. O gerenciamento adequado da força de trabalho conforme a demanda faz com que a empresa consiga facilmente se movimentar no mercado conforme os desafios. Existe enorme flexibilidade corporativa neste contexto.

Community & Crowd. O engajamento e envolvimento da comunidade que cerca a empresa é um fator crítico de sucesso para o desenvolvimento e crescimento das organizações exponenciais. A comunidade que cerca a empresa é formada pelo núcleo (time permanente mais rede de relacionamento), primeiro anel externo (usuários, consumidores e clientes) e segundo anel externo (fornecedores, parceiros e fãs). O terceiro anel externo é formado pelos funcionários que trabalham conforme a demanda e a multidão é o quarto anel externo. Ela é formada por todos que não fazem parte dos grupos anteriores.

É o engajamento e envolvimento que fidelizam o público e alavancam o crescimento. Comunidade e Multidão é a entidade que valida as ideias e agiliza a implementação de novos produtos. O crescimento exponencial só acontece quando existe relacionamento próximo e envolvimento da Comunidade e Multidão. As empresas que desenvolvem uma comunidade e realizam as suas ações de negócios com transparência não precisam procurar público para a sua comunidade, as pessoas vão naturalmente encontrar a organização. No topo da comunidade existe uma liderança forte responsável pelo seu gerenciamento. A comunidade não tem funcionários e as pessoas assumem espontaneamente algumas responsabilidades para assegurar um desempenho elevado.

As ExOs alavancam os seus resultados pela exploração do recurso Community & Crowd. As Comunidades e Multidões executam papéis dentro da corporação que tradicionalmente seriam realizados por funcionários permanentes. A

Community & Crowd trabalha na geração das ideias, no financiamento das iniciativas, no desenvolvimento dos projetos, na distribuição dos produtos e serviços, na execução do plano de marketing e nas vendas. Como existe no mundo mais de um trilhão de horas disponíveis por ano dos profissionais é possível usá-las como recurso conforme a demanda nos projetos. É um recurso abundante que vem sendo pouco explorado. Em 2020, a quantidade de horas disponíveis por ano vai triplicar, pois mais de dois bilhões de pessoas vão ser inseridas neste mercado pela redução dos preços dos celulares inteligentes, tablets e banda larga móvel e fixa.

Algorithms. As organizações exponenciais sabem como conquistar importantes vantagens competitivas através da análise dos dados. Empresas como Google, Facebook, Waze etc. usam algoritmos e análise dos dados como parte integrante do processo de contratação dos funcionários e fornecedores. A orientação aos dados alavanca a Produtividade, Prevenção, Participação, Personalização e Previsão (5 P's).

Os algoritmos estão presentes em 2016 em uma grande parte das aplicações comerciais. Eles estão nos controles dos freios dos automóveis, nas recomendações das lojas eletrônicas, nos preços dinâmicos das passagens aéreas, nas escolhas dos roteiros do cinema, no controle do tráfego aéreo, na detecção das fraudes nos cartões de crédito, nas postagens de redes sociais como Facebook etc. A aprendizagem de uma máquina é a sua habilidade para realizar com precisão uma atividade nova através da exploração da sua capacidade preditiva com base no seu treinamento e nos dados históricos. A aprendizagem profunda é uma das novas derivações da aprendizagem da máquina com base na tecnologia de rede neural. Esta tecnologia permite que uma máquina descubra novos padrões sem a necessidade de dados ou treinamentos históricos. A inteligência artificial e os algoritmos mitigam e compensam as várias parcialidades do processo de cognição das decisões humanas.

As pessoas têm a tendência de decidir com parcialidade por excesso de confiança ou por trabalhar com informações incompletas. Muitas vezes ocorre a parcialidade da disponibilidade que é a tendência de superestimar por sentimentos e emoções a probabilidade de acontecimentos por causa da disponibilidade de eventos semelhantes na memória recente. Muitas decisões das pessoas são tomadas sob a égide da parcialidade da confirmação que é a tendência de procurar, interpretar e lembrar apenas de eventos que confirmam as hipóteses iniciais. Também é comum encontrar pessoas decidindo conforme a parcialidade das condições de contorno, ou seja, a conclusão é diferente em função de quem apresentou as informações ou como elas foram apresentadas.

Várias decisões são tomadas conforme a parcialidade do otimismo que é a tendência de superestimar os resultados favoráveis e agradáveis. Em contrapartida da parcialidade do otimismo existe a parcialidade do pessimismo que é a tendência de subestimar os benefícios e superestimar os custos e prazos do projeto. Também existem pessoas que decidem com a parcialidade de aversão as perdas, onde o sentimento subjetivo da perda pela desistência de uso de um objeto é maior do que a utilidade do mesmo para o negócio.

Leveraged Assets. A alavancagem permite a criação de um empreendimento com investimento mínimo. Em 2016, não é necessário investir uma grande quantidade de dinheiro em máquinas, instalações e equipamentos para virar uma grande empresa. O segredo para ser grande é usar os recursos disponíveis. A empresa Waze é um exemplo clássico, pois ela utilizou a infraestrutura dos smartphones dos seus usuários e os seus respectivos serviços para capturar informações do trânsito. Inexistiu a necessidade de investir em sensores. A empresa dominante Navteq que investiu bilhões de dólares em sensores físicos sucumbiu em poucos anos ao crescimento exponencial da Waze porque ela realizou a mesma ação com um investimento de apenas 10% do realizado pelo concorrente. Um outro exemplo clássico é a nuvem da empresa Amazon que permitiu que vários empreendedores abrissem o seu negócio sem a necessidade de investir em servidores físicos.

Existe uma clara aceleração da tendência de contratar conforme a demanda os ativos relacionados com a missão crítica da empresa. O acesso é o fator chave para o futuro das corporações. Estamos no fim da era de recursos escassos e início da era de recursos abundantes. Apenas nas raras situações onde um recurso é raro ou escasso é que a posse do mesmo deve ser cogitada. Na era do conhecimento e das informações, os recursos podem ser compartilhados e por isso o acesso é mais importante que a posse.

Engagement. Os sorteios, concursos, competições, programas de recompensas, cupons, bônus e gamificação são ferramentas de engajamento que são utilizadas pelas organizações exponenciais para fidelizar o seu público. Estes instrumentos são utilizados para converter a multidão em comunidade no primeiro momento, e no segundo, em clientes. O engajamento cria com extraordinário alcance o efeito de rede, de realimentação e de laços emocionais. Milhões de pessoas ao redor do mundo estão engajadas em causas como a caçada aos parasitas da malária através de imagens reais, classificação das galáxias conforme a sua forma e ajuda aos bioquímicos para combater doenças como a AIDS através de modelos preditivos e de produção das proteínas.

A Serasa é um excelente exemplo da conversão da multidão em comunidade no primeiro momento e da comunidade em cliente no segundo momento. No artigo a seguir, foi afirmado que o novo serviço gratuito permite que o consumidor com pendência financeira renegocie a sua dívida diretamente com o credor (Serasa libera consulta gratuita sobre pendências no CPF via site e app, http://idgnow.com.br/ti-pessoal/2016/07/11/serasa-libera-consulta-gratuita--sobre-pendencias-no-cpf-via-site-e-app/, acessado 11/07/2016)

O engajamento empodera as pessoas, pois elas sentem que fizeram progressos para uma causa que importa para elas. O engajamento bem-sucedido alavanca tanto a dinâmica que motiva o comportamento através de cenários, regras e progressos, como a mecânica que ajuda a alcançar as metas por time, concurso, recompensa e realimentação, como os componentes que é o rastreamento do progresso do engajamento através de perguntas, pontuações, níveis de evolução, premiações entregues e arrecadação de valores.

Interfaces. O controle das ExOs é realizado de forma autônoma pelas interfaces entre os processos para gerenciar os negócios. As empresas Apple e Google usaram largamente esta estratégia ao abrirem interfaces para os desenvolvedores de aplicativos da sua comunidade. Estas empresas, dentre outras, desenvolveram interfaces para gerenciar os aplicativos novos na sua rede interna. Foi criado um ecossistema onde todos ganham e tem incentivos para crescer e prosperar. Todas as empresas de táxi por App criaram interfaces para "falar" com diversos empreendimentos e para favorecer a integração e crescimento do seu negócio. O exemplo da Moovit que integrou o seu App com o da EasyTaxi para que o usuário Moovit veja as rotas e peça o táxi pelo App de transporte público da Moovit é um caso clássico da importância das interfaces (Aplicativo de transporte público Moovit agora integra táxis no Brasil, http://idgnow.com.br/mobilidade/2015/10/22/aplicativo-de-transporte-publico-moovit-agora-integra-taxis-no-brasil/, acessado em 24/06/2016).

As interfaces filtram e combinam os processos externos com os controles internos. Os algoritmos e fluxos de trabalho automatizados roteiam, no prazo adequado, os processos externos para as corretas pessoas do time interno permanente. O anúncio dos produtos e serviços em portais de Internet de grande público feito através de uma interface onde o próprio cliente publica a sua propaganda de forma autônoma sem intervenção humana é um exemplo clássico do nível de escalabilidade que as interfaces oferecem ao negócio exponencial.

Dashboards. O painel de controle permite o gerenciamento do crescimento exponencial com controle efetivo dos processos através da captura, medição e controle das principais informações do negócio. O painel de controle mostra a situação em relação aos objetivos que a organização quer alcançar. O painel de controle permite a correta e rápida leitura dos Key Performance Indicators (KPIs) permitindo que os gestores do negócio ganhem flexibilidade operacional e possam tomar ações rápidas para que o crescimento perseguido seja alcançado.

A ferramenta Objectives and Key Results (OKRs) criada pela empresa Intel e utilizada por várias empresas exponenciais permite o acompanhamento transparente, tanto das metas individuais, como da equipe, como da empresa. As metas agressivas não são necessariamente alcançadas em 100%. O objetivo é fazer o melhor possível e conquistar o maior resultado. Cada período de três meses corresponde a um ciclo de acompanhamento e realimentação para aumentar a flexibilidade e a velocidade das reações coorporativas.

É de fundamental importância que o negócio exponencial encontre o ponto de equilíbrio correto entre a captura e instrumentalização dos dados e a gestão da companhia, no sentido de fazer as coisas acontecerem. A captura da estatística do progresso interno do negócio consome tempo, esforço e exige investimentos em Tecnologia de Informações e Comunicações (TIC). Normalmente, os resultados dos negócios eram acompanhados com base trimestral ou anual e não em tempo real por causa dos elevados custos de TIC. Devido à enorme redução de custo de Tecnologia de Informações e Comunicações, as empresas iniciantes e maduras estão alavancando a utilização da banda larga sem fio da Internet para trabalhar com efetividade com os sensores e nuvem e rastrear em tempo real as informações do negócio.

Experimentation. Os produtos são desenvolvidos pelas ExOs no conceito de produto mínimo viável, onde eles são colocados no mercado, testados e evoluídos conforme a necessidade dos usuários. A eliminação dos desperdícios durante o desenvolvimento dos produtos e serviços assegura uma grande economia para a empresa. Do ponto de vista dos consumidores, o produto ou serviço está em permanente evolução para endereçar dinamicamente as necessidades das pessoas. É uma proposta bem diferente do desenvolvimento tradicional, onde apenas nas etapas finais de desenvolvimento, o produto é testado pelos consumidores potenciais. Neste caso, as sugestões dos consumidores que demandam por mudanças estruturais são muito caras ou consomem muito tempo. Nos dois casos, existem perdas de mercado. A prática de experimentação é um dos resultados da implementação da metodologia de empresa iniciante enxuta onde as hipóteses são testadas na prática e existe um nível constante de experiências com riscos controlados.

Autonomy. A autonomia rompe com a estrutura de silos hierárquicos. Ela altera completamente as relações no trabalho, pois a estrutura é horizontalizada e todos são iguais. O Massive Transformative Purpose revela onde a organização exponencial, trabalhando em conjunto com a força de trabalho sob demanda, quer chegar. Existe a explicitação das atividades que estão sendo realizadas nos projetos e o painel de controle revela as métricas que devem ser alcançadas. Os objetivos traduzidos em índices e métricas são os elementos que trazem a ação para o local onde ela é importante. A autonomia é o componente que cria o ambiente de contorno onde as atividades são realizadas na máxima efetividade possível.

A autonomia de uma empresa exponencial é a expressão da sua capacidade de auto-organização em equipes multidisciplinares que trabalham em regime de autoridade descentralizada. Várias organizações exponenciais mantêm equipes de funcionários permanentes sem hierarquias, descrições de cargos e reuniões rotineiras. Estas empresas contratam profissionais talentosos, inovadores, proativos, empreendedores que são capazes de escolher um projeto para eles fazerem parte. Os funcionários podem também propor novos projetos que sejam aderentes ao MTP da empresa. A autonomia é um pré-requisito para inovação sem permissões.

Social Technologies. As ExOs exploram as oportunidades geradas pelas tecnologias Sociais para aproveitar bem as interações das redes sociais, dos relacionamentos com as pessoas e com as empresas. Em 2016, as pessoas, comunidades e consumidores têm voz ativa nas organizações exponenciais e impactam positivamente e negativamente a sua operação. A colaboração através de redes sociais eleva sobremaneira a produtividade corporativa, pois os colaboradores remotos conseguem interagir e geram um ciclo de aprendizado mais rápido. A combinação do conhecimento da equipe interna com a realimentação da comunidade externa faz com que o capital intelectual da empresa cresça exponencialmente.

A tecnologia social está ganhando cada vez mais importância no mercado de trabalho por causa da transformação digital. A tecnologia social tanto reduz a imperfeição que existe entre a captura e processamento das informações e a tomada de decisão, como torna a percepção das informações um fluxo contínuo, como alavanca a comunidade como ferramenta para desenvolver externamente as ideias. As tecnologias sociais trabalham os objetivos sociais através do fluxo de atividades, administração das tarefas, compartilhamento dos arquivos, tele presença, virtualização e percepção das emoções.

Para criar uma organização exponencial é preciso estabelecer um Propósito Transformador Massivo para movimentar a organização a uma determinada direção. A troca de experiências com a comunidade é um fator crítico de sucesso para identificar os atores que vão contribuir para o desenvolvimento da empresa. A equipe de fundadores deve ser multidisciplinar. É necessário contar com a visão de um visionário, com a capacitação de um especialista em User Experience (UX), com o espírito prático e dinâmico de um engenheiro para transformar tecnologias em soluções e com o domínio do universo financeiro de um economista. O perfil deste grupo tem as competências e capacitações para desenvolver o empreendimento baseado em uma ideia inovadora. É importante que a inovação esteja em estado embrionário no mercado em tamanho tal que ela suporta dezenas de ciclos de evolução e melhorias em relação ao estado atual. A disrupção do mercado vai acontecer naturalmente com a evolução exponencial da atuação da empresa.

O modelo de negócio deve considerar todos os elementos do Canvas para que os empreendedores ganhem dinheiro. O modelo de negócio não é escrito em pedra, por isio ele deve ser revisto periodicamente para identificar e capturar várias fontes de recursos. O produto mínimo viável deve ser desenvolvido conforme os princípios da empresa iniciante enxuta para que seja possível validar os canais de marketing e vendas. O ciclo de teste, realimentação e evolução permite a validação do canal e a rentabilização da iniciativa.

A correta estrutura organiza as funções críticas internas e externas e faz a operação corporativa funcionar como uma plataforma bem-sucedida de negócio, como as empresas Facebook, Twitter, Apple, Google, Amazon etc. Na era do conhecimento, o capital intelectual gerado pelo estudo, comprometimento, interesse, saber profundo etc. torna a mente das pessoas aberta para novas ideias e riscos. O pensamento fora da caixa é conquistado pelo investimento do tempo e do conhecimento na criação de uma causa.

A demonetização é uma característica marcante do ecossistema exponencial. Ela vem acontecendo porque a Internet reduziu o custo marginal de marketing e venda para praticamente zero. Em 2016, é possível promover um produto mundialmente por uma pequena fração do custo de 1996. Em outras palavras, as ExOs podem operacionalizar o seu negócio apenas com custos variáveis. Como não existem os custos fixos das indústrias tradicionais, o risco do negócio é enormemente reduzido.

Um bom exemplo da demonetização são as lojas virtuais em relação às físicas. Com apenas alguns cliques em ferramentas como http://www.impress.ly/pt-br/, ou http://www.iluria.com.br/, (acessados em 29/06/2016) é possível criar e publicar uma loja virtual completa. O custo de investimento é zero e o custo operacional anual é extremamente baixo em relação a um ponto de venda físico. Os elevados investimentos para estabelecer uma loja física são demonetizados pelo mundo virtual. É possível promover e vender os produtos considerando apenas custos variáveis. O risco foi reduzido gigantescamente e o custo do risco foi praticamente zerado. O grande investimento neste novo modelo de negócio é o capital intelectual. Quanto maior ele for, mais rentável é o empreendimento.

É importante destacar que este modelo de abundância é muito superior ao modelo atual da escassez da posse porque o lucro precisa remunerar apenas as despesas variáveis para que o negócio seja viável. No modelo de negócio da escassez da posse, o lucro precisa gerar tanto as despesas variáveis como os custos do investimento na loja física.

É fácil perceber que o modelo da abundância tem um risco intrínseco de negócio muito menor que o modelo da escassez da posse da loja física. Como os empreendedores são remunerados tanto por causa do seu trabalho como por causa dos riscos intrínsecos que eles correm na operação do negócio, é claro que o modelo da abundância é capaz de reduzir o custo unitário marginal e com isto oferecer o maior benefício possível para a sociedade.

O modelo é disruptivo por causa da mudança na equação da remuneração do lucro. Enquanto a abundância habilitada pela tecnologia inibe as restrições da posse e reduz os preços praticados no mercado, a escassez dos insumos e recursos aumenta os custos e preços praticados no mercado e estimula a escassez da posse. É preciso entender que em 2016, a inovação disruptiva é o novo normal. Em um futuro breve, as empresas dominantes serão aquelas capazes de habilitar negócios através das informações, pois: (i) os custos unitários marginais da produção estão caindo exponencialmente e o acesso aos recursos será cada vez mais democratizado, (ii) as pessoas estão abraçando as causas e participando ativamente das comunidades, (iii) estão sendo introduzidas, em grande volume, novas tecnologias convergentes, (iv) os novos produtos e serviços oferecidos são melhores e mais baratos que os existentes e (v) existe disrupção da situação atual por causa da revolução causada pelo negócio habilitado pela informação. A evolução da tecnologia de drones, sequenciamento do DNA, impressão 3D, sensores, robótica, Bitcoin, Blockchain etc. está rompendo as barreiras e fronteiras existentes. O mundo pós 2016 será muito diferente do mundo antes de 2016.

O histórico das melhores invenções ou soluções mostra que elas ocorreram, na maioria dos casos, fora do ambiente interno das corporações existentes. Os recentes casos de empresas como Facebook, Twitter, Instagram etc. revelam que a perspectiva de uma mente fresca fora das organizações é capaz de identificar as reais necessidades da sociedade e criar uma solução que enderece os anseios das pessoas. No mundo exponencial, o planejamento de cinco anos é inviável e contraproducente, pois o futuro está mudando tão rapidamente que a probabilidade de realização do cenário futuro de cinco anos é extremamente baixa. As ExOs trabalham com os MTPs como uma diretriz global e compromisso corporativo. O painel de controle disponibiliza em tempo real as informações sobre o progresso do negócio para que os momentos de impacto sejam bem identificados e definidos e possam alavancar o processo de tomada de decisões sobre a produção. No caso das organizações exponenciais, o plano operacional de um ano está conectado com o painel de controle.

Uma organização exponencial começa como uma empresa iniciante e em poucos anos cresce até virar grande ou gigantesca. É neste sentido que as pequenas empresas derrotam as grandes companhias que dominam o mercado. A grande incógnita neste processo é o tempo que o crescimento exponencial vai demandar para converter uma empresa iniciante em uma massa crítica capaz de enfrentar os gigantes que dominam o mercado e virar uma plataforma. Ao virar plataforma o céu é o limite. A era do conhecimento é marcada pelo acesso ao invés da posse. As empresas iniciantes podem começar as suas atividades explorando os recursos de um fabrication laboratory (fablab) que é uma pequena oficina que permite a fabricação digital pessoal.

Foi afirmado que a rede FabLab Livre SP é a maior rede de laboratórios públicos de fabricação digital no mundo.
Fonte: FABLAB LIVRE SP, http://www.prefeitura.sp.gov.br/cidade/secretarias/servicos/inclusao_digital/index.php?p=194463, acessado em 08/07/2016)

Em 2016 existem algumas centenas de fablabs em várias cidades do mundo. Na minha opinião pessoal, toda cidade pequena e todo bairro afastado do centro das grandes cidades deveria abrigar um fablab. Muitos acreditam que nos próximos anos, todas as cidades e regiões ou bairros vão abrigar um fablab, onde as pessoas ou comunidades vão poder alugar os seus equipamentos e virarem uma corporação bem estabelecida através da utilização do capital público ou privado.

Nota do autor: As empresas aeroviárias pagam pelos motores das suas aeronaves em função do nível da sua utilização (número de horas voadas). Ou seja, o motor de um avião comercial é alugado e pago conforme a sua utilização. Ele é um ativo muito caro para ser depreciado ao longo do tempo.

Na empresa exponencial a confiança é mais valorizada do que o controle. São firmas que estão de portas abertas em um mundo de portas fechadas. As ExOs têm uma clara visão do que elas estão fazendo. É muito importante o elevado nível de clareza e transparência para que o propósito corporativo reflita inequivocamente porque a empresa faz o que ela se propõe a fazer. Neste contexto, o modelo de negócio é consequência direta de como a firma está realizando o seu propósito. O formato de como a empresa operacionaliza as suas operações é reflexo direto dos seus diferenciais competitivos e da sua pretensão em surpreender os seus clientes, consumidores, usuários e fornecedores. Estas características formam os valores corporativos que dão transparência pública ao que realmente importa para a empresa. A política de recursos humanos é bem estabelecida nas empresas exponenciais. Tudo que for previsível será automatizado por Artificial Inteligence (AI) ou por robôs.

As pessoas vão cuidar apenas das situações imprevisíveis. Um bom exemplo dos valores confiança e transparência é oferecido pela empresa Facebook onde os desenvolvedores publicam novos códigos sem a necessidade de aprovação da alta administração. É um estilo de gestão onde a reputação de cada pessoa tem enorme valor para as decisões corporativas. Como a reputação dos indivíduos está em jogo, a empresa Facebook não tem registro algum de funcionários publicando códigos maliciosos ou pobres. Todos estão engajados na causa de zero erros nos códigos publicados. O resultado da política baseada na confiança e transparência é que a empresa Facebook tem a capacidade extraordinária de publicar códigos complexos de forma mais rápida que a maioria das empresas. No processo comercial esta característica é uma fantástica vantagem competitiva.

Na empresa exponencial tudo é mensurável e é possível alcançar o saber profundo através do conhecimento interno e externo. Para **iniciar uma ExO** é preciso, em primeiro lugar, selecionar um Massive Transformative Purpose respondendo qual o maior problema que a empresa gostaria de resolver. Para tal, o primeiro passo é identificar o problema e o segundo é propor um MTP que resolva o problema. Vários empreendedores tinham, no começo do século XXI, o desejo de resolver problemas relacionados com a escassez da energia, custo elevado da logística e falta de infraestrutura nas viagens nacionais, internacionais e espaciais.

Em 2016, empresas como Enphase Energy Inc., Solarcity, General Motors, LeEco, Tesla, United Launch Alliance (ULA), SpaceX etc. estão encontrando soluções para os problemas de energia, logística e transporte. Cada uma destas firmas tem um Massive Transformative Purpose diferente. Existe em cada uma destas empresas o desejo obsessivo de resolver o problema identificado. É a paixão pelo desafio que faz com que os empresários das empresas iniciantes queiram enfrentar desafios tão complexos e viajem na montanha russa de emoções (entusiasmo e desespero) durante o desenvolvimento de uma solução para problemas que estão atormentando a vida das pessoas por séculos.

O **segundo passo para criar uma ExO** é a formação de uma comunidade que adote o MTP como sua causa mais importante (em alguns casos, a comunidade já existe e por isso ocorre a união da empresa com ela). A organização exponencial tem que escolher entre ser uma comunidade ou ser uma empresa de mercado. Esta escolha é um Fator Crítico de Sucesso porque todos os dias existirão escolhas que, ou vão favorecer a comunidade em detrimento da empresa ou vão favorecer a empresa em detrimento da comunidade. Quando a escolha é o favorecimento da comunidade, a visão é a sustentabilidade do lucro em longo prazo e quando é o favorecimento da empresa, a visão é apenas o lucro em curto prazo. Este fenômeno ocorre, porque a comunidade catapulta as oportunidades, pois ela é o motor de inovação em longo prazo. A visão apenas de um curto prazo dissolve o processo de gerar inovações e interrompe o ciclo de vida da companhia.

O **terceiro passo para a criação de uma ExO** é a formação de um time de trabalho adequadamente capacitado para enfrentar os desafios. A equipe deve ser composta por profissionais com competências, conhecimentos e habilidades complementares que pensem independentemente. É preciso contar tanto com pessoas visionárias e sonhadoras, como com profissionais capazes de projetar a experiência do usuário, como com programadores ou engenheiros capazes de fazer as coisas acontecerem, como com especialistas de negócios ou finanças capazes de viabilizar o negócio. O grupo precisa possuir tanto a habilidade de criatividade (gerar novas propostas tanto através de associações, questionamentos, observações, experimentos, como do trabalho em grupo ou em rede), como a habilidade da entrega (realização das ideias pela análise crítica, planejamento das ações, implantação e implementação das ações, perseverança na execução e orientação para os detalhes).

O **quarto passo para a geração da ExO** é a criação da ideia de ruptura. O fator crítico de sucesso para uma ideia de ruptura é que ela: (i) melhore dez vezes a situação atual no pior caso, (ii) alavanque as informações para reduzir fortemente o custo marginal dos fornecedores (o custo para ampliar a participação dos fornecedores no negócio deve ser o mínimo possível) e (iii) ou resolva um problema real do cliente ou ofereça utilização recorrente, ou seja, é uma solução tão desejada ou necessária que as pessoas usam várias vezes por dia. É importante destacar que a ideia raramente é a causa raiz do sucesso do empreendedor. A chave para o sucesso é constância de propósito para a realização da ideia. Em outras palavras, tem que existir muita paixão pela causa registrada no MTP para que o time supere as dificuldades, enfrente os desafios e não desista dos objetivos quando enfrentar as primeiras barreiras. As empresas enxutas iniciantes são direcionadas nos primeiros momentos pelos seus palpites e são orquestradas pelos dados durante o seu ciclo de crescimento.

O **quinto passo para a criação de uma ExO** é a construção de um modelo de negócio onde são declarados e listados os principais parceiros, as principais atividades, os principais recursos, as propostas de valor, o relacionamento com os clientes, os canais, os segmentos de clientes, a estrutura dos custos e os fluxos das receitas.

Principais Parceiros. A rede de fornecedores e parceiros habilita o pleno funcionamento do modelo de negócio. Ela é um fator crítico de sucesso para os modelos de negócios onde o fornecedor ou parceiro é responsável por uma, ou mais, das principais atividades. A rede de fornecedores e parceiros permite (ou não – quando ela não é corretamente selecionada) a otimização dos processos, redução dos riscos e compra parcelada de recursos. É recomendável estabelecer alianças com empresas que não são competidoras no mercado alvo (em alguns casos, é importante estabelecer parcerias com os concorrentes [parcerias de competição]) e com os fornecedores. Não é preciso listar no modelo de negócios todos os parceiros e fornecedores (selecione apenas os mais importantes). O modelo deve responder adequadamente e com clareza quem são os seus principais parceiros, quem são os principais fornecedores, quais são os principais recursos que estão sendo comprados dos parceiros e fornecedores e quais são as principais atividades que são executadas pelos parceiros e fornecedores.

Principais Atividades. São as ações mais importantes para que o modelo de negócio funcione. As principais atividades são diferentes nos vários modelos de negócio. Para uma empresa de software, as principais atividades são o desenvolvimento do software, a produção, a divulgação e as vendas. É preciso responder com clareza quais são as principais atividades que a proposta de valor demanda, como quais são as principais atividades que os canais de distribuição exigem, como quais são as principais atividades que o relacionamento com os clientes necessita, como quais são as principais atividades que os fluxos de receitas exigem.

Principais Recursos. Descrição dos recursos (físicos, financeiros, intelectuais e humanos) mais importantes para que o modelo de negócio funcione. Modelos de negócios diferentes demandam por necessidades diferentes de principais recursos. A indústria precisa tanto de recursos físicos (equipamentos) como de recursos humanos para fabricação. Uma consultoria precisa muito mais de recursos humanos do que de recursos físicos (equipamentos). É preciso definir com clareza quais são os principais recursos que a proposta de valor demanda, como quais são os principais recursos que os canais de distribuição necessitam, como quais são os principais recursos que o relacionamento com os clientes precisa, como quais são os principais recursos que os fluxos de receita demandam.

Proposta de Valor. Motivo pelo qual os clientes compram na empresa e não nos concorrentes. A proposta descreve o valor que está sendo oferecido (como o problema identificado está sendo resolvido ou como a necessidade do consumidor está sendo endereçada). Se a empresa atende mais de um segmento de clientes, ela pode ter uma proposta de valor diferente para cada segmento, pois eles têm problemas e necessidades diferentes. A proposta de valor pode ser uma inovação ou uma oferta igual com algumas diferenças das propostas existentes. Os atributos que fazem parte da proposta são preço, performance, customização, embalagem, disponibilidade, marca, status, conveniência, confiabilidade, qualidade da entrega etc.

Relacionamento com os Clientes. Descreve o tipo de relação com cada segmento de cliente. Pode ser pessoal (interação humana), autosserviço (oferta dos meios necessários para que o cliente resolva por conta própria) ou automatizado (autosserviço com algoritmos automatizados). A definição do tipo de relacionamento com que cada segmento de clientes deve considerar o seu custo e a sua integração com o modelo de negócio.

Segmentos de Clientes. Define quem a empresa vai atender. O modelo de negócios pode contemplar mais de um segmento. Cada segmento deve agrupar os clientes com o mesmo perfil em função dos comportamentos, necessidades, etc. Para conquistar, agradar e fidelizar um segmento é preciso conhecer os clientes, pois só assim é possível entregar valor para ele.

Canais. Após identificar o cliente alvo e definir o que será entregue é preciso estabelecer como as coisas vão acontecer. Os canais são os pontos de contato da organização com os clientes (canais de comunicação, distribuição e vendas). O objetivo é aumentar o conhecimento dos clientes sobre a empresa, para que eles comprem os produtos ou serviços e ajudem no pós-venda. Por exemplo, as redes sociais são os canais de comunicação, o correio é o canal de distribuição e o telefone 0800 é o canal pós-venda. É fator crítico de sucesso o entendimento sobre qual, ou quais, canais os clientes querem ser contatados. Esta resposta define tanto como os clientes devem ser alcançados, como o nível de integração entre os canais, como qual canal funciona melhor em função do tipo de solicitação, como qual canal tem a melhor relação entre o custo e o benefício, como qual deve ser o nível de integração dos canais com a rotina dos clientes.

Estrutura dos Custos. Descreve os principais custos decorrentes do modelo de negócio (custos dos principais recursos, canais, relacionamento com os clientes e fontes das receitas que geram custos fixos ou variáveis).

Fluxos das Receitas. É o dinheiro que a empresa gera a partir de cada segmento de cliente. Pode existir um de um fluxo. Por exemplo, venda de produtos e serviços, taxa de matrícula ou adesão ou assinatura, aluguel, intermediação e venda de anúncios. Os fluxos das receitas revelam quanto os clientes estão dispostos a pagar, o que eles pagam, como pagam, como preferem pagar e quanto cada fluxo contribui para a receita total.

O **sexto passo para a criação de uma ExO** é a construção de um modelo de negócio. O modelo de negócio começa com a identificação do comportamento dos clientes. Os consumidores possuem desejos e necessidades diferentes. Por exemplo, existem pessoas que compram os produtos nas lojas e preferem que eles sejam entregues na sua casa, alguns consumidores preferem comprar com antecedência a entrada para um show, enquanto que outros compram a entrada, na bilheteria, minutos antes de o show começar. Também existem consumidores que apresentam vários tipos de comportamentos para as suas compras. Em alguns momentos eles querem ser os primeiros na estreia de uma peça de teatro ou filme de cinema, pois querem marcar presença em uma reunião social ou evento comercial, em outros instantes eles querem chegar em cima da hora porque estavam ocupados demais para planejar.

Em resumo, o comportamento do consumidor depende tanto da disponibilidade de tempo dele, como do nível de privilégio que ele deseja ter na sua rede social. A customização dos produtos e serviços é uma necessidade para muitos clientes e por isso deve estar presente no modelo de negócio. Para muitos clientes existe um claro valor somado pela personalização para a qualidade. A customização gera valor, tanto pela experiência de uso superior, como pela exploração das facilidades oferecida pela maior funcionalidade. Um outro aspecto importante para o modelo de negócio é a fonte de renda. A empresa pode, por exemplo, oferecer os seus softwares com preço zero e cobrar apenas pela manutenção dos mesmos.

É preciso gerar uma correta interpretação da fonte renda. Muitos clientes entendem que tempo é dinheiro e enxergam valor agregado nos produtos e serviços que reduzem a curva de aprendizado dos seus funcionários. Logo, a oferta de produtos gratuitos com treinamentos pagos pode ser viável em vários mercados. Um aspecto que todo o modelo de negócio deve comtemplar é a autenticidade da oferta. É preciso garantir que existem garantias legais para os direitos intelectuais e de uso do produto ou serviço. Existe valor agregado em produtos ou serviços com garantias de funcionamento. Os clientes querem ofertas sem defeitos e falhas. Outro aspecto importante do modelo de negócio é a acessibilidade da solução.

Na era dos Apps que são executados em várias plataformas é preciso que a administração e a manutenção sejam unificadas em uma interface para que os usuários possam facilmente organizar todas as suas informações e melhorar as suas habilidades ao usar o aplicativo. A facilidade de, rapidamente, encontrar uma informação desejada tem elevado valor adicionado para algumas pessoas. Todo modelo de negócio moderno deve prever a materialização de produtos e serviços imateriais. As informações digitais não têm um formato físico. São os aplicativos que traduzem as informações digitais imateriais em bens materiais. Muitos clientes de informações digitais estão dispostos a pagar um preço

Premium de bom grado para receber (todo ou em parte) um livro, uma revista, um jornal, um filme, um desenho etc., em mídia física. Muitas pessoas querem ter bibliotecas virtuais e fisicamente manter apenas partes específicas das suas informações digitais armazenadas.

O patrocínio é um aspecto de avaliação obrigatória para o modelo de negócio. A maioria das pessoas que recebem um conteúdo digital relevante quere prestigiar financeiramente o seu criador desde que o mecanismo de pagamento revele que o autor será beneficiado e que ele seja de fácil utilização. Se for necessário preencher um longo cadastro para contribuir com o criador muitos vão desistir. No entanto, se for possível pagar com algum tipo de moeda virtual sem o preenchimento de cadastros, muitos vão contribuir com artistas, músicos, escritores etc. que oferecem conteúdo pela Internet. Os fãs querem estar conectados com os artistas e contribuir para o seu crescimento mesmo quando o conteúdo é acessível via pirataria. O iTunes, Spotify, Amazon, Kobe e Netflix são exemplos reais de que ofertas com facilidades de pagamento que levam às pessoas pagarem pelo conteúdo digital. A facilidade de o cliente encontrar o produto ou serviço é um componente obrigatório do modelo de negócio moderno. Existe muito ruído no mercado de informações digitais. É preciso oferecer para os potenciais clientes, mecanismos facilitadores para que eles encontrem o produto ou serviço. Não basta usar as ferramentas agregadoras, é preciso trabalhar em tempo real com canais e plataformas (lojas, mídias e mercados) que são frequentados pelos clientes que enxergam valor agregado nas ofertas de produtos e serviços da empresa.

O **sétimo passo para criar uma empresa exponencial** é o desenvolvimento de um Minimum Viable Product (MVP), ou seja, versão experimental do produto ou serviço que tem a finalidade de testar o modelo de negócio da empresa ou as demandas dos usuários. O MVP permite que a organização exponencial entre no mercado-alvo e veja como os usuários respondem à oferta de produto ou serviço. As realimentações e comentários permitem tanto o estabelecimento de laços afetivos com os clientes pelas respostas rápidas para as suas interações com o produto ou serviço, como a otimização do ciclo de desenvolvimento, como a maximização da divulgação.

O **oitavo passo para desenvolver um negócio exponencial** é a validação do plano de marketing e vendas. Após o produto ou serviço ser usado pelos clientes potenciais do mercado-alvo, é preciso estabelecer um canal de comunicação bidirecional pós-venda com os consumidores para que eles colaborem com o desenvolvimento e ajudem na conquista de novos clientes. A empresa Google trabalhou neste modelo na introdução do correio eletrônico Gmail. Na época, apenas os usuários do Gmail (versão Beta) podiam enviar convites para os novos usuários. O papel do canal pós-venda é: (i) qualificar os usuários para que eles divulguem o produto ou serviço para os clientes potenciais e (ii) converter os usuários em clientes pagadores da primeira versão do produto ou serviço.

Para quantificar a métrica de crescimento do empreendimento exponencial é preciso responder com clareza como as pessoas encontram e adquirem o produto ou serviço. A quantificação da métrica do valor agregado é respondida pela quantidade de usuários que têm uma primeira experiência ótima e ativam a solução, como pela quantidade de usuários que voltam a usar o produto ou serviço (taxa de retenção), como pelo faturamento do negócio (receita bruta). A quantidade de avaliações espontâneas dos usuários nas redes sociais e outras mídias é a quantificação da métrica de crescimento do negócio (referências).

O **nono passo para criar uma ExO** é o desenvolvimento (com paixão) pelos fundadores dos acrônimos SCALE e IDEAS do MTP consolidado. O **S do SCALE é o Staff on Demand** e significa que o plano é a contratação de funcionários conforme a demanda. Existem várias plataformas de trabalho na Internet que facilitam a exploração desta estratégia. O Full-time Equivalent (FTE) deve ser mantido no valor mais próximo do zero possível. O FTE mede o envolvimento de um colaborador nas atividades da organização. Um FTE de

1,0 significa que o colaborador trabalha em tempo integral. Um FTE de 0,5 revela que o colaborador trabalha em meio período. Para determinar o FTE, **o primeiro passo** é calcular o número de horas trabalhadas pelos colaboradores integrais por um período de tempo determinado. Para um ano, os trabalhadores trabalham oito horas por dia, cinco dias por semana e 52 semanas por ano (12 meses). Por exemplo, dois funcionários, em tempo integral, trabalham por ano 2 (= 2 funcionários) x 8 horas por dia x 5 dias por semana (= 40 horas por semana) x 52 semanas (= 12 meses por ano) = 4.160 horas integrais.

O **segundo passo** é o cálculo das horas trabalhadas pelos trabalhadores sob demanda. Por exemplo, além dos dois trabalhadores em tempo integral, a empresa contratou um funcionário que trabalhou quatro horas por semana, durante 10 semanas, e contratou outro funcionário que trabalhou 20 horas por semana, por 30 semanas. O primeiro trabalhou 4 horas por semana X 10 semanas = 40 horas e o segundo trabalhou 20 horas por semana X 30 semanas = 600 horas. O total trabalhado pelos funcionários sob demanda foi de 40 horas + 600 horas = 640 horas por ano.

O **terceiro passo** é a combinação das horas integrais com as sob demandas no período, ou seja, é o total de horas trabalhadas por todos os trabalhadores. No caso do exemplo, temos: 4.160 (horas integrais) + 640 (horas sob demanda) = 4.800 horas totais.

O **quarto e último passo** é o cálculo do FTE, ou seja, divisão do total de horas trabalhadas pelo número de horas integrais. Isso determinará a FTE da empresa em um ano (2.080 horas integrais = 8 horas por dia x 5 dias por semana x 52 semanas por ano, por funcionário). No caso deste exemplo temos: 4.800 horas totais ÷ 4 X 2.080 = 0,577 FTEs.

O **C do SCALE** é de Community & Crowd. O objetivo é a validação do MTP nas comunidades. A organização exponencial busca realimentações da comunidade e multidão sobre os seus produtos e serviços. A ExO também busca nas comunidades e na multidão por sócios, colaboradores e especialistas. As firmas exponenciais usam o crowdfunding e crowdsourcing para validar tanto a demanda do mercado por seus produtos e serviços, como pelas suas técnicas de marketing.

O **A do SCALE** é de Algorithms. Para trabalhar com algoritmos é preciso identificar, em primeiro lugar, o fluxo de dados das funcionalidades e facilidades que podem ser automatizadas para facilitar a evolução do produto ou serviço. As soluções baseadas na nuvem, código aberto e aprendizado profundo melhoram o discernimento das necessidades dos usuários e clientes e aumentam a velocidade de resposta da engenharia de desenvolvimento.

O **L do SCALE** é de Leveraged Assets. As organizações exponenciais não são limitadas por restrições financeiras para compra de ativos. Elas usam os ativos que estão disponíveis no mercado. As ExO usam intensamente, tanto a computação em nuvem, como a infraestrutura das incubadoras, como a capacitação dos escritórios de projetos para o desenvolvimento do produto, como as praças de alimentação dos shoppings para encontros e reuniões.

O **E do SCALE** é de Engagement. O desenvolvimento do produto ou serviço deve ser realizado tendo o pensamento permanente no engajamento. As firmas exponenciais ganham capacidade empresarial com as interações dos usuários. Elas gamificam os seus desafios sempre que possível. Elas trabalham o sistema de reputação digital com os seus usuários e fornecedores para construir e desenvolver a sua credibilidade perante a sociedade e também para criar uma comunidade. As firmas exponenciais oferecem premiações de incentivo para engajar a multidão e criar a divulgação espontânea.

O **I de IDEAS** é de Interfaces. É o desenvolvimento de processos para gerenciar o SCALE. A automação dos processos só acontece quando a ExO está pronta para atuar em larga escala operacional.

O **D do IDEAS** é de Dashboards. É o estabelecimento dos Objectives and Key Results (OKRs), das métricas, dos indicadores e do painel de controle do crescimento.

O **E do IDEAS** é de Experimentation. A cultura da experimentação e da interação é um dos fatores críticos de sucesso das firmas exponenciais. A aceitação dos fracassos e o respectivo aprendizado são a base de sustentação do crescimento exponencial.

O **A do IDEAS** é de Autonomy. As ExOs trabalham a sua estrutura interna de poder e decisões com versões da holocracia. As decisões são tomadas de forma autônoma em uma estrutura organizacional plana onde todos têm os mesmos deveres e direitos. As práticas da governança corporativa refletem o modelo organizacional onde os valores de abertura, transparência e autonomia são praticados e estimulados ao extremo.

O **S de IDEAS** é Social Technologies. As tecnologias sociais habilitam o compartilhamento de arquivos, o gerenciamento de documentos armazenados na nuvem, a colaboração e o estabelecimento de um fluxo de atividades tanto dentro da organização exponencial, como dentro das comunidades e multidões. A telepresença é utilizada para criar mundos virtuais e para fazer as pessoas sentirem os sentimentos da ExO.

O **décimo passo para criar uma firma exponencial**, o estabelecimento da cultura corporativa que é a representação do que realmente acontece nas ações empresariais. A cultura corporativa é um processo de aprendizagem que começa com o rastreamento eficaz da trajetória do gerenciamento, passa pela avaliação do desempenho e termina no programa de recompensas.

O **décimo primeiro passo para estabelecer uma organização com crescimento exponencial** é conquistar e manter a clareza sobre os aspectos mais importantes do negócio. A identificação dos clientes e dos problemas que estão sendo resolvidos é o primeiro indicador que revela que a firma sabe tanto o que ela está fazendo, como para quem ela está trabalhando, como quando e porque ela está fazendo. O indicador da identificação dos clientes condiciona o índice de solução do negócio, pois a meta da empresa exponencial é melhorar, no mínimo, dez vezes, a situação das soluções atuais oferecidas para os clientes.

O índice de solução do negócio condiciona o indicador transacional do negócio que expressa como os produtos e os serviços são posicionados no mercado e como eles são vendidos. O índice transacional condiciona, por sua vez, o indicador de engajamento que reflete a capacidade da ExO de transformar os clientes em defensores da empresa através da viralização das campanhas e das promoções com premiações por pontuações e fidelizações. O objetivo do índice, de engajamento, é a redução do custo marginal da conquista e manutenção dos clientes e usuários. O indicador do engajamento condiciona o índice do crescimento no mercado-alvo que é o direcionamento dinâmico do negócio no caminho do custo marginal zero para a conquista de novos clientes.

O **décimo segundo passo para a criação de uma organização com crescimento exponencial** é o desenvolvimento e a manutenção de uma plataforma tanto para executar os algoritmos de processamento dos dados controlados ou capturados dos sensores e pessoas ou importados dos bancos de dados públicos, como para organizar os dados capturados, transformados e carregados, como para aplicar os algoritmos de aprendizado profundo da máquina nos dados acessíveis para melhorar a identificação e discernimento das tendências apresentadas e gerar novos algoritmos mais especializados, como para publicar abertamente os resultados alcançados.

As pequenas, médias e até mesmo grandes empresas existentes podem virar organizações com crescimento exponencial. Até o momento, o melhor exemplo do mercado brasileiro é a empresa Neoway (Catarinense Neoway inaugura escritório nos Estados Unidos, http://computerworld.com.br/catarinense-neoway-inaugura-escritorio-nos-estados-unidos, acessado em 04/06/2016) e para o mercado dos Estados Unidos são as empresas TED, GitHub, Coyote Logistics, Studio Roosegaarde e GoPro.

As empresas Apple, IBM, Coca-Cola e General Motors são exemplos ainda raros de grandes empresas que conseguiram empreender uma rápida transformação na direção do crescimento exponencial. O valor de mercado da empresa Apple, em 31 de dezembro de 2002, era de US$ 5,1 bilhões e, em 11 de fevereiro de 2015, era de US$ 727,3 bilhões. Como comparação do efeito do crescimento exponencial, em 31 de dezembro de 2002 o valor de mercado de todas as empresas brasileiras listadas na Bovespa era de US$ 102,9 bilhões, ou seja, vinte vezes maior que a empresa Apple e em 11 de fevereiro de 2015 era de US$ 723,5 bilhões, ou seja, praticamente do mesmo tamanho da empresa Apple. Em resumo, apenas um pouco mais de doze anos de crescimento exponencial da empresa Apple foi o suficiente para ela superar todas as empresas da bolsa brasileira que cresceram linearmente.

As organizações lineares conseguiram acelerar o seu crescimento pela Transformação da Liderança (TL). Na dimensão da educação, as lideranças passaram a participar do Innovation Partners Program (IPP) que é um programa de inovação dos parceiros que trabalha com premiações e empresas de consultoria. O objetivo é que as lideranças da corporação estejam atualizadas em relação às inovações que estão disponíveis no mercado. Ainda na dimensão educação, as lideranças executivas são atualizadas a cada seis meses sobre:

- Tecnologias que estão em crescimento acelerado
- Ferramentas de gestão das organizações exponenciais com estudos de casos, entrevistas e atividades práticas com premiações de incentivo.

Na dimensão do conselho de gestão, a diretoria executiva também foi treinada para entender e comprar o plano de mudança desenvolvido pelo Chief Executive Officer (CEO) e para rastrear o acompanhamento, tanto das metas individuais, como da equipe, como da empresa usando a ferramenta Objectives and Key Results (OKRs).

Na dimensão diversidade, foi desenvolvida uma política de recursos humanos onde a capacidade de ser visionário dos candidatos passou a ter um peso maior nas contratações do que o seu nível de experiência nas tecnologias existentes. Também foi adotada a diversidade de gênero, pois os estudos indicam que as empresas com mão de obra exclusiva masculina (em geral de tecnologia e engenharia) têm desempenho pior (cerca de 25%) do que as com mão de obra dos dois gêneros. Foi preciso quebrar os paradigmas em relação aos recursos humanos. Foram contratadas pessoas com diversidade de gênero em função da experiência de vida e profissional e das expectativas e perspectivas de crescimento. Tanto os executivos mais experientes, como os do sexo masculino dividiram as suas posições de poder e influência com os profissionais mais jovens e com as mulheres.

Na dimensão capacitações e liderança foi necessário que a governança e o conselho consultivo tivessem a diversidade como valor de elevada importância. Para tal, foi estabelecido um programa regular de transformação pessoal para as lideranças mais experientes. O objetivo era a avaliação do conjunto de capacitações exigido para as lideranças. No contexto da organização exponencial não existe espaço para os profissionais que colocam a sua carreira na frente do sucesso da organização.

A parceria ou sociedade com aceleradoras, incubadoras e eventos de hackathons mudou o contexto de negócio das organizações lineares que evoluíram para exponenciais. O normal para as sugestões e projetos dos funcionários era a sua aprovação (para rejeitar uma sugestão ou projeto era preciso provar e justificar que a ideia era ruim para a empresa através da apresentação de uma explicação formal, robusta e consistente). É uma cultura corporativa, onde as pessoas perderam o medo de apresentar as suas ideias e sugestões. Todos sabem que a maioria das ideias e sugestões serão testadas e implementadas.

As tecnologias de ruptura nas próximas décadas estarão relacionadas com: (i) sensores de wearables, (ii) embalagens tecnológicas (inclusive pacotes de supermercados), (iii) Internet das Coisas, (iv) computação e o armazenamento infinito com custo marginal unitário zero, (v) funcionários qualificados que trabalharão em colaboração com as máquinas inteligentes, (vi) pessoas e empresas que comprarão o Analytics as a Service (AaaS), (vii) novos equipamentos que serão entregues pelas fábricas com as customizações realizadas pelo usuário no seu equipamento antigo e com os seus arquivos legados e (viii) novos modelos do negócio baseados em produtos conectados.

A inteligência artificial, análise e ciência dos dados, aprendizagem das máquinas e os algoritmos de aprendizagem profunda que processam enormes quantidades de informações serão tecnologias de ruptura que estarão disponíveis nos próximos dez anos. As rupturas sociais e econômicas causadas tanto pelos algoritmos que tomarão decisões cada vez mais importantes para os negócios, como pela inteligência artificial que irá substituir uma grande parte dos trabalhadores do conhecimento, como pela inteligência artificial que identificará padrões nos dados das organizações, como pelos algoritmos embarcados nos produtos serão cada vez mais profundas e frequentes.

Foi afirmado que a tecnologia que faz tudo funcionar é conhecida como realidade aumentada. Ela foi desenvolvida pela empresa Niantic e foi testada pela primeira vez em 2013. A tecnologia não fez sucesso na época.

Fonte: Até onde vai a febre Pokémon Go?, http://g1.globo.com/mundo/blog/helio-gurovitz/post/ate-onde-vai-febre-pokemon-go.html, acessado em 13/07/2016.

Foi revelado que a atração pela tecnologia que coloca objetos virtuais no mundo real fez o jogo superar o número de usuários do Tinder e o tempo médio de uso do WhatsApp nos Estados Unidos.
Fonte: Febre Pokémon: jogo de realidade aumentada vira mania pelo mundo,http://www.correiobraziliense.com.br/app/noticia/diversao-e-arte/2016/07/14/interna_diversao_arte,540148/febre-pokemon-jogo-de-realidade-aumentada-vira-mania-pelo-mundo.shtml, acessado em 14/07/2016.

Foi revelado que a Peugeot lançou em 2016, no Brasil, o aplicativo Easy MyPeugeot que permite que o proprietário tire as suas dúvidas sobre as funções do carro pelas imagens geradas pela câmera do seu celular.
Fonte: Manual do condutor no celular usa até realidade aumentada; conheça, http://carros.uol.com.br/noticias/redacao/2016/07/17/manual-do-condutor-no-celular-usa-ate-realidade-aumentada-conheca.htm, acessado em 18/07/2016.

Foi afirmado que a realidade aumentada pode ser aplicada na manutenção dos equipamentos. O aplicativo será o guia para que o técnico faça todas as etapas de manutenção de um trator ou equipamento. Basta apontar o celular para o equipamento abrir o app. Os passos da manutenção serão listados na tela. Outra aplicação é o engenheiro ver, com a realidade aumentada, as pilastras e estruturas não construídas no lugar onde deverão estar.
Fonte: Pokémon Go acerta no uso da Realidade Aumentada, http://cio.com.br/opiniao/2016/07/18/pokemon-go-acerta-no-uso-da-realidade-aumentada/, acessado em 19/07/2016.

A realidade virtual e aumentada estará plenamente disponível com preços competitivos nos equipamentos digitais pessoais até o ano de 2020. Os óculos de realidade virtual e aumentada vão direcionar as novas aplicações rompendo com a nossa forma de interagir com os computadores. As aplicações de vigilância remota de grandes áreas por uma central gerenciada por especialistas e de medicina remota vão gerar um ciclo de desenvolvimento de novas profissões.

O Bitcoin e o Blockchain vão romper todas as barreiras de desconfiança das pessoas e empresas nas moedas virtuais e serão uma plataforma em poucos anos de trilhões de transações de custo extremamente baixo (a sua base de sustentação é um livro razão de escrituração mercantil que registra todas as operações). O Blockchain será antes de 2020 um instrumento confiável e barato para a validação das transações comerciais e empresariais automatizadas como os contratos com vários signatários, sistemas da votação eletrônica, auditorias corporativas, microtransações e novos sistemas universais de pagamento.

O fim das imperfeições das informações ou saber pleno causado pela Internet de todas as coisas, sensores abundantes e ilimitados, sistemas de satélites de alta e baixa altitude permitirá que as pessoas tenham acesso a todas as informações desejadas em qualquer lugar e horário. Grandes mudanças sociais ocorrerão, tanto por causa da perfeição das informações como pelos óculos de realidade virtual. A experiência oferecida pela realidade virtual vai transformar o formato como os produtos são apresentados pelo varejo em geral, agências de viagem, imobiliárias, lojas de móveis e roupas etc. O comércio vai poder oferecer uma experiência pseudo real dos seus produtos e serviços. Os clientes das lojas vão poder verificar, em tempo real, a reputação do estabelecimento comercial. As pessoas vão receber alertas automáticos sobre exploração dos trabalhadores ou animais ou natureza antes de decidirem sobre a compra de um produto ou serviço no comércio local.

Com a redução dos preços das impressoras 3D, uma nova classe de produtos mudará a manufatura tradicional. A tecnologia impactará fortemente o armazenamento e o transporte dos produtos. As fábricas vão desenvolver os projetos dos produtos e as pessoas vão imprimir roupas, sapatos, mesas etc. na impressora da sua casa.

As aplicações dominantes como o Paypal e o Bitcoin vão transformar radicalmente os sistemas do pagamento. A carteira pessoal móvel e integrada permitirá a realização de micropagamentos em alguns segundos. Novos modelos de negócios vão surgir pela gigantesca quantidade de transações pequenas.

Os veículos autônomos serão realidade antes do ano de 2025 e as pessoas vão compartilhar os mesmos veículos várias vezes por dia, causando grandes impactos na sustentabilidade ambiental, no planejamento urbano e na quantidade de acidentes fatais ou não de trânsito.

Bibliografia do Capítulo

ISMAIL, S., MALONE, M.S. e GEEST, Y.V. Exponential Organizations: Why new organizations are ten times better, faster, and cheaper than yours (and what to do about it). Diversion Books, 2014

OSTERWALDER, A., PIGNEUR, Y. Business Model Generation. John Wiley & Sons, Inc., 2010

TOFFLER, A. The Third Wave. Bantam Books, 1980

http://idgnow.com.br/ti-pessoal/2016/07/11/serasa-libera-consulta-gratuita-sobre-pendencias-no-cpf-via-site-e-app/, "Serasa libera consulta gratuita sobre pendências no CPF via site e app", acessado 11/07/2016 http://v2.decipherinc.com/survey/selfserve/1ee1/160611?list=6, "InfoWorld", acessado em 11/07/2016

http://g1.globo.com/mundo/blog/helio-gurovitz/post/ate-onde-vai-febre-pokemon-go.html, "Até onde vai a febre Pokémon Go?", acessado em 13/07/2016

http://carros.uol.com.br/noticias/redacao/2016/07/17/manual-do-condutor-no-celular-usa-ate-realidade-aumentada-conheca.htm, "Manual do condutor no celular usa até realidade aumentada; conheça", acessado em 18/07/2016

http://www.correiobraziliense.com.br/app/noticia/diversao-e-arte/2016/07/14/interna_diversao_arte,540148/febre-pokemon-jogo-de-realidade-aumentada-vira-mania-pelo-mundo.shtml, "Febre Pokémon: jogo de realidade aumentada vira mania pelo mundo", acessado em 14/07/2016

http://cio.com.br/opiniao/2016/07/18/pokemon-go-acerta-no-uso-da-realidade-aumentada/, "Pokémon Go acerta no uso da Realidade Aumentada", acessado em 19/07/2016

https://www.customerzz.nl/wp-content/uploads/2015/06/Yuri-van-Geest_ExO_slidedeck-YVG-Customerzzz-17062015.pdf, "Yuri van Geest", acessado em 20/07/2016

http://www.lovebusinessbooks.com/2015/12/exponential-organizations-by-salim-ismail-michael-s-malone-yuri-van-geest/, "Exponential Organizations by Salim Ismail", acessado em 20/07/2016

http://thoughtcatalog.com/steven-kotler/2015/02/the-6-ds-of-exponentials/, "The 6 Ds Of Exponentials", acessado em 20/07/2016 http://www.exponentialorgs.com/, "Exponential Organizations", acessado em 20/07/2016

http://computerworld.com.br/o-que-sao-organizacoes-exponenciais-e-qual-seu-impacto-na-economia, "O que são Organizações Exponenciais e qual seu impacto na economia?", acessado em 20/07/2016

http://computerworld.com.br/realidade-ja-e-exponencial-mas-e-sua-empresa, "A realidade já é exponencial. Mas, e a sua empresa?", acessado em 20/07/2016

http://capitalsocial.cnt.br/conheca-os-segredos-das-organizacoes-exponenciais/, "Conheça os segredos das organizações exponenciais", acessado em 20/07/2016

http://cio.com.br/gestao/2016/01/18/anatomia-das-organizacoes-exponenciais/, "Anatomia das Organizações Exponenciais", acessado em 20/07/2016

http://thenextweb.com/insider/2015/08/31/the-rise-of-the-exponential-organization/#gref, "The rise of the exponential organization", acessado em 20/07/2016

http://techcrunch.com/2015/07/05/exponential-organizations-are-the-future-of-global-business-and-innovation/, "Exponential Organizations Are The Future Of Global Business And Innovation", acessado em 20/07/2016

Capítulo 13

Design Thinking (DT)

Introdução

O termo Design Thinking surgiu na ciência, em 1969, com a publicação do livro "The Science of the Artificial" (SIMON, Herbert. The Sciences of the Artificial. Cambridge: MIT Press. 1969) e na engenharia, em 1973, com a publicação do livro "Experiences in Visual Thinking" (MCKIM, Robert. Experiences in Visual Thinking. Brooks/Cole Publishing Co. 1973). O professor Rolf Faste definiu e popularizou o conceito Design Thinking como uma ação criativa. David M. Kelley adaptou o estratagema para a administração. Apesar de o fundador da empresa de consultoria IDEO, David M. Kelley, não ser criador do termo Design Thinking, ele é um dos seus principais evangelistas. Fonte: Design thinking, https://pt.wikipedia.org/wiki/Design_thinking#cite_note-4, acessado em 23/08/2016.

O artigo "The Making of a Design Thinker" do Tim Brown (Brown, Tim. The Making of a Design Thinker. Metropolis Oct. 2009: 60-62) expressa, com clareza, a diferença que existe entre ser um projetista ou engenheiro (Designer) e pensar como um Designer. O livro "Change by Design" (Brown, Tim. Change by Design. HarperCollins. 2009) afirmou que os melhores projetistas trabalham, ao mesmo tempo, a necessidade, a utilidade, as restrições, as possibilidades e a demanda. Os projetistas pensadores descobrem padrões onde as pessoas comuns enxergam apenas complexidade, germinam novas ideias a partir de pedaços de informações e transformam problemas em oportunidades.

O Tim Brown, CEO da IDEO (https://www.ideo.com/), revelou no livro a sua visão de que todos (independentemente da sua formação profissional) devem pensar o desenvolvimento e gerenciamento dos projetos como os engenheiros ou projetistas. Para ele, este é o caminho para realizar projetos inovadores nas empresas e na vida pessoal. O projetista tem que enxergar holisticamente as condições de contorno do projeto. A pessoa que pensa como o Designer avalia tanto as características cognitivas, quanto os aspectos emocionais, quanto a estética e usabilidade do produto ou serviço. A experiência do usuário precisa estar contemplada no projeto. É de fundamental importância identificar os problemas que serão solucionados através de respostas inovadoras.

Pensar como o engenheiro projetista, significa questionar as ideias preconcebidas, compreender todos os fenômenos envolvidos e usar as informações capturadas durante a observação das condições de contorno do problema. O pensamento cognitivo com base nas observações tem como resultado a seleção de uma solução que resolve o problema identificado. Os métodos de pesquisa e análise do estratagema Design Thinking são uma nova abordagem para os problemas. O conjunto de técnicas, práticas e processos utilizados na identificação da solução do problema (objetivo do estratagema Design Thinking), permite a proposição de alternativas com base no conhecimento gerado. As respostas propostas são consequência das informações capturadas e da sua respectiva análise.

O foco do projeto é a experiência do usuário, ou seja, as respostas dos problemas fazem parte da solução proposta. O estratagema Design Thinking faz como que os projetistas enxerguem soluções que não seriam visualizadas se eles observassem e analisassem apenas os parâmetros do problema. O processo de avaliação do estratagema Design Thinking (DT) faz com que os projetistas identifiquem aspectos que vão além das respostas aos problemas. O método permite a descoberta do que as pessoas querem ou precisam. O desafio dos que pensam como os Designers é responder corretamente estas necessidades e desejos através da criatividade. O trabalho colaborativo realizado por times multidisciplinares é largamente utilizado para encontrar as inovações necessárias.

A formação de uma comunidade onde o consumidor colabora na criação e desenvolvimento dos projetos e soluções é uma das características mais marcantes do estratagema Design Thinking. É muito importante que os que pensam como os designers trabalhem em regime de colaboração com a comunidade. A qualidade do gerenciamento dos projetos será catapultada quando a comunidade aprender a pensar como o Designer. Os consumidores vão neste cenário criar e desenvolver projetos que melhorem a sua experiência.

As etapas do estratagema Design Thinking de imersão, idealização, prototipação e desenvolvimento permitem o desenvolvimento de inovações que complementam a visão do mercado sobre necessidades e desejos. Os processos buscam o desenvolvimento não linear das inovações pela identificação e descoberta de novos atributos e funcionalidades para os projetos, serviços e produtos. O desenvolvimento do pensamento integrado e saber profundo como ferramenta para a criação de soluções (definitivas ou não) permite a identificação de alternativas holísticas fundamentadas na experiência do usuário.

As empresas precisam desenvolver um formato para a colaboração na criação em que a cultura corporativa entenda que as melhores ideias devem ser entregues ao mercado. Infelizmente, o patrocínio da alta administração ainda é um fator crítico de sucesso para as inovações de milhares de empresas. A solução escolhida deve ser a alternativa vencedora em diversos aspectos de uma avaliação robusta e quantitativa. O apoio da alta administração para uma ideia não pode torná-la vencedora. Na realidade, os executivos deveriam adotar postura de isenção em relação ao seu patrocínio para uma ideia. Toda vez que uma ideia é apoiada pela alta administração, o campo de visão da análise do negócio é estreitado. O mundo pós 2016 exige que o campo de visão das análises seja ampliado. Só assim será possível descobrir de onde virá o próximo ataque contra o seu negócio.

Quando todos pensam os projetos como os engenheiros projetistas fazem, ocorre a aceleração da velocidade de comunicação do conhecimento que gera novas ideias e melhores práticas. Quando toda a comunidade de uma empresa está no mesmo patamar de conhecimento, é possível fazer facilmente a escolha da melhor das soluções disponíveis. Esta conquista que é tão simples de ser alcançada leva a organização para um nível superior no mundo dos negócios. Enquanto os concorrentes estão escolhendo uma alternativa no mesmo conjunto de opções existente para todos, a empresa está escolhendo a sua solução em conjunto mais amplo, robusto, completo e inacessível para os concorrentes.

Ao adotar o estratagema de pensar como o designer, as pessoas passam a utilizar os métodos e abordagens que os engenheiros projetistas usam para gerenciar os projetos e gerar novas alternativas para escolher. Não importa se é um projeto de desenvolvimento de um produto ou serviço ou comunidade. Toda vez em que as situações são abordadas de forma mais ampla, completa e holística, o resultado final é superior. As organizações podem capturar enormes benefícios pela criação de novas opções. Os profissionais de marketing, recursos humanos, ensino, saúde, tecnologia de informações etc. ganharam enorme capacitação adicional e empregabilidade pela utilização das técnicas dos engenheiros projetistas na criação de novas ideias.

Os algoritmos estão presentes em praticamente todos os produtos e serviços. Nas moradias e edifícios inteligentes, o software embarcado é um dos seus componentes. A usabilidade e a experiência do usuário do software são dois exemplos de elementos-chaves que os projetistas devem considerar nos seus projetos. A experiência do usuário é uma característica que está impressa no software, ela que determina o ambiente de usabilidade dos produtos e serviços. São os projetistas que determinam como as soluções serão oferecidas aos mercados. Eles escolhem os processos que serão adotados para o gerenciamento do projeto. Todos os elementos que formam a comunidade de desenvolvimento são objetos e ferramentas que podem ser explorados pelos designers.

O sentimento, a intuição, a inspiração, a racionalidade e a análise são os aspectos que devem estar equilibradamente presentes no processo de tomada de decisões dos projetos. A divergência de pontos de vista é uma virtude que deve ser permanentemente estimulada para que sejam propostas soluções com base em coisas que não existem. O processo de divergência deve ser consolidado em convergências para que sejam determinadas as iniciativas que serão trabalhadas. Muitas organizações e lideranças combatem ruidosamente as divergências e geram soluções que são apenas mais do mesmo. Em resumo, o sentimento, a intuição, a inspiração, a razão e a análise são cinco dos principais elementos que influenciam o pensamento dos projetistas, e as decisões de negócios precisam ser tomadas em um ambiente de divergências para que as soluções não sejam apenas mais do mesmo.

A capacidade de análise e de síntese dos projetistas é, portanto, um fator que deve ser sempre buscado e desenvolvido nas firmas. A análise, estudo e compreensão de assuntos complexos permitem o entendimento do funcionamento das coisas e fenômenos e o seu aperfeiçoamento em termos de efetividade e funcionalidade. O equilíbrio entre a razão e a emoção é a condição necessária e suficiente para a geração de novas ideias. É preciso que os projetistas pensem em coisas e soluções que ainda não existem, ou não estão disponíveis ou não estão prontas. As mudanças que estão ocorrendo no mundo são de grande velocidade. É difícil em um ambiente de tanta incerteza encontrar duas pessoas com ideias totalmente convergentes. É preciso determinar as superfícies de contato do plano das ideias e trabalhar em projetos evolucionários.

O processo de sintetização e consolidação das várias ideias, conhecimentos e análise dos concorrentes tem como saída a geração de uma solução que, de uma forma ou de outra, endereça todas as necessidades de um segmento específico de mercado. Os projetistas buscam a alternativa que melhor endereça as necessidades e oportunidades apontadas. Os projetistas assumem diversos riscos e exploram vários caminhos, por isso eles não podem estar presos à cultura da hierarquia das organizações na qual o líder arbitra e faz todas as escolhas. Sempre que os líderes de uma organização assumem a responsabilidade sobre as ideias e divergências, o resultado em longo prazo é a produção de mais do mesmo. A maioria das organizações tem graves problemas com a gestão das divergências.

Existe na maioria das firmas uma grande quantidade de talentos que estão antenados com a realidade do mercado e do mundo. É preciso aproveitar estes talentos. Neste contexto, a alta administração e as lideranças têm o papel de criar as condições para que as ideias sejam abundantes. As organizações preparadas vão trabalhar com eficiência e eficácia as ideias e tecnologias para gerar inovações para o mercado.

A curiosidade está diretamente relacionada com o conhecimento e com a capacidade corporativa de planejar os riscos. Um erro cometido por um projetista não pode significar a sua demissão ou o encerramento da sua carreira profissional. As empresas que são intolerantes aos erros geram cultura corporativa de risco zero, que significa inovação zero. As pessoas não apresentam sugestões para as falhas existentes, porque elas sabem que estão submetidas à cultura da punição. Nesta cultura os profissionais não correm riscos e só apresentam soluções da linha de mais do mesmo. Todos os investimentos e gastos são direcionados para os produtos que vendem mais e quando a vaca leiteira morre, a empresa perde a sua capacidade de competividade.

Não existem inovações na cultura de punição das falhas e erros. É preciso contratar melhor para ter coragem de gerenciar os erros e falhas. A cultura do medo está presente em muitas empresas no Brasil. São organizações onde todas as inovações são vistas com ceticismo e as declarações e palavras do presidente e executivos sobre inovações e riscos são apenas palavras. Nunca são fatos. São empresas e executivos que buscam apenas proteção contra a competição internacional capacitada. Estas empresas não estão conectadas com as necessidades do mercado. Para este perfil empresarial que quer proteção e ser servido pelo governo, o estratagema Design Thinking é apenas uma moda que vai passar.

O cenário econômico mundial após 2010 de taxa real de juros negativa ou nula está incentivando com muita força a inovação dentro das organizações. O elevado volume de capital de investimento disponível no mercado está fazendo com que as empresas inovadoras nasçam e cresçam como o estouro do milho de pipoca em vários lugares do mundo. É possível afirmar que em 2016 não existe um único setor da economia que esteja salvo de grandes rupturas. Todas as empresas terão que mudar drasticamente nos próximos quatro anos para sobreviver no mercado.

As empresas do setor de serviços entenderam este novo contexto econômico e mudaram radicalmente as suas atitudes em relação às inovações. Elas compreenderam a importância da inovação para o seu negócio. Os serviços de saúde estão sendo revolucionados pelas inovações. Foi afirmado, que um relógio simples foi criado para enviar lembretes sobre a medicação e compromissos médicos e botões de IoT da Amazon podem ser usados para revelar felicidade ou sofrimento do paciente (Engenheiro usa Internet das Coisas para combater doenças, http://cio.com.br/tecnologia/2016/08/09/engenheiro-usa-internet-das-coisas-para-combater-doencas/, acessado em 09/08/2016). As rupturas tecnológicas estão gerando mudanças até nas consultas médicas. Os setores de serviços hoteleiros, logística de transportes e governo estão sendo transformados por inovações demandadas pelos consumidores e cidadãos. A era dos serviços ruins em várias áreas está na sua fase terminal de vida.

Os produtos e serviços financeiros estão sendo revolucionados pelas inovações que buscam, por exemplo, atender às necessidades de públicos diferentes como pais e filhos. Os engenheiros projetistas (Designers), têm como característica, serem excelentes observadores do mundo em que vivemos para entender as condições do ambiente de contorno e para imaginar novos ambientes. As pessoas quando pensam como os Designers superam as limitações e pensam em função da observação do cenário atual e do cenário futuro idealizado. Neste contexto são encontradas soluções para problemas complexos. O Design Thinking ajuda o desenvolvimento das ideias através de processos formais. A equipe multidisciplinar deve ser formada por pessoas formadas em ciências sociais, humanas e exatas. Os engenheiros são tão importantes quanto os psicólogos, filósofos e escritores.

As empresas querem ser racionais e analíticas e o Big Data é a ferramenta para capturar as ideias das pessoas e trabalhar a sua validação nas comunidades. Hoje em dia é possível observar as reações de milhões de pessoas. A abordagem de trabalhar com o mundo exterior permite a identificação das necessidades e desejos do mercado. A captura da essência das conversas dos vendedores com os clientes através do Big Data permite a identificação do uso e dos desejos. Ideias extravagantes e maravilhosas nunca imaginadas dentro da empresa aparecem e podem ser transformadas em ideias interessantes.

É preciso ter em mente que as pessoas que não consomem os produtos e serviços da sua empresa e dos concorrentes são capazes de oferecer uma rica experiência do que deve ser mudado e desenvolvido. Normalmente, as empresas falam apenas com os seus consumidores. Mesmo quando a firma conversa com clientes descontentes que deixaram de comprar os seus produtos e serviços, as informações capturadas revelam apenas as melhorias incrementais dos produtos e serviços existentes. Nada é revelado sobre as coisas que não existem. Os saltos de imaginação ocorrem quando as coisas que não existem são reveladas aos olhos dos Designers. As pessoas que naturalmente conseguem enxergar as coisas que não existem são capazes de pensar fora da caixa e apresentar soluções revolucionárias e de ruptura.

As melhorias incrementais podem parecer em uma primeira análise como uma solução baseada em pequenos passos que são rápidos e fáceis de serem realizados. As melhorias incrementais passam a impressão de baixo risco. Muitos entendem que elas são o melhor caminho para superar as crises. Apesar das melhorias incrementais resolverem alguns dos problemas em um curto prazo, elas não conseguem endereçar os desafios de médio e longo prazo. É preciso adotar uma estratégia eficaz que leve a empresa para um cenário melhor. A estratégia de experimentação oferece os elementos necessários para alcançar as ideias inovadoras em longo prazo.

Muitas inovações de ruptura surgiram durante a grande crise de 2008. Um dos motivos para o aparecimento de tantas rupturas é que a crise gerou mudanças nas regras de negócio. As taxas reais nulas ou negativas de juros geraram uma redução no primeiro momento da quantidade de concorrentes no mercado. Grandes oportunidades aparecem quando o mercado não está focado na inovação. A correta exploração das oportunidades depende, portanto, da qualidade da liderança. É papel dos executivos tomar a decisão de focar nas inovações.

Nos tempos difíceis das grandes crises muitas empresas reduzem os seus esforços de desenvolvimento para trabalhar apenas as oportunidades de retorno em curto prazo. É um grave erro estratégico. As crises econômicas não são eternas. No final do ciclo de uma recessão ou crise econômica, as empresas que construíram processos de inovação com visão em curto, médio e longo prazos estarão em posições vantajosas.

As firmas que reinventaram os seus produtos e serviços após a crise de 2008 como Apple, Google, Samsung etc. conseguiram criar inovações e desenvolver novos e lucrativos produtos e serviços. Várias das inovações propostas foram implantadas imediatamente, pois a abordagem correta do problema permitiu a conquista de lucro sustentável (lucro começa com curto prazo e caminha com a firma em longo prazo).

As inovações geradas através do estratagema Design Thinking são lucrativas em curto, médio e longo prazos. As pessoas que pensam como os projetistas são capazes de consolidar os pensamentos e conhecimentos sobre a tecnologia e negócios no processo de geração de ideias. Este caminho permite que sejam identificadas oportunidades de inovação sem o desenvolvimento de uma nova tecnologia. É uma das formas de gerar soluções em curto prazo.

O setor financeiro e varejista oferece enormes oportunidades de inovações em curto prazo, pois o reconhecimento de um comportamento permite inovar sem ter que desenvolver uma nova tecnologia. O objetivo do pensamento estratégico corporativo é produzir novas escolhas para a organização. O Design Thinking é um dos componentes da caixa de ferramentas corporativa.

Uma grande ideia na cabeça de uma pessoa não gera resultado nenhum. Ter a ideia é o começo, não a conclusão da tarefa. Não existe um monopólio para as boas ideias, milhares de pessoas têm a mesma boa ideia ao mesmo tempo. As novas ideias só resolvem um problema quando elas são executadas corretamente. Pessoas que não falam sobre as suas ideias não conseguem criar ambiente empreendedor. Uma grande quantidade de ideias morre porque as pessoas não as compartilham. O medo de trocar conhecimento é um entrave tão grande para a evolução de uma ideia quanto uma apresentação ruim da mesma. Os bons projetistas sabem contar histórias, por isso é tão importante contar com escritores e autores de livros, roteiros e artigos na equipe de inovação.

Design Thinking (DT)

Pensar como os engenheiros ou projetistas transforma o caminho percorrido pelas organizações durante o desenvolvimento de produtos, serviços, processos e estratégias. O estratagema Design Thinking trabalha simultaneamente o conhecimento, as necessidades humanas, a disponibilidade e funcionalidades das tecnologias e a viabilidade econômica. Esta abordagem permite que as pessoas que não foram treinadas como engenheiros ou projetistas usem as ferramentas de projetos para criar e endereçar os desafios corporativos. O Design Thinking é um processo estruturado e detalhado que explora as habilidades e capacidades das pessoas para resolver de forma prática os problemas convencionais. O DT aumenta de forma estruturada três habilidades humanas:

- Intuição
- Identificação e reconhecimento de padrões
- Realização das ideias

A habilidade de realização das ideias é importante tanto do lado emocional, como funcional porque ela mostra que as pessoas podem comunicar as suas ideias através de um formato diferente das palavras ou símbolos. As empresas não podem ser gerenciadas pelas emoções, intuições e inspirações. No entanto, elas não podem ser gerenciadas apenas pela razão e análise analítica. A ausência de sentimentos e emoções na gestão do negócio aumenta os riscos. O Design Thinking é um estratagema de desenvolvimento que integra a razão com a emoção.

O DT é um conjunto de processos que é mais bem conduzido através de um sistema de espaço sobreposto. O Design Thinking não é uma sequência de etapas que são realizadas em cascata. Os três espaços do Design Thinking são a Inspiração, a Idealização e a Implementação. A Inspiração é o espaço do problema e da oportunidade, neste espaço existe a motivação para procurar pelas soluções. A Idealização é o espaço onde são executados os processos de geração, desenvolvimento e teste das ideias. A Implementação é o espaço onde é escolhido o caminho que vai direcionar as condições das entregas do projeto.

A Inspiração é o resultado do entendimento dos conhecimentos oferecidos tanto pela captura da experiência do usuário dos produtos e serviços nas dimensões física, cognitiva e emocional, como pela captura do comportamento das comunidades. A Inspiração também pode vir do entendimento das situações menos óbvias. Os pais influenciam e determinam o comportamento dos filhos em várias situações. no entanto, as crianças também influenciam o comportamento dos adultos. A Inspiração também pode vir da comparação. É possível identificar em setores diferentes da economia processos de negócio muito semelhantes, isto significa que é possível extrapolar as experiências bem-sucedidas de uma loja de café para uma loja de móveis, ou de um hotel para um hospital, ou de uma indústria para uma escola; negócios diferentes não significam processos diferentes. A análise de um negócio diferente permite identificar soluções que não estão visíveis quando são analisadas apenas as empresas do mesmo segmento.

A Idealização é o aprendizado de um conceito pela interação com o seu protótipo. As tecnologias virtuais, realidade aumentada e impressão 3D permitem o rápido desenvolvimento de protótipos baratos e facilitam tanto a interação (virtual e real) com o protótipo, como a execução de ajustes e modificações. A Implementação é a materialização de uma ideia ou conceito. A apresentação do projeto de Implementação através de protótipos (virtuais e reais) e contextualização (robusta e coerente) das condições de contorno que motivaram a criação da solução é uma das melhores formas para tangibilizar a solução proposta e conquistar a mente e coração das pessoas. Esta conquista é muito importante! O envolvimento das pessoas nas atividades de implementação da ideia é um fator crítico de sucesso.

Em outras palavras, o Design Thinking é um sistema que usa as ferramentas analíticas e as técnicas de empoderamento tanto para que as empresas visualizem o futuro das suas operações (atuais e novas), como para que elas construam o mapa do caminho da sua projeção futura. O método é estruturado nas seguintes etapas:

- Prototipação do modelo do negócio
- Visualização dos dados
- Estratégia da inovação
- Projeto da organização
- Pesquisa qualitativa e quantitativa
- Entrega dos entregáveis

Todo o trabalho do DT deve ser realizado respeitando tanto a capacitação das pessoas, como a necessidade do negócio. A interação de todos os agentes econômicos direciona a identificação de uma solução que é o resultado das avaliações das várias alternativas propostas durante o desenvolvimento do projeto. O objetivo é entregar os entregáveis do projeto através de uma estratégia apropriada, viável e tangível. As entregas realizadas pelo estratagema Design Thinking são novidades e inovações que permitem o crescimento do empreendimento pelo endereçamento das necessidades do mercado através de uma solução que explore a disponibilidade das tecnologias existentes e seja viável economicamente.

O que é o Design Thinking?

A metodologia Design Thinking oferece protocolos repetíveis para a solução de problemas que podem ser utilizados por qualquer negócio ou profissão para alcançar resultados relevantes. O processo de desenvolvimento de um projeto é uma aprendizagem importante para profissões como medicina, advocacia, pedagogia etc. O DT permite que estes profissionais desenvolvam projetos robustos e alcancem melhores resultados.

Embora os entregáveis de um projeto sejam descritos em alguns casos como um objeto ou resultado final, eles são descritos na maioria dos casos como um processo ou uma ação (protocolo para resolver os problemas e descobrir novas oportunidades). As técnicas e ferramentas utilizadas no desenvolvimento dos projetos são diferentes e os seus níveis de efetividade variam. No entanto, todas as técnicas e ferramentas de gerenciamento de projetos têm um núcleo igual de processos. O Design Thinking é formado basicamente por quatro grandes elementos.

Definição do problema

É um elemento simples, no entanto, é o elemento mais importante. É de fundamental importância que este estágio seja realizado corretamente. Este elemento define o problema que será resolvido. No Design Thinking, o time ou o negócio está permanentemente questionando qual o problema que será resolvido. As respostas permitem, tanto a definição da oportunidade, como a correção da oportunidade antes do seu desenvolvimento e realização. Durante o processo de definição do problema ocorre tanto a imersão profunda na avaliação da situação atual, como o estabelecimento da matriz "causa e efeito".

No Design Thinking, a observação e a análise crítica analítica são as principiais atividades em todos os estágios. O poder de observação permite que as pessoas percebam o que elas realmente devem fazer. É de fundamental importância o envolvimento das pessoas nos processos, nos produtos, nas compras e nas operações. O pensamento fora da caixa é de extrema importância para gerar mudanças na vida das pessoas. O estágio de definição do problema do Design Thinking exige o desenvolvimento e entendimento da matriz entre a causa e efeito para que exista o discernimento funcional do problema sob o ponto de vista de diversas perspectivas variadas de forma contínua, progressiva e implacável. As perguntas e respostas detalham as causas da existência do problema em vários níveis.

As respostas das perguntas devem ser simples e objetivas para revelar a verdade dos fatos. Em outras palavras a definição do problema no Design Thinking demanda que as pessoas não tenham formado na sua mente um juízo de valor para o problema até que o mesmo seja claramente definido e afirmado. É muito importante escolher as palavras corretas na definição do problema. Por exemplo, não é correto definir um problema como «projetar um carro», o correto é «criar uma alternativa de mobilidade para as pessoas». O objetivo do estágio de definição é encontrar e identificar o problema correto para então estruturar uma arquitetura que resolva o problema através de soluções criativas.

Criação e consideração de várias alternativas

É importante evitar a armadilha de resolver todos os problemas usando o mesmo conceito. A máxima de que "não se mexe em time que está ganhando" não pode virar um mantra corporativo. Não é porque um conceito gerou resultados positivos no passado que a sua repetição no futuro vai resultar em sucesso. O curto prazo para realizar o projeto não pode ser a desculpa para repetir o conceito sem levar em conta as mudanças ocorridas no cenário de negócio. O Design Thinking exige a apresentação de várias soluções para o problema. As soluções óbvias são analisadas, mas não são as únicas que são avaliadas. As alternativas menos óbvias podem oferecer respostas melhores para o problema.

Todas as soluções criadas para a avaliação devem ser analisadas nas mesmas condições de contorno. Todas as respostas possíveis fazem parte do contexto do Design Thinking. É importante olhar o problema sob o ponto de vista de mais uma perspectiva para produzir resultados ricos. Em muitos casos, as pessoas carregam, inconscientemente, filtros que impedem a avaliação imparcial de uma resposta para o problema. É comum encontrar casos onde as oportunidades que aparecem neste estágio do gerenciamento de projetos são perdidas. A eliminação dos filtros mentais permite o reconhecimento das oportunidades.

A eliminação dos filtros mentais é o principal motivo da diversidade time de projeto. A perspectiva múltipla de conhecimento e comportamento favorece a escolha da melhor solução. Foi afirmado que um time multigeracional é capaz de analisar um problema ou projeto sob a perspectiva de diversos caminhos (Why a multi-generational team is key to business success, http://www.techrepublic.com/article/why-a-multi-generational-team-is-key-to-business--success/?ftag=TREf7159e0&bhid=20826003731419366201607380150567, acessado em 23/08/2016). No estratagema DT, o trabalho em equipe é um fator decisivo para o sucesso. O Design Thinking entende que uma equipe multidisciplinar gera um resultado melhor do que um único especialista trabalhando isoladamente no projeto. A história tem mostrado que as melhores invenções ou soluções vêm quase sempre de pessoas que não são especialistas da área e trazem uma nova perspectiva (Fonte: ISMAIL, S., MALONE, M.S. e GEEST, Y.V. Organizações Exponenciais: Por que elas são 10 vezes melhores, mais rápidas e mais baratas que a sua (e o que fazer a respeito). HSM EDITORA. 2015: página 113). Os projetistas que trabalham com as ferramentas de simulação em várias dimensões para demonstrar e apresentar a sua solução conseguem demonstrar, com mais eficiência e eficácia, o significado das suas palavras.

Refinamento das diretrizes selecionadas

Os resultados promissores precisam ser abraçados e alimentados. É preciso que as alternativas sejam desenvolvidas com olhos no histórico passado e nas possibilidades futuras. Olhar apenas para o passado faz com que as soluções resolvam problemas que já ocorreram. Não é possível mudar o passado. É preciso aprender com as lições do passado e ver as soluções com olhos para o futuro, esta é a receita mágica do crescimento corporativo. Todas as inovações e novidades passam por uma instabilidade inicial, pois as suas fragilidades são declaradas e percebidas neste momento. É, portanto, de vital importância, a constância de propósito para o sucesso da empreitada. Toda nova ideia tem potencialidades e fragilidades na sua infância. O estratagema do Design Thinking permite que as potencialidades do projeto sejam percebidas durante todas as etapas dos elementos de criação pelo meio ambiente empresarial.

O crescimento robusto das alternativas é realizado através da experimentação. É comum que ocorram erros e falhas fora do previsto durante o ciclo de busca por resultados. O estágio de refinamento é marcado pela incorporação de pequenas ideias nas alternativas iniciais. O ciclo de criação de alternativas e respectivo refinamento não ocorre necessariamente uma única vez em um projeto, normalmente, ele é realizado várias vezes para que um conjunto promissor de soluções seja proposto.

Escolha a alternativa vencedora e a execute

Quando uma alternativa alcança este elemento do estratagema Design Thinking, isto significa que ela foi avaliada em detalhamento suficiente para que ela tenha elevada probabilidade de sucesso. Neste estágio, os recursos materiais e imateriais como o tempo são alocados para que os objetivos propostos sejam alcançados. Os entregáveis dos processos deste estágio representam a tangibilização das ideias e estratégias, os protótipos das soluções são criados para testar a alternativa intensamente dentro dos parâmetros críticos do projeto. A saída deste estágio é a solução do problema ou a revelação completa da oportunidade.

É importante destacar que um projeto é um esforço de mudança das condições atuais para uma realidade desejada. O Design Thinking alavanca o negócio porque ele o leva para um futuro melhor. O DT é um processo criativo baseado no crescimento e no fortalecimento das ideias. Não existe no estratagema Design Thinking julgamentos prévios para as ideias e sugestões, o normal é elas nascerem aprovadas e existir a necessidade de provas concretas para a sua desaprovação. Esta postura corporativa para os projetos elimina o medo de fracassar e estimula a maximização da colaboração e participação. As ideias revolucionárias são sempre bem-vindas, pois elas levam, em muitos casos, para as soluções criativas.

No mundo corporativo pós 2014, todos os membros da cadeia produtiva são projetistas, e o Design Thinking é um estratagema que aplica as metodologias de gerenciamento de projetos para todas as situações da vida privada e profissional das pessoas. Os sete passos dos processos do Design Thinking são: Definição do problema, Pesquisa interna e externa do problema, Idealização da solução do problema, Prototipação da solução do problema, Seleção de uma das soluções do problema, Implementação da solução do problema escolhida, Assimilação e comunicação das lições aprendidas.

O protocolo de execução dos sete processos assegura que os entregáveis do projeto vão ser entregues dentro do prazo e custo independentemente da oportunidade ou problema que está sendo analisado. Este é o resultado final da proposta de eficiência e eficácia do estratagema Design Thinking. Em resumo, o DT é uma visão objetiva da oportunidade ou problema que abraça as novas ideias e a mitigação dos riscos. O resultado da evolução da criatividade da estrutura do Design Thinking é consequência do posicionamento do projeto em cima de restrições. É preciso desenhar a solução dentro de uma caixa de restrições para então quebrar tudo. Desta forma, é possível assegurar que todas as opções foram consideradas, que as ideias foram refinadas e que a seleção da ideia vencedora foi realizada com base em critérios robustos e objetivos e não existiu pré-julgamento das ideias. O estratagema Design Thinking descreve processos repetíveis que usam técnicas criativas para gerar resultados que, em vários casos, excedem as expectativas iniciais.

Bibliografia do Capítulo

Brown, T. Change by Design. HarperCollins. 2009

Ismail, S., Malone, M.S. e Geest, Y.V. Organizações Exponenciais: Por que elas são 10 vezes melhores, mais rápidas e mais baratas que a sua (e o que fazer a respeito). HSM Editora. 2015

https://meusucesso.com/artigos/inovacao-e-tecnologia/o-que-e-design--thinking-conceitos-e-definicoes-132/, O que é design thinking: conceitos e definições, acessado em 23/08/2016

https://pt.wikipedia.org/wiki/Design_thinking#cite_note-4, Design thinking, acessado em 23/08/2016

https://www.ideo.com/about/, Our Approach: Design Thinking, acessado em 23/08/2016

http://www.fastcompany.com/919258/design-thinking-what, Design Thinking... What is That?, acessado em 23/08/2016

http://www.metropolismag.com/October-2009/The-Making-of-a-Design--Thinker/, The Making of a Design Thinker, acessado em 23/08/2016

https://www.napratica.org.br/design-thinking-entenda-o-que-e-e-como-funciona/, Design Thinking: entenda o que é e como funciona, acessado em 23/08/2016

http://www.revistahsm.com.br/inovacao/design-thinking-como-arma/, O design thinking como arma contra a recessão, acessado em 23/08/2016

http://www.techrepublic.com/article/why-a-multi-generational-team-is-key-to-business-success/?ftag=TREf7159e0&bhid=20826003731419366201607380150567, Why a multi-generational team is key to business success, acessado em 23/08/2016

Capítulo 14

A era da eXperiência do Usuário (User eXperience – UX)

A experiência do usuário contemporânea exige o domínio do conhecimento de disciplinas como usabilidade, ergonomia e ciências cognitivas para assegurar que os usuários dos sistemas digitais consigam explorar na prática as oportunidades geradas pelas facilidades desenvolvidas. O profissional que desenvolve a experiência do usuário trabalha com pesquisas realizadas junto aos usuários, com a heurística e como prototipagem para criar um modelo estatístico da usabilidade da aplicação que gere uma espiral positiva para aumentar a qualidade da experiência do usuário.

Durante muito tempo, a engenharia considerou a usabilidade de uma aplicação como um fator menos importante do que a tecnologia desenvolvida. A organização de desenvolvimento entendeu por décadas que a experiência do usuário era um opcional interessante, mas era apenas um opcional. O objetivo mais importante era criar um produto que funcionasse. A comparação do desempenho era realizada entre um produto que funciona e um que não funciona. O sucesso de um desenvolvimento era entregar um produto funcionando. Inexistia no ambiente de desenvolvimento a preocupação com a usabilidade.

Para o negócio não era importante a capacidade do consumidor usar facilmente o produto. Até o final da era da tecnologia (ano de 2008), os executivos das empresas desenvolvedoras de tecnologia acreditavam que era mais importante oferecer um produto com centenas de facilidades sem usabilidade alguma, do que oferecer um produto com poucas facilidades com usabilidade elevada.

Na era da tecnologia, não era considerado um problema o sofrimento dos usuários para usarem os produtos digitais. A engenharia de empresas, como Apple, Microsoft e Sun Microsystems, determinava unilateralmente um conjunto de regras que os consumidores deveriam seguir rigorosamente. As empresas iniciantes de Internet que sobreviveram ao estouro da bolha do ano de 2000 estavam insatisfeitas com a ditadura da tecnologia e iniciaram uma corrida por talentos para derrubar as barreiras criadas contra a usabilidade e experiência do usuário.

No começo do século XXI, empresas como Google, eBay, PayPal e Yahoo iniciaram uma revolução no desenvolvimento de códigos e aplicativos. Posteriormente, a revolução da usabilidade foi incorporada pela nova geração de empresas iniciantes como Twitter, Facebook, Instagram etc. A geração Facebook de empresas iniciantes desenvolveu as mídias sociais com foco, tanto na usabilidade e experiência do usuário, como na especialização da tecnologia. Essas empresas iniciantes enterraram e sepultaram a era da tecnologia.

A intensa competição entre as várias mídias sociais criadas fez com que as firmas buscassem novos aspectos de diferenciação dos seus produtos. Como o custo marginal unitário da tecnologia caiu para aproximadamente zero, as aplicações ganharam saltos exponenciais de usabilidade. O mundo pós 2010 começou a viver a nova era do conhecimento, os projetos de experiência do usuário foram catapultados ano após ano para patamares cada vez mais elevados. Nasceu neste momento a era dos Apps. Eles eram facilmente lançados em um mercado altamente competitivo.

A experiência cognitiva dos usuários na interação com a aplicação é o principal fator da explicação do crescimento e sobrevivência do aplicativo. A seleção natural da experiência do usuário determinou a morte de muitos Apps.

A era da experiência do usuário determina que produtos excelentes criam uma ótima experiência fim-a-fim. Não são produtos apenas usáveis. São produtos usáveis, sedutores, agradáveis e inspiradores. As redes sociais bem-sucedidas como YouTube, Airbnb, Flipboard, Square, Pinterest, Etsy, Path, AboutMe, Slideshare são soluções bem projetadas.

Os fabricantes Apple e Samsung brigam com intensidade elevada pelas patentes de usabilidade. Eles querem oferecer emoções únicas para os seus clientes através dos seus produtos. A empresa Microsoft desenvolveu os Windows 8 e 10 para surpreenderem os seus consumidores. Empresas como a BlackBerry praticamente desapareceram do mercado por causa da experiência fim-a-fim pobre dos seus usuários. Essas firmas mostraram ao mundo que falhas na usabilidade e experiência do usuário matam um produto líder de mercado.

O que é a experiência do usuário?

User eXperience Design (UX ou UXD) é uma disciplina focada no projeto da experiência fim-a-fim de um usuário ou consumidor de um determinado produto. Para projetar a experiência é preciso planejar e atuar em relação a um determinado conjunto de características para mudar o comportamento do público-alvo na interação com o produto.

O trabalho do projetista de UX é resolver os problemas dos usuários ou consumidores através da identificação de uma solução agradável, sedutora e inspiradora. O resultado do trabalho é medido através das métricas que descrevem o comportamento do usuário. O projetista de UX usa o conhecimento e os métodos descritos pela psicologia, antropologia, sociologia, informática, desenho gráfico e industrial e ciência cognitiva.

O projeto de uma experiência é, em outras palavras, o planejamento da mudança do comportamento do público-alvo. O processo consiste da identificação do problema e da destruição dos paradigmas usando uma ou mais metodologias de desenvolvimento de projetos.

Um projeto de experiência do usuário é realizado na interseção da arte e da ciência. A UXD exige tanto a análise analítica, como a criatividade. Por exemplo, quando um analista de UX cria uma tela de um aplicativo, ele considera as necessidades das pessoas que vão usar o software, testa a interatividade das alternativas disponíveis e identifica a solução que desperta o interesse das pessoas em usar o aplicativo por causa da experiência única proporcionada.

O objetivo do trabalho é fazer com que os usuários usem o software com o dobro do entusiasmo em relação a sua versão anterior. O analista de UX interage com a melhor solução para endereçar os problemas da maior parte do público-alvo. O resultado é medido através do comportamento do usuário. Em outras palavras, a otimização gerada pela experiência do usuário é uma solução para um problema genérico alavancado através de melhorias iterativas. As empresas iniciantes bem-sucedidas respiram a cultura da experiência do usuário.

Usuários no centro dos projetos de UX

Para produzir a otimização iterativa constante, é preciso identificar qual é o problema dos usuários, ou seja, é necessário defini-lo com clareza, sentir a dor que ele causa e estabelecer um estratagema para a sua eliminação. É este o caminho para gerar uma grande experiência do usuário. É preciso ter uma boa dose de habilidade analítica e empatia para conseguir correr nesta estrada, pois é extremamente difícil definir os problemas que incomodam os usuários com clareza e precisão.

Em geral, os problemas genéricos estão relacionados com diversos fatores e, por causa disso, apresentam soluções complexas. Por exemplo, no transporte público, nos dias quentes de verão, as pessoas ficam incomodadas, tanto por causa do calor produzido pelo Sol, como por causa da lotação do transporte que também gera calor. A eliminação do calor, não pode passar pela eliminação da multidão, pois sem as pessoas, o transporte público perde o sentido. O exemplo evidencia que o fator crítico de sucesso da UX é o conhecimento sobre os usuários.

A habilidade de empatia dos analistas de UX é de vital importância, pois eles têm que conversar com os consumidores para identificar os problemas que estão infiltrados nas fundações do negócio. É preciso conversar pessoalmente com as pessoas para descobrir quais são os problemas que incomodam mais. As entrevistas geram novas ideias para o desenvolvimento dos produtos, por isto é de fundamental importância que o negócio converse com os clientes. Como os projetos de UX são focados no ser humano, eles não existem sem as interações entre as pessoas.

Hipóteses Customer-Problem-Solution (C-P-S)

É possível identificar os problemas mais importantes para os usuários, depois das entrevistas e conversas com o público-alvo. A seleção das soluções é o próximo passo. É importante destacar neste momento, que antes do lançamento do produto e medição completa do comportamento do usuário, todas as premissas assumidas e estratégias planejadas devem ser entendidas como hipóteses.

O ciclo hipótese C-P-S é uma descrição básica de qualquer produto. Ele alcança o sistema nervoso central da organização para que ela seja bem-sucedida em todos os esforços realizados na direção da simplicidade (definir exatamente quem é o cliente-alvo, qual é o problema que eles têm e qual a solução que é possível oferecer para eles). Cada uma das dimensões da hipótese C-P-S é questionada em profundidade, tanto para que o público-alvo não seja descrito erroneamente, como para que não existam erros no entendimento do problema, como para impedir que o produto não enderece o problema.

Qualquer um destes três erros faz com que o negócio enfrente graves problemas. Quando ocorrer um erro em uma dimensão, é preciso voltar ao início da hipótese C-P-S e rever os parâmetros para testar as novas suposições. Uma grande experiência do usuário é conquistada apenas pela iteração. A hipótese C-P-S é uma ferramenta poderosa que ajuda o desenvolvimento de uma conclusão relevante em cada uma das dimensões.

Lean canvas como uma ferramenta de desenvolvimento

O Business Model Canvas (BMC) criado pelo Alex Osterwalder é uma extraordinária ferramenta para descrever uma ideia de negócio. A tabela estruturada de oito campos é capaz de explicar o significado de qualquer negócio. A ferramenta permite a análise sob diversos pontos de vista da proposta do valor central do empreendimento (ela descreve a ideia, os principais parceiros e recursos e o modelo das vendas e receitas). A tabela revela, de forma bastante produtiva, os esforços de negócio realizados.

O Business Model Canvas é extremamente popular pela facilidade de uso e pela clareza das informações. É muito comum nos projetos de UX a preparação do BMC. Para endereçar o objetivo principal da experiência do usuário de cuidar do produto e gerar uma experiência positiva fim-a-fim, o BMC é utilizado tanto para facilitar a compreensão do produto inteiro através de uma visão única, como para gerar o entendimento rápido do ponto de vista do negócio e do consumidor. Estes dois entendimentos são de fundamental importância para o sucesso da empreitada. Os projetos de experiência do usuário abordam, de forma simultânea, o modelo do negócio e o produto.

É totalmente improdutivo e irrelevante executar um projeto de UX sem conhecer o modelo de negócio do produto. Produtos e serviços que não geram lucro para a corporação são rapidamente descontinuados e o esforço realizado, representa para a empresa, desperdício de tempo e dinheiro. O Lean Canvas (https://leanstack.com/lean-canvas/, acessado em 31/12/2016), criado pelo Ash Maurya, é uma variação do BMC, mais focado no produto e seus usuários.

<table>
<tr><td colspan="3">Produto</td></tr>
<tr><td rowspan="2">Problemas
Três problemas principais</td><td>Soluções
Três principais características</td><td rowspan="2">Proposta única de valor
Mensagem única, objetiva, transparente e atraente que justifica a diferenciação do produto e explica os benefícios da sua aquisição pelo consumidor</td></tr>
<tr><td>Principais Métricas
Medição das principais atividades</td></tr>
<tr><td colspan="2">Estrutura de Custos
Custo de aquisição do consumidor [Customer Acquisition Cost (CAC)]
Custo de distribuição
Custo de estocagem
Custo da mão de obra</td><td></td></tr>
</table>

<table>
<tr><td colspan="3">Mercado</td></tr>
<tr><td rowspan="2">Segmento-alvo
Consumidores alvo</td><td>Vantagem Competitiva
Produto não pode ser facilmente copiado.
Empresa não pode ser facilmente comprada</td><td rowspan="2">Proposta única de valor
Mensagem única, objetiva, transparente e atraente que justifica a diferenciação do produto e explica os benefícios da sua aquisição pelo consumidor</td></tr>
<tr><td>Canais
Caminho para alcançar os consumidores</td></tr>
<tr><td colspan="2">Fluxo de Caixa
Modelo da receita de vendas
Valor do ciclo de vida
Faturamento
Margem bruta</td><td></td></tr>
</table>

O Lean Canvas é dividido em produto e mercado e mostra, claramente, o que é o produto e quem é beneficiado com o seu uso. O Lean Canvas é desenvolvido iterativamente (como o produto) e ele deve ser atualizado toda vez que uma nova hipótese for adotada. O Business Model Canvas e o Lean Canvas são ferramentas colaborativas. Todos os membros da equipe devem ser encorajados a participar ativamente das discussões sobre cada um dos campos da tabela e questionar todas as suposições. Todo bom projeto de UX demanda colaboração eficiente e eficaz.

Caminho para o sucesso

Na era da experiência do usuário ou consumidor, a empresa precisa focar nas necessidades e problemas dos usuários ao invés de focar apenas na tecnologia. O teste das hipóteses C-P-S é iterativo e o preenchimento do Business Model ou Lean Canvas deve ser realizado com a participação de toda a equipe. Estes são os primeiros passos para alcançar o sucesso. A competição pelo bolso, mente e coração do consumidor é intensa nos dias de hoje e apenas os que forem capazes de oferecer uma experiência fim-a-fim significativa para os consumidores conseguirão sobreviver.

Por que UX?

A fase final da produção de um produto ou serviço é crítica e cara, por isso é preciso que os diversos influenciadores do processo tenham pleno entendimento do que está sendo produzido e como o produto está sendo manufaturado. Para endereçar este novo conjunto de necessidades, novos especialistas estão sendo contratos pelas empresas. Os projetistas de interações e os arquitetos de informações estão sendo contratados para planejar o ciclo de vida dos produtos.

Como todas as indústrias estão virando indústrias de software, os processos de desenvolvimento estão em forte aceleração. As metodologias estão sendo utilizadas para que as empresas possam, tanto publicar de forma iterativa e em elevadíssima velocidade as versões dos softwares dos produtos, como melhorar gradualmente o produto desenvolvido conforme a resposta dos usuários.

A metodologia Ágil é utilizada nos processos de produção do software para otimizar o processo de mudanças em relação às metas definidas para os programadores e projetistas. Nos processos de desenvolvimento, os conceitos do "Lean UX" estão sendo utilizados pelos projetistas, tanto para endereçar a necessidade de prazo de entrega menor, como para resolver o desafio empresarial de produção rápida. Os processos ágeis estão em alta nas empresas.

Fundamentos básicos da experiência do usuário

A UX é, na prática, a convergência das disciplinas de arquitetura das informações, desenho gráfico e industrial, antropologia, sociologia, projeto da interação, interação homem-máquina e arquitetura. Os aspectos relativos à marca de serviços ao consumidor estão relacionados com as emoções do comportamento humano. Isto significa que a experiência do usuário trata também das emoções e aspectos psicológicos da percepção do cliente sobre o produto. A experiência do usuário envolve as emoções das pessoas usando um produto, sistema ou serviço. A UX explicita, no primeiro momento, os aspectos materiais e imateriais da:

- Posse
- Interação entre ser humano e máquina
- Experimentação
- Afetividade
- Relevância e Significação

No segundo momento são explicitados os aspectos relacionados com utilidade, facilidade de uso e eficiência e eficácia. A experiência do usuário é de natureza subjetiva porque trata da percepção e opinião individual. A UX é dinâmica, pois ela é permanentemente modificada por causa das alterações nas condições de contorno do ambiente e de novas inovações. A ISO 9241-210 define a experiência do usuário como a percepção e resposta das pessoas em função do uso ou antecipação do uso de um produto, sistema ou serviço, ou seja, ela inclui todas as emoções, crenças, preferências, percepções, respostas físicas psicológicas, comportamentos e atitudes que ocorrem antes, durante e depois do uso. A experiência do usuário é influenciada pelo sistema, usuário e contexto de utilização, em outras palavras, ela trata sobre como um sistema, produto ou serviço é utilizado. Os consumidores não compram um produto pelo que ele é, eles compram para saber como que eles podem usar o produto.

Arquitetura das Informações

A arquitetura das informações (Information Architecture - IA) é uma das disciplinas da experiência do usuário. Richard Saul nos anos 1960 criou o termo. Ele foi um dos principais desenvolvedores do conceito que a informação pode ser capturada, organizada e apresentada de forma significativa, relevante e amigável para as pessoas. A arquitetura das informações organiza as informações em um formato compreensível para os usuários para que eles consigam localizar facilmente a informação desejada através do sistema de organização, navegação, etiquetação e busca. A IA cuida também do processo que assegura que não existem informações quebradas por falta de conteúdo ou explodidas por excesso de conteúdo.

Os três componentes básicos da IA são: usuários, conteúdo e contexto. Os usuários são as pessoas que: (i) Usam o produto ou sistema; (ii) Tem o comportamento capturado e analisado durante a utilização do produto; (iii) Tem as suas necessidades atendidas. As regras, papéis e habilidades sobre pessoas, etnografia, usabilidade e necessidades são aplicadas para os usuários.

O conteúdo é aquilo que é apresentado aos usuários pelo produto ou sistema. Isto inclui os dados ou informações que são oferecidos, considerando aspectos como volume, metadado, estrutura e organização. Os papéis, habilidades, conceitos relacionados com o conteúdo inclui a indexação, catalogação, arquitetura, textos, gerenciamento do conteúdo, navegação, etiquetação e mecanismo de busca.

O contexto dá significado ao conteúdo que é oferecido ao usuário. Ele tem atributos como modelo de negócio, valor do negócio, recursos disponíveis, restrições dos recursos, cultura e etc. As habilidades, papéis e regras relacionadas com o contexto são:

- Definição dos requisitos do negócio
- Gerenciamento do projeto
- Análise do modelo de negócio
- Cálculo do retorno do investimento
- Gerenciamento do cliente
- Análise das restrições técnicas

Projeto da Interação (Interaction Design - IxD)

O projeto da interação é a modelagem dos recursos digitais para o seu uso pelas pessoas nos projetos, na interação entre ser humano e computador e no desenvolvimento de software. O IxD envolve atributos das disciplinas de pesquisa aplicada, interação entre ser humano e computador, psicologia cognitiva, ergometria, fatores humanos, desenho industrial, arquitetura e desenvolvimento de interface com os usuários.

O projeto da interação é focado no comportamento humano através de ferramentas científicas e estatísticas para definir como as coisas são. O uso das ferramentas de virtualização nos projetos e na engenharia permite a sintetização digital do produto imaginado. O Gillian Crampton Smith definiu no livro "Designing Interactions" as quatro dimensões do projeto de interação.

O Kevin Silver adicionou, mais tarde, a quinta e mais importante dimensão: o comportamento. As cinco dimensões do IxD são as palavras, as representações visuais, o comportamento, o tempo e os objetos físicos ou espaço.

Palavras. Nesta dimensão são definidas as interações. As palavras são as ferramentas que os usuários usam para interagir com o produto.

Representações Visuais. Nesta dimensão são definidos os artefatos que os usuários usam para interagir com a interface. Os artefatos podem ser tipografias, diagramas, ícones, gráficos etc.

Comportamento. Nesta dimensão são definidos, tanto as ações de reação dos usuários em relação a interface, como a forma como eles respondem a ela.

Tempo. Nesta dimensão é definida como será, a cada momento, a interação do usuário com a interface. Por exemplo, o conteúdo muda conforme o som, vídeo ou animação.

Objetos físicos ou espaço. Nesta dimensão é definido o espaço onde o usuário interage com o produto. É definido o espaço ou objeto que interage com os usuários.

Ainda existe confusão sobre as diferenças entre o projeto da interação e o projeto da interface do usuário, pois em vários casos o projeto da interação é associado com o projeto das atividades das interfaces. O projeto da interação trabalha os aspectos da interface que define e apresenta o seu comportamento ao longo do tempo e é focado no desenvolvimento do sistema que estabelece a experiência do usuário.

Projeto da Interface do Usuário (User Interface Design - UI)

O projeto da interface do usuário ou engenharia da interface do usuário é o desenvolvimento de produtos como computadores, eletrodomésticos, máquinas, em geral, dispositivos de comunicação móvel, softwares, aplicativos, aplicações e websites com foco na experiência do usuário e na interação. O objetivo do UI é criar o projeto centrado no usuário. Em outras palavras, tornar a interação do usuário tão simples e eficiente quanto for possível em função das entregas dos objetivos das necessidades dos clientes.

Um bom projeto da interface do usuário facilita a tarefa de desenvolvimento, pois, neste caso, as atividades do desenho gráfico são focadas nas necessidades. O projeto do desenho gráfico é utilizado como base de suporte da usabilidade. Os processos do projeto precisam equilibrar as funcionalidades técnicas e os elementos visuais (por exemplo, modelo mental) para criar um sistema que é operacional, usável e adaptável para as mudanças de necessidades dos usuários.

O projeto da interface do usuário é consequência direta do projeto da interação. O seu foco é o comportamento dos artefatos. No UI, o foco central são os artefatos que constituem a interface. Neste contexto, o IxD representa o comportamento humano. No caso dos processos de produção de um software, o UI é o projeto da interface gráfica do usuário. No caso do desenho industrial, o UI é o projeto do produto. As cinco disciplinas que compõem o projeto da interface do usuário são o teste da usabilidade, o desenho gráfico, a arquitetura da informação, a prototipagem e a modelagem em três dimensões.

A usabilidade foi definida em 1998 pela International Standards Organization (ISO) como o nível alcançado da efetividade, eficiência e satisfação dos objetivos dos usuários em um ambiente particular (ISO 9241). O modelo estabeleceu três componentes para a usabilidade. A Efetividade, ou seja, precisão e abrangência do endereçamento dos objetivos dos usuários em um determinado ambiente, a Eficiência, ou seja, o nível de utilização dos recursos para endereçar com precisão e abrangência os objetivos e a Satisfação, ou seja, o nível de conforto e aceitação do trabalho do sistema pelos usuários e outras pessoas impactadas.

Em 1999, o Cosantine e o Lockwood definiram a usabilidade como o nível de didaticidade, aprendibilidade, eficiência de uso e satisfação do usuário de um produto. Em relação à ISO 9241 foram adicionados os componentes didaticidade e aprendibilidade. A didaticidade indica o nível de facilidade do usuário em aprender a usabilidade do produto e a aprendibilidade indica o nível de retenção pelo usuário do aprendizado da usabilidade do produto. Com a adição destes dois conceitos é possível definir o modelo mental do usuário e o seu papel na usabilidade.

Modelagem do sistema

Entre 1980 e 1990 formam desenvolvidos diversos modelos de sistemas. Os modelos desenvolvidos representavam um sistema sob a perspectiva de vários influenciadores como o usuário, o programador e o projetista. Entre os modelos desenvolvidos temos os modelos baseados na perspectiva dos programadores (eles definiram como o sistema funciona), os modelos do mapa mental dos usuários (eles definiram como o sistema trabalha) e os modelos baseados na perspectiva dos projetistas (eles apresentam para os usuários as interações e os relacionamentos dos objetos).

O modelo mental é a intuição pessoal sobre como um sistema trabalha com base nas experiências passadas, no conhecimento e no bom senso. Todas as pessoas que recebem uma nova caneta ou lápis sabem como usar em função do entendimento das experiências de utilização no passado. A expectativa típica sobre como a nova caneta ou lápis funciona gera o fluxo de informações conhecido como modelo mental.

Os usuários têm a expectativa na experiência online, ou na utilização de software de um determinado fluxo dos processos com base nas suas experiências prévias e nas suas expectativas sobre como a experiência de utilização deveria ser. O entendimento e o aprovisionamento de soluções para as expectativas intuitivas dos usuários é, sem sombra de dúvida, a etapa mais crítica do processo de desenvolvimento da experiência do usuário.

Os testes de usabilidade de um aplicativo medem o comportamento da solução em relação a cinco dimensões de grande importância. O grau de funcionalidade (Useful) revela se a solução habilita o usuário a resolver os seus problemas via processos e caminhos aceitáveis, como se existe utilidade prática do produto em termos de suportar o usuário na execução do seu modelo mental particular de trabalho.

O nível de efetividade (Findable) revela se usuário conseguiu encontrar o que ele estava procurando através da interação com o sistema. O grau de acessibilidade (Accessible) revela se o sistema pode ser utilizado por pessoas com restrições físicas visuais, auditivas e psicomotoras. O nível de usabilidade (Usable) indica se o sistema permite que os usuários resolvam os seus problemas navegando em um caminho aceitável. O grau de desejabilidade (Desirable) mostra se o usuário está emocionalmente motivado para usar o sistema e o nível de relevância (Meaningful) revela o ganho em termos de valor agregado e satisfação (ponto de vista do cliente) que a solução oferece dentro do seu contexto de utilização.

Em outras palavras o resultado dos testes de usabilidade descreve as expectativas dos usuários. Se o resultado de qualquer um dos cinco indicadores não endereçar as expectativas dos usuários, a usabilidade do sistema ou produto é pobre. Com base neste contexto, é possível concluir que no processo de desenvolvimento do projeto da experiência do usuário, a atividade mais importante é endereçar as expectativas presentes no modelo mental dos usuários.

Davidson, Dove e Weltz definiram no artigo “Mental Models and Usability”, publicado em 1999 os modelos mentais como uma representação de uma realidade externa através de um modelo interno em escala. Ele é construído dinamicamente a partir do conhecimento gerado pelas experiências anteriores, pelo esquema de segmentação dos pensamentos, pelas percepções e pelas estratégias utilizadas na solução dos problemas. Um modelo mental contém uma quantidade mínima de informações, ele é instável e sujeito a mudanças e é usado para tomar decisões em novas circunstâncias. O modelo mental precisa ser executável e ser capaz de realimentar os resultados. As pessoas precisam conseguir avaliar os resultados de uma ação ou as consequências de uma mudança.

Modelo Mental mais provável

O grande problema para endereçar as necessidades do projeto da interface e do fluxo de informações do sistema trabalhando com o modelo mental dos usuários é que não existem evidências ou provas que este foco pode endereçar o discernimento presente nos modelos mentais dos usuários alvos. Usuários diferentes têm modelos mentais diferentes, têm percepções e experiências anteriores diferentes, por isso é muito improvável que os seus modelos mentais sejam iguais.

Na vida real, uma interface nunca endereçará todas as necessidades presentes em todos os modelos mentais, pois existem milhões de modelos mentais diferentes. A melhor solução é criar uma interface que enderece as necessidades dos modelos mentais mais prováveis do grupo alvo de usuários. Para determinar os critérios para identificar o modelo mental mais provável é preciso trabalhar com grupos diferentes de usuários e pessoas, com muita pesquisa e estatística, com prototipação e com metodologias e ferramentas de teste dos usuários.

Modelo Conceitual

O modelo conceitual é um termo usado para representar a engenharia da interface que é disponibilizada para o usuário. Um livro digital oferecido em um telefone inteligente através de um App é um exemplo de um modelo conceitual entregue ao usuário. Para que a experiência do usuário seja bem-sucedida, o modelo conceitual é projetado para parecer o modelo mental.

O segredo é fazer com que todos os usuários que já leram um livro físico entendam facilmente como usar o App e interajam com o livro digital com uma experiência similar ao livro físico. A interface tem que permitir que o usuário vire uma página do livro digital da mesma forma que ele vira a página de um livro físico. Neste caso, os engenheiros projetam o App do livro digital para gerar a mesma experiência que um livro real. Este modelo conceitual endereça, neste contexto, as expectativas dos usuários que nunca interagiram com o app, pois a interface assume os conceitos existentes. Ou seja, o modelo mental do usuário sobre App é formado pela sua experiência anterior de interação com um livro físico.

Indicadores, métricas e medição da usabilidade

Todos os modelos sobre a usabilidade são simplificações da realidade com várias limitações, por isso não é uma atividade trivial estabelecer metas que podem ser medidas pelos indicadores de usabilidade. Como existem poucas informações disponíveis sobre como selecionar com precisão um conjunto de fatores sobre a usabilidade para formar as métricas que serão avaliadas durante o ciclo de vida de um produto ou software, é preciso trabalhar com os fatores mais pragmáticos como a necessidade do negócio e os objetivos do desenvolvimento do produto ou software considerando o gerenciamento corporativo, as metas do negócio e os recursos limitados.

Em termos genéricos, a usabilidade faz referência a um conjunto conectado de múltiplos conceitos como o tempo de execução, desempenho, satisfação do usuário e facilitação da aprendizagem ("learnability") que não pode ser definido de forma homogênea para os vários níveis de utilidade. Este é o motivo da dificuldade de criar uma ferramenta padronizada para avaliar as métricas.

Lista dos fatores para um modelo genérico e consolidado da usabilidade

O modelo genérico a seguir abrange a maioria dos fatores que indicam a usabilidade do software de diferentes produtos e sistemas. O modelo pode ser customizado conforme o contexto ou necessidade do projeto.

Eficácia. Este fator é usado para medir se o usuário é capaz de completar as suas tarefas usando o produto ou sistema.

Eficiência. Indica se o usuário é capaz de realizar as tarefas com rapidez e precisão.

Efetividade. Indica se usuário pode encontrar o que ele está procurando através da sua interação com o sistema.

Expectativa. Indica se o modelo mental do usuário é endereçado pelo modelo conceitual oferecido pelo sistema.

Emoção. Indica como o usuário se sente quando está usando o sistema e depois de encerrar o uso.

Satisfação e Experiência. Indica se a utilização geral do sistema pelo usuário é positiva e se o usuário gostaria de utilizar novamente o sistema em caso de necessidade (ou se ele deseja procurar por outras alternativas). Esta é uma resposta subjetiva dos usuários sobre quais eram os seus sentimentos enquanto estavam usando o sistema.

Produtividade. Indica se a produção útil (e qual é a sua quantidade) é resultado da interação do usuário com o sistema.

Facilitação da aprendizagem. Indica o grau de facilidade do usuário em aprender como usar as funcionalidades do sistema.

Segurança. Indica o nível de segurança do usuário e das informações durante e depois do período de utilização.

Acessibilidade. Indica a capacidade do sistema em ser usado por pessoas com limitações visuais, auditivas e psicomotoras.

Utilidade. Indica se o produto permite que os usuários resolvam os seus problemas reais através de um caminho aceitável. A solução tem que ter utilidade prática no suporte ao usuário durante a execução das tarefas do seu modelo de atividades.

Universalidade. Indica se o sistema tem um apelo universal que habilita a sua utilização por usuários de locais e culturas diferentes.

Acreditação. Indica se o usuário confia no sistema para uso crítico (por exemplo, pagar com cartão de crédito um produto comprado por e-commerce).

Relevância. Indica se o sistema aumentou para o nível de relevante o valor agregado e a satisfação do cliente no contexto de utilização.

Baseado nas dimensões descritas anteriormente, as métricas devem ser desenvolvidas para conduzir com significado e transparência os testes da usabilidade do sistema. Os processos (podem ser também metodologias) padronizados, empregados no projeto da experiência do usuário no contexto do ciclo de vida do desenvolvimento são métodos tipicamente heurísticos para medir a usabilidade em um determinado cenário.

A avaliação heurística é um método de inspeção através de um software que ajuda na identificação dos problemas da usabilidade do projeto da interface do usuário. O principal objetivo é identificar qualquer problema que possa ser associado com o projeto da interface do usuário. O método heurístico de avaliação da usabilidade foi desenvolvido pelo Jakob Nielsen que criou o movimento "discount usability engineering" para permitir uma rápida e barata melhoria da interface do usuário. Ele criou diversos métodos de usabilidade.

Existem outros pensadores que criaram. O método criado pelo Nielsen é o mais popular entre as várias guias de referência e conjuntos heurísticos disponíveis no mercado. Os métodos criados pelo Nielsen foram definidos no seu livro "Usability Engineering". As principais características do modelo são:

Visibilidade da situação atual do sistema. O sistema deve sempre manter os usuários informados sobre o que está acontecendo através de notificações enviadas dentro de um prazo razoável.

Correspondência entre o sistema e o mundo real. O sistema dever falar a língua do usuário usando palavras, frases e conceitos que fazem parte do seu dia a dia. Nunca deve ser utilizada uma linguagem que use termos orientados ao sistema. É preciso seguir as convenções do mundo real e publicar as informações em ordem natural e lógica.

Controle e liberdade do usuário. Os usuários escolhem, muitas vezes, opções e funções do sistema por engano e precisam, portanto, uma saída de emergência da situação indesejada sem ter que navegar através de um diálogo extensivo. É preciso que exista suporte para desfazer e refazer.

Padrões e consistências. Os usuários não querem descobrir se palavras, situações e ações diferentes significam a mesma coisa. É preciso que a plataforma seja desenvolvida utilizando uma linguagem consistente e padronizada.

Prevenção dos erros. As boas mensagens de erro são projetadas criteriosamente para impedir que ocorram problemas. Isto significa que ou é eliminada a condição do erro ou ela é avaliada e apresentada para o usuário através de uma opção de confirmação antes que seja executada qualquer ação.

Reconhecimento ao invés de um novo chamado. É um fator crítico de sucesso a facilitação da memorização do usuário. Para tal, é preciso tornar visível os objetos, ações e opções. O usuário não tem que lembrar as informações de uma parte anterior do diálogo. As instruções para o uso do sistema devem ser visíveis ou facilmente recuperáveis sempre que for necessário.

Flexibilidade e eficiência do uso. Os aceleradores que devem passar despercebidos pelo usuário do principiante devem ser desenvolvidos para aumentar a velocidade de interação dos usuários mais experientes. A solução deve endereçar as necessidades tanto dos usuários inexperientes, como dos experientes. É de vital importância que o sistema permita que os usuários customizem as suas ações mais frequentes.

Projeto da estética minimalista. Os diálogos não devem conter informações irrelevantes ou que são raramente necessárias. Toda unidade extra de informação em um diálogo disputa o espaço visual do usuário com as unidades relevantes de informações. Em outras palavras, informações inúteis reduzem a visibilidade das informações úteis.

Guia de ajuda que permite que os usuários reconheçam, diagnostiquem e recuperem o controle em caso de erros. As mensagens de erro devem: (i) Ser expressas em uma linguagem simples (sem códigos); (ii) Indicar com precisão qual é o problema e (iii) Sugerir construtivamente uma solução.

Guia de ajuda e documentação. É muito melhor um sistema que pode ser utilizado sem documentação alguma, no entanto, é um fator crítico de sucesso o fornecimento do guia de ajuda e documentação. Qualquer informação deve ser facilmente encontrada. O resultado da busca deve ser:

- Uma informação focada na atividade que o usuário está realizando
- Uma lista explícita, objetiva e robusta dos passos que o usuário deve realizar
- Uma informação que não é grande demais

Resumo da Experiência do Usuário

A experiência do usuário é o resultado do efeito total, no contexto de uso, do que o usuário sente na sua interação com o sistema, dispositivo ou produto. Ela é o reflexo das seguintes dimensões:

- Usabilidade
- Utilidade
- Impacto emocional durante a interação
- Memória emocional depois da interação

A interação do usuário indica como ele enxerga, sente e projeta o sistema, dispositivo ou produto. Ou seja, ela é a representação material do seu modelo mental. A interação inclui também o nível de admiração do usuário pela apresentação do sistema, dispositivo ou produto antes da interação física com o mesmo.

A usabilidade é o componente mais pragmático da experiência de usuário. Ela trata da eficácia, eficiência, produtividade, facilidade de uso, didaticidade ou facilitação do aprendizado, aprendibilidade ou retenção do aprendizado e satisfação.

A utilidade é o componente da experiência do usuário que expressa o nível de funcionalidade do sistema que habilita o consumidor a usar o sistema ou produto para realizar as suas metas de trabalho.

A funcionalidade é o componente da experiência do usuário que revela como o cliente realiza as suas tarefas usando os recursos e capacidades da interface do usuário.

O impacto emocional é o componente da experiência do usuário que revela a experiência afetiva que influencia os sentimentos do usuário durante e depois da utilização do sistema, dispositivo ou produto. O impacto emocional inclui os efeitos causados por:

- Prazer
- Diversão e alegria da utilização
- Estética da embalagem e produto
- Endereçamento da necessidade
- Novidade e originalidade da solução

Bibliografia do Capítulo

https://leanstack.com/lean-canvas/, Lean Canvas, acessado em 31/12/2016.

Bibliografia

DAVENPORT, T.H., KIRBY, J. Only Humans Need Apply: Winners and Losers in the Age of Smart Machines. Harper Business, 2016

ISMAIL, S., MALONE, M.S. e GEEST, Y.V. Exponential Organizations: Why new organizations are ten times better, faster, and cheaper than yours (and what to do about it). Diversion Books, 2014

RIFIKIN, J. The Zero Marginal Cost Society. Palgrave Macmillan, 2014

RIFIKIN, J. Sociedade com Custo Marginal Zero. M.Books do Brasil, 2016

OSTERWALDER, A., PIGNEUR, Y. Business Model Generation. John Wiley & Sons, Inc., 2010

SCHWAB, K. The Fourth Industrial Revolution. World Economic Forum, 2016

TOFFLER, A. The Third Wave. Bantam Books, 1980

Brown, T. Change by Design. HarperCollins. 2009

http://www.amazon.com/Uber-com-Uber/dp/B00NF3UFSG, acessado em 05/05/2015

http://www.4hd.com.br/blog, acessado em 05/05/2015

http://globalro.org/index.php, acessado em 05/05/2015

http://www.isaca.org, acessado em 05/05/2015

http://www.ITIL.co.uk, acessado em 05/05/2015

www.kickante.com.br, acessado em 05/05/2015

http://iSixSigma.com, acessado em 05/05/2015

http://idgnow.com.br/mobilidade/2015/04/29/justica-suspende-uber-no--brasil-e-exige-bloqueio-de-app-por-apple-e-google/, "Justiça suspende Uber no Brasil e exige bloqueio de App em celulares", acessado em 05/05/2015

http://idgnow.com.br/internet/2015/02/25/juiz-do-piaui-determina-suspensao-do-aplicativo-whatsapp-no-brasil/, "Juiz do Piauí determina suspensão do aplicativo WhatsApp no Brasil", acessado em 06/05/2015

http://tecnologia.uol.com.br/noticias/redacao/2015/02/26/desembargador--derruba-decisao-de-juiz-que-queria-suspender-whatsapp-no-pais.htm, "Desembargador derruba decisão de juiz que queria suspender WhatsApp no país", acessado em 06/05/2015

http://tecnologia.uol.com.br/noticias/reuters/2015/05/04/justica-de-sao--paulo-extingue-acao-de-taxistas-contra-aplicativo-uber.htm, "Justiça de São Paulo extingue ação de taxistas contra aplicativo Uber", acessado em 06/05/2015

http://idgnow.com.br/internet/2015/05/06/novo-aplicativo-permite-que--usuarios-facam-panelaco-com-smartphone, "Novo aplicativo permite que usuários façam panelaço com smartphone", acessado em 06/05/2015

http://idgnow.com.br/internet/2015/05/06/novo-aplicativo-permite-que-

-usuarios-facam-panelaco-com-smartphone, "Novo aplicativo permite que usuários façam panelaço com smartphone", acessado em 06/05/2015

http://www1.folha.uol.com.br/fsp/mercado/219039-simbolo-da-bolha-da--web-aol-e-vendida-por-us-44-bi.shtml, "Símbolo da bolha da web, AOL é vendida por US$ 4,4 bi", acessado em 13/05/2015

http://aquintaonda.blogspot.com.br/2013/12/gafe-redes-sociais-justine-racismo.html, "Empresa demite executiva que publicou post racista no Twitter. Tudo aconteceu no final de semana", acessado em 15/06/2015

http://comidasebebidas.uol.com.br/noticias/redacao/2014/02/14/chefs-protestam-contra-clientes-que-tiram-fotos-de-comida.htm, "Chefs protestam contra clientes que tiram fotos de comida", acessado em 15/06/2015

http://idgnow.com.br/internet/2015/07/21/governo-estuda-tributar-servicos-como-airbnb-no-brasil, "Governo estuda tributar serviços como AirBnB no Brasil", acessado em 21/07/2015

http://www.wsj.com/articles/u-s-treasury-looks-into-online-marketplace-lending-industry-1437061544, "U.S. Treasury Looks Into Online Marketplace Lending Industry", acessado em 21/07/2015

http://computerworld.com.br/modelos-disruptivos-desafiam-setor-financeiro-tradicional, "Setor financeiro prepara-se para enfrentar modelos disruptivos de negócios", acessado em 21/07/2015

http://idgnow.com.br/ti-corporativa/2014/10/13/bancos-veem-apple-e-google-como-ameaca-crescente-no-mercado/, "Bancos veem Apple e Google como ameaça crescente no mercado financeiro", acessado em 21/07/2015 http://idgnow.com.br/mobilidade/2015/07/17/uber-abre-as-portas-para-as--bicicletas-em-sp-neste-domingo/, "Uber abre as portas para as bicicletas no Brasil", acessado em 21/07/2015

http://computerworld.com.br/api-do-uber-agora-remunera-desenvolvedores-externos-em-dinheiro, "API do Uber agora remunera desenvolvedores externos", acessado em 22/07/2015

http://tecnologia.uol.com.br/noticias/redacao/2015/08/24/frustradas-com--prejuizos-operadoras-tentam-se-vingar-de-whatsapp.htm, "Frustradas com prejuízos, operadoras tentam "se vingar" de WhatsApp"", acessado em 29/09/2015

http://www1.folha.uol.com.br/tec/2011/09/977627-economia-de-aplicativos-do-facebook-cria-182-mil-empregos-nos-eua.shtml, "'Economia de aplicativos' do Facebook cria 182 mil empregos nos EUA", acessado em 15/10/2015

http://computerworld.com.br/empresas-desconfiam-de-seus-fornecedores--terceirizados-aponta-pesquisa, "Empresas desconfiam de seus fornecedores terceirizados, aponta pesquisa", acessado em 26/11/2015

http://computerworld.com.br/seguranca/2014/10/13/sistema-operacional--humano-o-paraiso-dos-hackers, "Sistema operacional humano: o paraíso dos hackers!", acessado em 26/11/2015

http://www1.folha.uol.com.br/comida/2016/02/1738173-veja-o-que-levar--em-conta-ao-escolher-uma-maquina-de-cafe-espresso.shtml, "Veja o que levar em conta ao escolher uma máquina de café expresso", acessado em 10/02/2016

http://cio.com.br/tecnologia/2016/03/21/industria-4-0-desafios-e-oportunidades/, "Indústria 4.0: desafios e oportunidades", acessado em 11/05/2016

http://noticias.uol.com.br/internacional/ultimas-noticias/le-monde/2016/03/21/a-industria-se-rende-a-impressao-3d.htm, "A indústria se rende à impressão 3D", acessado em 11/05/2016.

http://cio.com.br/opiniao/2016/05/03/tudo-o-que-puder-ser-automatizado-sera/, "Tudo o que puder ser automatizado, será", acessado em 12/05/2016

http://computerworld.com.br/internet-das-coisas-pode-mudar-economia, "A Internet das Coisas pode mudar a economia?", acessado em 12/05/2016

http://cio.com.br/opiniao/2016/05/02/como-permanecer-relevante-em-um-mundo-que-se-digitaliza-exponencialmente/, "Como permanecer relevante em um mundo que se digitaliza exponencialmente?", acessado em 12/05/2016

http://idgnow.com.br/mobilidade/2015/12/14/uber-nao-afeta-taxis-negativamente-no-brasil-aponta-estudo-do-cade/, "Uber não tira mercado de táxis no Brasil, aponta estudo do Cade", acessado em 18/05/2016

http://idgnow.com.br/mobilidade/2015/11/11/taxistas-protestam-contra-uber-em-sp-e-rj-app-da-desconto-em-corridas/, "Taxistas protestam contra Uber em SP e RJ; app dá desconto em corridas", acessado em 18/05/2016

http://idgnow.com.br/mobilidade/2016/01/26/taxistas-franceses-promovem-greve-e-quebra-quebra-contra-uber-em-paris/, "Taxistas franceses promovem greve e quebra-quebra contra Uber em Paris", acessado em 18/05/2016

http://www1.folha.uol.com.br/cotidiano/2016/01/1734878-contra-uber-taxistas-fazem-tumulto-em-frente-a-festa-de-revista-em-sp.shtml?mobile, "Contra Uber, taxistas fazem tumulto em frente a festa de revista em SP", acessado em 18/05/2016

https://www.weargustin.com/howitworks, "Gustin", acessado em 31/05/2016

https://squareup.com/global/en, "Square", acessado em 31/05/2016

https://www.home-eat-home.de/, "Home Eat Home", acessado em 01/06/2016

http://www.tob.uy/#/, "Tobuy", acessado em 01/06/2016

http://truumobile.com/, "Truu Mobile", acessado em 01/06/2016

http://computerworld.com.br/catarinense-neoway-inaugura-escritorio-nos--estados-unidos, "Catarinense Neoway inaugura escritório nos Estados Unidos", acessado em 04/06/2016

http://cio.com.br/opiniao/2016/02/29/a-realidade-ja-e-exponencial/, "A realidade já é exponencial", acessado em 08/06/2016

http://idgnow.com.br/ti-corporativa/2016/02/24/robos-tambem-deverao--roubar-os-empregos-mais-bem-pagos-preve-eua/, "Robôs também deverão roubar os empregos mais bem pagos, prevê EUA", acessado em 08/06/2016

http://computerworld.com.br/quarta-revolucao-industrial-aniquilara-milhoes-de-empregos-inclusive-o-seu, "Quarta Revolução Industrial aniquilará milhões de empregos, inclusive o seu", acessado em 08/06/2016

http://cio.com.br/opiniao/2016/02/15/e-hora-de-olhar-para-2025-e-para--os-pontos-de-inflexao-da-sociedade-digital/, "É hora de olhar para 2025 e para os pontos de inflexão da sociedade digital", acessado em 08/06/2016 http://cio.com.br/opiniao/2016/01/25/a-quarta-revolucao-industrial-ja-chegou/, "Alerta em Davos: A Quarta Revolução Industrial já chegou", acessado em 08/06/2016

http://computerworld.com.br/digital-pode-injetar-us-2-trilhoes-na-economia-global-ate-2020, "Digital pode injetar US$ 2 trilhões na economia global até 2020", acessado em 08/06/2016.

http://www.genexus.com/global/inicio?pt, acessado em 08/06/2016

http://appinventor.mit.edu/explore, acessado em 08/06/2016

http://cio.com.br/tecnologia/2016/03/17/o-software-que-escreve-codigo--seu-futuro-e-seu-impacto-nos-negocios/, "O software que escreve código, seu futuro e seu impacto nos negócios", acessado em 08/06/2016

http://idgnow.com.br/ti-pessoal/2016/06/08/em-2035-21-milhoes-de-veiculos-autonomos-vao-estar-nas-ruas/, "Em 2035, 21 milhões de veículos autônomos vão estar nas ruas", acessado em 08/06/2016

http://www.fiesp.com.br/observatoriodaconstrucao/noticias/baixa-produtividade-da-construcao-compromete-remuneracao-do-trabalho/, "Baixa produtividade da construção compromete remuneração do trabalho", acessado em 08/06/2016

https://tecnoblog.net/91908/operadoras-whatsapp-facebook/, "Operadoras perderam US$ 13,9 bilhões devido ao WhatsApp, Facebook Messenger e similares", acessado em 21/06/2016

http://idgnow.com.br/mobilidade/2015/08/06/na-contramao-de-rivais-vivo-

-detona-whatsapp-e-acusa-app-de-pirataria/, "Na contramão de rivais, Vivo detona WhatsApp e descarta promoções", acessado em 21/06/2016

http://computerworld.com.br/vivo-tim-e-claro-divergem-sobre-papel-do--whatsapp, "Vivo, TIM e Claro divergem sobre papel do WhatsApp", acessado em 21/06/2016

http://tvefamosos.uol.com.br/noticias/ooops/2016/01/24/operadoras-perdem-quase-1-milhao-de-assinantes-e-estudam-ataque-a-netflix.htm, "Operadoras perdem quase 1 milhão de assinantes e estudam 'ataque' à Netflix", acessado em 21/06/2016.

http://tvefamosos.uol.com.br/noticias/ooops/2016/01/11/netflix-fatura--r-11-bi-no-brasil-e-ultrapassa-o-sbt.htm, "Netflix fatura R$ 1,1 bi no Brasil e ultrapassa o SBT", acessado em 21/06/2016

http://idgnow.com.br/internet/2016/06/17/google-pagara-mais-para-aqueles-que-reportarem-falhas-no-android/, "Google pagará mais para quem descobrir falhas no Android", acessado em 23/06/2016

http://www.wired.com/2006/06/crowds/?pg=1&topic=crowds&topic_set=, "The Rise of Crowdsourcing", acessado em 27/06/2016

http://www.impress.ly/pt-br/, "Impress.ly", acessado em 29/06/2016

http://www.iluria.com.br, "Iluria", acessado em 29/06/2016

http://www.prefeitura.sp.gov.br/cidade/secretarias/servicos/inclusao_digital/index.php?p=194463, FABLAB LIVRE SP, acessado em 08/07/2016

http://idgnow.com.br/ti-pessoal/2016/07/11/serasa-libera-consulta-gratuita-

-sobre-pendencias-no-cpf-via-site-e-app/, "Serasa libera consulta gratuita sobre pendências no CPF via site e app", acessado 11/07/2016

http://v2.decipherinc.com/survey/selfserve/1ee1/160611?list=6, "InfoWorld", acessado em 11/07/2016

http://g1.globo.com/mundo/blog/helio-gurovitz/post/ate-onde-vai-febre-pokemon-go.html, "Até onde vai a febre Pokémon Go?", acessado em 13/07/2016

http://carros.uol.com.br/noticias/redacao/2016/07/17/manual-do-condutor-no-celular-usa-ate-realidade-aumentada-conheca.htm, "Manual do condutor no celular usa até realidade aumentada; conheça", acessado em 18/07/2016

http://www.correiobraziliense.com.br/app/noticia/diversao-e-arte/2016/07/14/interna_diversao_arte,540148/febre-pokemon-jogo-de-realidade-aumentada-vira-mania-pelo-mundo.shtml, "Febre Pokémon: jogo de realidade aumentada vira mania pelo mundo", acessado em 14/07/2016

http://cio.com.br/tecnologia/2016/06/22/voce-aceitaria-conselhos-de-uma-maquina/, "Você aceitaria conselhos de uma máquina?", 19/07/2016

http://cio.com.br/noticias/2016/06/24/maquinas-inteligentes-absorverao-7-dos-empregos-humanos-ate-2025-diz-forrester/, "Máquinas inteligentes absorverão 7% dos empregos humanos até 2025, diz Forrester", acessado em 19/07/2016

http://cio.com.br/opiniao/2016/07/18/pokemon-go-acerta-no-uso-da-realidade-aumentada/, "Pokémon Go acerta no uso da Realidade Aumentada", acessado em 19/07/2016

https://www.customerzz.nl/wp-content/uploads/2015/06/Yuri-van-Geest_ExO_slidedeck-YVG-Customerzzz-17062015.pdf, "Yuri van Geest", acessado 20/07/2016

http://www.lovebusinessbooks.com/2015/12/exponential-organizations-by-salim-ismail-michael-s-malone-yuri-van-geest/, "Exponential Organizations by Salim Ismail", acessado em 20/07/2016

http://thoughtcatalog.com/steven-kotler/2015/02/the-6-ds-of-exponentials/, "The 6 Ds Of Exponentials", acessado em 20/07/2016

http://www.exponentialorgs.com/, "Exponential Organizations", acessado em 20/07/2016

http://computerworld.com.br/o-que-sao-organizacoes-exponenciais-e-qual-seu-impacto-na-economia, "O que são Organizações Exponenciais e qual seu impacto na economia?", acessado em 20/07/2016

http://computerworld.com.br/realidade-ja-e-exponencial-mas-e-sua-empresa, "A realidade já é exponencial. Mas, e a sua empresa?", acessado em 20/07/2016

http://capitalsocial.cnt.br/conheca-os-segredos-das-organizacoes-exponenciais/, "Conheça os segredos das organizações exponenciais", acessado em 20/07/2016

http://cio.com.br/gestao/2016/01/18/anatomia-das-organizacoes-exponenciais/, "Anatomia das Organizações Exponenciais", acessado em 20/07/2016

http://thenextweb.com/insider/2015/08/31/the-rise-of-the-exponential-organization/#gref, "The rise of the exponential organization", acessado em 20/07/2016 http://www.industrial-ip.org, "Industrial IP Advantage consortium", acessado em 20/07/2016

http://techcrunch.com/2015/07/05/exponential-organizations-are-the-future-of-global-business-and-innovation/, "Exponential Organizations Are The Future Of Global Business And Innovation", acessado em 20/07/2016

https://meusucesso.com/artigos/inovacao-e-tecnologia/o-que-e-design-thinking-conceitos-e-definicoes-132/, O que é design thinking: conceitos e definições, acessado em 23/08/2016

https://pt.wikipedia.org/wiki/Design_thinking#cite_note-4, Design thinking, acessado em 23/08/2016

https://www.ideo.com/about/, Our Approach: Design Thinking, acessado em 23/08/2016

http://www.fastcompany.com/919258/design-thinking-what, Design Thinking... What is That?, acessado em 23/08/2016

http://www.metropolismag.com/October-2009/The-Making-of-a-Design-Thinker/, The Making of a Design Thinker, acessado em 23/08/2016

https://www.napratica.org.br/design-thinking-entenda-o-que-e-e-como-funciona/, Design Thinking: entenda o que é e como funciona, acessado em 23/08/2016

http://www.revistahsm.com.br/inovacao/design-thinking-como-arma/, O design thinking como arma contra a recessão, acessado em 23/08/2016 http://www.techrepublic.com/article/why-a-multi-generational-team-is-key-to-business-success/?ftag=TREf7159e0&bhid=20826003731419366201607380150567, Why a multi-generational team is key to business success, acessado em 23/08/2016

https://leanstack.com/lean-canvas/, Lean Canvas, acessado em 31/12/2016

ANOTAÇÕES

Impressão e acabamento
Gráfica da Editora Ciência Moderna Ltda.
Tel: (21) 2201-6662